Lossin / Ramming (Hrsg.)
—
Reine Glaubenssache?

Kulturtransfer

Alltagskulturelle Beiträge

herausgegeben von

Burkhart Lauterbach

Band 8

Reine Glaubenssache?

Neue Zugangsdaten zu religiösen
und spirituellen Phänomenen
im Prozess der Säkularisierung

Herausgegeben von
Eike Lossin
Jochen Ramming

Königshausen & Neumann

Die Herausgeber:

Dr. Eike Lossin, wissenschaftlicher Mitarbeiter am Lehrstuhl für Europäische Ethnologie / Volkskunde der Universität Würzburg.

Dr. Jochen Ramming, Inhaber der Firma FranKonzept / Würzburg, selbstständiger Kulturwissenschaftler.

Gefördert durch Mittel der Unterfränkischen Kulturstiftung
des Bezirks Unterfranken und eine Spende der FranKonzept GbR.

Bibliografische Information der Deutschen Nationalbibliothek

Die Deutsche Nationalbibliothek verzeichnet diese Publikation in der Deutschen Nationalbibliografie; detaillierte bibliografische Daten sind im Internet über http://dnb.d-nb.de abrufbar.

© Verlag Königshausen & Neumann GmbH, Würzburg 2016
Gedruckt auf säurefreiem, alterungsbeständigem Papier
Umschlag: skh-softics / coverart
Umschlagabbildung: *Blick in den Himmel*, süddeutscher Maler, um 1700, Ölgemälde, Leihgabe des Klosters Oberzell im Museum am Dom der Diözese Würzburg
Bindung: docupoint GmbH, Magdeburg
Alle Rechte vorbehalten
Dieses Werk, einschließlich aller seiner Teile, ist urheberrechtlich geschützt.
Jede Verwertung außerhalb der engen Grenzen des Urheberrechtsgesetzes ist
ohne Zustimmung des Verlages unzulässig und strafbar. Das gilt insbesondere
für Vervielfältigungen, Übersetzungen, Mikroverfilmungen und die Einspeicherung
und Verarbeitung in elektronischen Systemen.
Printed in Germany
ISBN 978-3-8260-5816-5
www.koenigshausen-neumann.de
www.libri.de
www.buchhandel.de
www.buchkatalog.de

Inhaltsverzeichnis

Lossin, Eike; Ramming, Jochen: Vorwort 7

Burckhardt-Seebass, Christine: Einführung 9

Bischoff, Christine; Oehme-Jüngling, Karoline: Neue Sichtbarkeiten des Religiösen. Volkskundlich-kulturanthropologische Perspektiven auf religiöse Felder und Praktiken der Gegenwart 13

Böß, Stephanie: Eine Sache des Zugangs – kulturwissenschaftliche Ansätze in der Pietismusforschung am Beispiel von Lebensläufen der Herrnhuter Brüdergemeine 37

Dinkl, Susanne: Sie kommen! Thesen zum Kontinuum der Furcht vor Wiedergängern 53

Fritzsche, Wolfgang: Zwischen Mysterium und Banalität: Rillen, Näpfchen, Schabespuren. Offene Fragen zu einem kulturellen Phänomen 71

Hartung, Constance: Gott – Körper – Kult – Reform. Fernöstliche Spiritualität und kritische Rationalisierungen 87

Köhle-Hezinger, Christel: Religion – (k)ein Kinderspiel? Anmerkungen zu Religion – Emotion – Spiel 109

Kreuzer, Andrea: „Das Fremde ist nicht komisch, sondern anders." Wahrnehmung von und Umgang mit religiöser Differenz in der Schule 127

Risse, Annika: Das Phänomen Lady Di zwischen medialer Rezeption und identifikatorischer Aneignung 143

Sieferle, Barbara: Zu Fuß auf dem Weg nach Mariazell: Pilgern als Gesellschaftskritik 163

Wolf-Knuts, Ulrika: Schuld, Scham, Vergebung. Vergeben in einer læstadianischen Gruppe in Finnland im 20. Jahrhundert 181

Autorinnen und Autoren 189

Vorwort

„Der zweite Teil" einer jeden Serie oder Reihe ist ein popkultureller Mythos. Während erste Teile vor allem für sich stehen und zeigen müssen, wie es um die grundsätzliche Idee bestellt ist, übernimmt Teil zwei stets Verantwortung nicht nur für sich selbst, sondern auch für das Kommende. Wo der Vorgänger völlig frei Themen, Plotlines und Protagonisten etabliert, muss die Fortsetzung diese aufgreifen, bündeln, zuspitzen und ihnen Zukunftspotential einimpfen. Ohne Teil zwei kein Teil drei und dann womöglich keine Reihe.

Es war diese Verantwortung, die die Herausgeber verspürten, als sie für den Herbst 2014 die zweite Tagung der dgv-Kommission für Religiosität und Spiritualität in Würzburg planten. Nach der erfolgreichen Bestandsaufnahme ethnologisch-volkskundlicher Forschung im religiös-spirituellen Bereich 2012 in Telgte, galt es, das Forschungsfeld nun zusammenzufassen, neu auszurichten und dezidiert nach den facheigenen methodischen Zugängen zu fragen. Der reichliche Eingang geeigneter Beitragsvorschläge zeigte, dass die im CfP aufgeworfene Frage nach neuen Deutungsansätzen zu traditionell rein religiös untersuchten Phänomenen offenbar richtig gestellt war. Vielerorts arbeiten Forscherinnen und Forscher in unserem Fach mit neuartigen Quellenbeständen und Zugangsweisen an religiös und/oder spirituell konnotierten Themen. Diese neuen Ansätze wurden auf der Würzburger Tagung sichtbar und finden ihren Niederschlag im vorliegenden Tagungsband, der hoffentlich den Weg bereitet für eine weitere erfolgreiche Kommissionsarbeit.

Der größte Dank gilt natürlich zu allererst den Referentinnen und Referenten, ohne die die Tagung und der vorliegende Band nicht möglich gewesen wären. Herauszuheben sind dabei Frau Prof. Dr. Christel Köhle-Hezinger, die den öffentlichen Abendvortrag hielt und Frau Prof. Dr. Christine Burckardt-Seebass, die es freundlicherweise übernahm, eine Einführung für den Tagungsband zu verfassen. Die Tagungsorganisation und die Erstellung des vorliegenden Buches wären so nicht umzusetzen gewesen ohne die Unterstützung der Julius-Maximilians-Universität Würzburg und des Lehrstuhls für Europäische Ethnologie / Volkskunde. Den dortigen Mitarbeiterinnen Sigrid Haller-Rübbeck, Alexandra Hammer, Julia Hasenstab, Hanna Köhler, Julia Eitzenhöfer, Delia Pop-Marschall und vor allem Annika Risse sei sowohl für ihr Engagement bei der Durchführung der Tagung als auch bei der Redaktion und dem Layout des Bandes gedankt. Frau Prof. Dr. Angela Treiber sind die Herausgeber für die Bereitstellung von Materialien zu Dank verbunden. Dem Inhaber des Lehrstuhls Prof. Dr. Burkhart Lauterbach gebührt besonderer Dank für die Überlassung seiner Mitarbeiterinnen, seine wohlwollende Unterstützung – die nicht zuletzt in seiner Begrüßung zur Tagung zum Ausdruck kam – und natürlich für die spontane Bereitschaft, den Tagungsband in seine Reihe „Kulturtransfer" beim Verlag Königshausen & Neumann aufzunehmen. Dort gilt unser Dank Herrn Dr. Thomas Neumann selbst für die unkomplizierte Zusammenarbeit und die beratende Hilfe bei der Finanzierung. Letztere unterstützten und ermöglichten dankenswerter Weise die Kulturstiftung des Bezirks Unterfranken sowie das Kulturbüro FranKonzept (Würzburg) großzügig. Zum Gelingen der Tagung trugen außerdem das Referat für Kulturarbeit und Heimatpflege des Bezirks Unterfranken, die Stadt Würzburg sowie die Diözese Würzburg bei, die den Teilnehmern eine Abendführung im Museum am Dom ermöglichte und so freundlich war, das Umschlagbild aus ihren Beständen zur Verfügung zu stellen.

Und den letzten Dank statten sich schließlich die beiden Organisatoren und Herausgeber wechselseitig ab. Das war nur gemeinsam möglich und bereitete genauso viel Spaß wie nun hoffentlich dieser Band den geneigten Leserinnen und Lesern.

Eike Lossin   Jochen Ramming

Einführung

Christine Burckhardt-Seebass

Der Band legt die Ergebnisse einer äußerst lebendigen, diskussionsfreudigen Tagung vor, die im Herbst 2014 in Würzburg stattgefunden hat. Die alte Bischofsstadt mit ihrem Reichtum an Zeugnissen christlicher Architektur und Kunst, deren neues Diözesanmuseum durch eine Führung ins Tagungsprogramm eingebunden war, bildete für die Thematik einen anspruchsvollen Rahmen. Sie setzte Maßstäbe und bildete zugleich eine Brücke zu den von hier ausgehenden, richtungweisenden Frömmigkeitsforschungen von Wolfgang Brückner und seinen Schülerinnen und Schülern, wie explizit Christel Köhle-Hezinger in ihrem Abendvortrag anmerkte.

Das Interesse an Themen und Formen des „Glaubens" ist gegenwärtig (wieder) stark und in vielen Wissenschaften, aber auch in der Öffentlichkeit präsent. Dabei hat sich das Feld geweitet, seine Ränder sind unscharf, und gerade dies hat es wohl für junge und nicht oder kaum kirchlich-konfessionell sozialisierte Forschergenerationen attraktiv gemacht. Die die Tagung veranstaltende, 2011 gegründete Kommission der Deutschen Gesellschaft für Volkskunde trägt die Bezeichnung Religiosität und Spiritualität,[1] und das Fragezeichen hinter „Reine Glaubenssache" als Titel für Würzburg deutet dieselbe Offenheit, aber auch die Notwendigkeit an, der inhaltlichen Verschiebung mit begrifflichen Klärungen zu begegnen. Man könnte sagen, dass wir uns in einer kreativen, aber durchaus ernsthaften, um Verstehen bemühten „Sturm-und-Drang"-Phase befinden, wo es noch nicht darum gehen muss, die verschiedenen beobachteten Phänomene ordnend in Kategorien zu fassen, und wo die Alltagssprache mit ihren Unbestimmtheiten besser geeignet erscheint, um Religiöses, oft genug fluid und kurzlebig, in der Gegenwart zu beschreiben. Eine scharfe, genaue analytische Begrifflichkeit, die vermutlich neue Kriterien zu entwickeln hätte, jenseits von christlich-abendländischer Prägung und ohne normative Konnotationen, bleibt aber als Aufgabe.[2]

Die vorgelegten Beiträge beruhen hauptsächlich auf empirischen Forschungen, auf Fallstudien. Aber auch wo historische Quellen bearbeitet oder Artefakte analysiert werden, gelten sie primär dem individuellen Erleben, das sich in ihnen spiegelt, mehr oder weniger unabhängig von Institutionen und Traditionen. Religiöse Praxis wird

---

1 Unter diesem Titel hielt sie 2012 in Telgte ihre erste Tagung ab; der Tagungsband erschien leider erst nach der Würzburger Zusammenkunft, so dass keine direkte Bezugnahme mehr möglich war. Schöne / Groschwitz 2014.
2 Siehe dazu Radermacher 2014, S. 387–403, hier S. 388.

also vom Individuum aus gedacht, das sie selbst verantwortet und als Privatsache einfordert. Sie ist Teil einer „Ich-Geschichte", wie Soziologen sagen.[3] Dies schließt aber, wie Mikro-Untersuchungen zeigen, das Bedürfnis nach gemeinsamem Erleben keineswegs aus und verlangt auch öffentliche Räume. Die traditionellen Formen und Angebote (wie Kirchgemeinden) scheinen dies selten noch erfüllen zu können. Viele Menschen suchen sich informelle, oft auch virtuelle Treffpunkte und Netzwerke oder bevorzugen Räume, die von ihrem früheren Geist gereinigt scheinen, aber die Atmosphäre „irgendwie" noch bewahren (z.B. die Offenen oder City-Kirchen). Wallfahrten und Aufführungen von Passionsspielen dürften ebenfalls solche Möglichkeiten bieten, den Einzelnen das Ausleben von Emotionen, eine Vertiefung spiritueller Erfahrung, persönliche Sinnerfüllung und – nicht zuletzt – soziale Bestätigung erleben zu lassen. Dazu, dass es „stimmt", gehört vermutlich auch die ästhetische Dimension, ohne dass davon eigens die Rede ist.

Auch wenn so bei genauer Lektüre der hier versammelten Forschungsbeiträge durchgängige Elemente sichtbar werden können, mag man sich doch fragen, ob pietistische Lebensläufe des 19. Jahrhunderts, das Sammeln von Zeugnissen der Lady Di-Verehrung, aktuelle urbane Hexentreffen und unter Lebensgefahr mühsam zusammengebastelte Kultgegenstände aus dem Konzentrationslager[4] innerhalb eines gemeinsamen Horizonts analysiert werden können und worin dieser sich andeutet. Man meinte etwa, ein einigendes Band erkennen und methodologisch fassen zu können im seit je manifesten subjektiven Suchen nach Heil, unter dem Motto „Not lehrt beten".[5] Das dürfte in dieser Formulierung zu kurz greifen. Wichtig ist aber ohne Zweifel, nicht nur die unbefangene Weiter- oder Wiederverwendung christlicher Formen und Formeln in veränderten Zusammenhängen zu studieren (obwohl diese vermutlich zahlreicher sind als die Neuerfindungen), sondern die vielschichtigen historischen Prozesse genauer zu verfolgen, die aus Altem Neues sozusagen provoziert haben. Mit Recht ist von soziologischer Seite darauf hingewiesen worden, dass Frauen, deren Handlungsspielräume in der bürgerlichen Gesellschaft und in den christlichen Kirchen bis weit ins 20. Jahrhundert hinein beschränkt waren, mit der Wende der 1968er Jahre Spiritualität als ureigene, emanzipatorische Ausdrucksform wahrnahmen und bis heute ungleich häufiger als Männer praktizieren.[6] (Die Gender-Perspektive wäre deshalb in der volkskundlichen Religiositätsforschung wohl noch stärker zu berücksichtigen!) Die Zusammenarbeit mit anderen Disziplinen bedarf noch

---

3 Stolz u.a. 2014.
4 Der Beitrag von Eike Lossin findet sich bereits abgedruckt im Telgter Tagungsband von Anja Schöne und Helmut Groschwitz, wurde aber erst in Würzburg vorgetragen.
5 So Helga Maria Wolf 2006, zitiert nach Radermacher 2014, S. 390 in Anmerkung 61.
6 Stolz u.a. 2014, S. 101 und 214.

der Intensivierung. Mit Blick auf die verschiedenen Säkularisierungs- und Modernisierungstheorien könnte auf der Mikro- und Alltagsebene untersucht werden, wie und wann sich die Ablösung von oder der Bruch mit christlich-kirchlicher Bindung etwa innerhalb einer Familie vollzog. Was genau wurde fallengelassen oder wodurch ersetzt, und welche Verschränkungen lassen sich allenfalls mit persönlicher Biographie, Beruf, Wohnort und Mobilität, wirtschaftlicher Situation feststellen? Und könnte dies zum Verständnis bestimmter Phänomene und der gesamtgesellschaftlichen Prozesse beitragen?

Einige dieser Fragen wurden bereits in den Diskussionen auf der Tagung angeschnitten und werden hier nur erwähnt, um die allgemeine Absicht, die Thematik weiter zu verfolgen, zu bekräftigen. Diese wird sich jedoch insofern weiten müssen, als wir uns ihrer christlich-europäischen Perspektive, die nicht die einzige ist, bewusst werden. Nur so bleibt sie in einer vielstimmigen und heterogenen Welt legitim. „Religion" kann sich nicht nur verflüchtigen und auflösen oder in ihrer Substanz verändern, wie es der hier angesprochene Diskurs verfolgt. Sie kann seit je auch zu Fundamentalismus tendieren oder gar, in der Verschränkung mit Macht und Ohnmacht, in Fanatismus umschlagen. Bei uns wird über Ansprüche, Dogmen, Schwächen der Kirchen gestritten und deren Unvereinbarkeit mit den Bedürfnissen der eigenen Person. Anderswo, aber nicht weit weg erleben wir und erschrecken zutiefst, dass es bitterernste Fragen sind, ob Religion reine Glaubenssache, Spiel, unantastbare Wahrheit, kulturelles Ornament, absoluter Anspruch oder Vorwand ist für Terror und Gewalt und wie verschiedene Kulturen damit umgehen, wie sie formen, aufklären, vermitteln oder zerstören. Die Wissenschaften sind hier nicht weniger gefordert als Politik und Erziehung, das Ihre zu einem friedlichen Zusammenleben von Menschen beizutragen.

Literatur

Lossin, Eike: Zeugnisse der Religiosität und der materiellen Kultur aus dem Konzentrationslager – sechs Monstranzen aus Dachau. In: Schöne, Anja / Groschwitz, Helmut (Hg.): Religiosität und Spiritualität. Fragen, Kompetenzen, Ergebnisse. Münster 2014, S. 47–66.

Radermacher, Martin: Volksfrömmigkeit im Gewand moderner Esoterik? Problematisierung volkskundlicher und religionswissenschaftlicher Begriffsfelder. In: Schöne, Anja / Groschwitz, Helmut (Hg.): Religiosität und Spiritualität. Fragen, Kompetenzen, Ergebnisse. Münster 2014, S. 387–403, hier S. 388.

Schöne, Anja / Groschwitz, Helmut (Hg.): Religiosität und Spiritualität. Fragen, Kompetenzen, Ergebnisse. Münster 2014.

Stolz, Jörg u.a.: Religion und Spiritualität in der Ich-Gesellschaft. Zürich 2014.

Neue Sichtbarkeiten des Religiösen.
Volkskundlich-kulturanthropologische Perspektiven auf religiöse Felder und Praktiken der Gegenwart

Christine Bischoff und Karoline Oehme-Jüngling

Abb. 1: Selfie mit dem Papst – diesen Trend thematisierte u.a. die österreichische Tageszeitung „Der Standard" in seiner Onlineausgabe.[1]

Ein Handy-Schnappschuss zusammen mit Papst Franziskus: Gerade bei Jugendlichen stehen sogenannte Selfies mit dem derzeitigen Oberhaupt der katholischen Kirche hoch im Kurs und verbreiten sich rasant im Internet. Viele Medien werten die Bereitschaft des Papstes, für solche Fotos zu posieren, als weiteren Bruch mit vatikanischen Gepflogenheiten. Die österreichische Tageszeitung „Der Standard" kommentierte in ihrer Onlineausgabe eines der ersten Fotos dieser Art, das im Internet kursierte, und das wohl bei einem Treffen des Papstes mit Jugendlichen aus Norditalien im Vatikan entstanden sein muss, als Bestätigung für einen neuen Umgang von Franziskus mit den Medien (s. Abb. 1). Dieser sei geprägt von „ungewöhnlich lockeren Auftritten in der Öffentlichkeit".[2] Die Tageszeitung zitiert als

---

1   Meldung in der Onlineausgabe des „Standards" unter dem Titel „'Selfie' von Papst Franziskus macht online die Runde". derStandard.at vom 31. August 2013. Online unter: http://derstandard.at/1376535216228/Selfie-von-Papst-Franziskus-macht-online-die-Runde [14. Januar 2015].
2   Ebd.

Reaktion auf die Wirkmächtigkeit solcher Bilder die Twitter-Nachricht eines Nutzers: „Das ist das Ende der Welt, wie wir sie kennen."³ Tatsächlich können wir einen informellen, sehr locker erscheinenden Umgang mit der eigenen medialen Präsenz bei anderen religiösen Führungspersönlichkeiten schon länger beobachten. Der Dalai Lama ist hier sicher als eine der wichtigsten zu nennen.

Nicht nur das gemeinsame Ablichten mit öffentlichen Personen der Zeitgeschichte erfreut sich derzeit großer Beliebtheit. Im Falle von Papst Franziskus oder des Dalai Lamas könnte die Konjunktur der Selfies einfach als eine Form der Eventisierung des Religiösen, die mit einer religiös-spirituellen Eventisierung der eigenen Biographie einhergeht, interpretiert werden. Insgesamt stehen aber dezidierte Bekenntnisse der eigenen Gläubigkeit hoch im Kurs: Nina Hagen beispielsweise schildert in ihrer Biographie „Bekenntnisse" ihre zahlreichen Gotteserfahrungen, die sie seit ihrem 17. Lebensjahr gehabt habe und beschreibt sich als zum evangelischen Christentum konvertiert und zugleich einer überkonfessionellen Spiritualität verpflichtet.⁴ Nicht unbedingt weniger esoterisch, aber sehr viel wertkonservativer erscheint eine Allianz zwischen Adel und Kirche, die Gloria Fürstin von Thurn und Taxis und der ehemalige Erzbischof von Köln, Kardinal Joachim Meisner, eingegangen sind, und die in einem gemeinsam veröffentlichten Buch nachgelesen werden kann: „Die Fürstin und der Kardinal. Ein Gespräch über Glauben und Tradition."⁵ Die gemeinsamen Auftritte der beiden in verschiedenen Talkshows des deutschen Fernsehens waren willkommener Anlass, den Empörungsdiskurs über deren im Buch geäußerten Thesen zu Abtreibung, Verhütung und Homosexualität medial zu befeuern.⁶

Sehr viel beiläufiger wirken auf den ersten Blick Meldungen wie die im „Hamburger Abendblatt": Es wird geschildert, wie in Island fast ein Straßenprojekt zum Erliegen kam, da die künftige Trasse genau durch eine kleine „Elfenkirche" – einen Lava-Steinbrocken – führen sollte (s. Abb. 2). Aktivistinnen und Aktivisten wollten den Straßenbau verhindern, da die kleine Kapelle im Lava-Feld ein Ort sei, zu dem viele Menschen und Elfen kämen, um Rat zu suchen und der Elfenglaube und seine materiellen Objektivationen Teil des „kulturellen Erbes" des Landes seien.⁷ Aber nicht nur im medialen Alltag sind unterschiedlichste Felder, Formen und Praktiken des Religiösen und Spirituellen

---

3   Ebd.
4   Vgl. Hagen 2011.
5   Thurn und Taxis / Meisner 2008.
6   So zum Beispiel in der Talkshow „Menschen bei Maischberger". ARD, Sendung am 9. September 2008.
7   Wäschenbach, Julia: "Elfenkirche" behindert Straßenbauprojekt in Island. Hamburger Abendblatt online vom 2. September 2014. Online unter: http://www.abendblatt.de/vermischtes/article131828451/Elfenkirche-behindert-Strassenbauprojekt-in-Island.html [16. Januar 2015].

präsent. Der „Max-Planck-Forschungspreis" 2015 der „Alexander von Humboldt-Stiftung" etwa ist zum Thema „Religion und Moderne: Säkularisation, gesellschaftliche und religiöse Pluralität" ausgeschrieben.[8]

"Elfenkirche" behindert Straßenbauprojekt in Island

Ein Lava-Steinbrocken ist nach Ansicht einiger Isländer eine Kirche von Naturgeistern. Nur diese liegt auf der Route einer geplanten Straße. Behörden und Elfenschützer haben nun einen Kompromiss gefunden.

Von Julia Wäschenbach

Foto: dpa

Abb. 2: In seiner Onlineausgabe schildert das „Hamburger Abendblatt", wie in Island fast ein Straßenprojekt gestoppt wurde, da die künftige Trasse durch eine kleine „Elfenkirche" führen sollte.[9]

Diese – zugegeben – sehr disparaten Beispiele aus dem medialen, politischen und wissenschaftlichen Alltag zeigen, dass der Topos von der Marginalität des Religiösen so nicht haltbar ist. Vielmehr bestimmt die Rede von einer „Renaissance des Religiösen" den öffentlichen Diskurs. Fragen des Glaubens bzw. Nicht-Glaubens rücken vermehrt

---

8   Vgl. Informationen auf der Homepage der „Alexander von Humboldt-Stiftung" zum „Max-Planck-Forschungspreis" 2015. Online unter: http://www.humboldt-foundation.de/web/max-planck-preis.html [16. Januar 2015].
9   Wäschenbach, Julia: "Elfenkirche" behindert Straßenbauprojekt in Island. Hamburger Abendblatt online vom 2. September 2014. Online unter: http://www.abendblatt.de/vermischtes/article131828451/Elfenkirche-behindert-Strassenbauprojekt-in-Island.html [16. Januar 2015].

ins Bewusstsein, da religiöse Phänomene und Praktiken durch die technisch-mediale Vernetzung als besonders präsent wahrgenommen werden – die eingangs beschriebenen Beispiele belegen dies. Die zwei zentralen Fragen unseres Beitrags lauten deshalb: Sind wir wirklich Zeuginnen und Zeugen einer Rückkehr bzw. Zunahme religiöser Praktiken? Oder handelt es sich dabei vielmehr um neue Sichtbarkeiten des Religiösen?[10] Denn die verstärkte Thematisierung des Religiösen in Öffentlichkeit, Politik und Medien bedeutet nicht, dass mehr Menschen als früher (wieder) religiös sind; es wird stattdessen verstärkt und anders wahrgenommen, wenn sich Menschen zu ihrer Religiosität bekennen – gerade weil es nicht (mehr) selbstverständlich ist, einer Religion anzugehören bzw. diese zu praktizieren. Diese neuen Sichtbarkeiten des Religiösen im öffentlichen Raum werfen zum anderen die Frage auf, ob die Volkskunde / Kulturanthropologie das Religiöse lediglich als ein symbolisches System unter vielen begreifen kann und welche Prämissen sich hieraus für die Zugangsweisen der Volkskunde / Kulturanthropologie bei der Untersuchung religiöser Phänomene und Praktiken ergeben.

Forschungsansätze zur Beschreibung religiöser Wirklichkeiten heute

Die Volkskunde / Kulturanthropologie bewegt sich in einem Feld verschiedenster Disziplinen sowie sozial- und kulturwissenschaftlicher Ansätze, die versuchen, religiöse Wirklichkeiten auf unterschiedliche Art und Weise zu erklären und zu verstehen; dabei aber immer auch um Deutungsmacht streiten. Religionswissenschaft, Religionsgeschichte, Religionssoziologie, Politik- und Kulturwissenschaften, aber auch die Theologien stehen in einem steten Diskurs über Zustand, Beschaffenheit und Bedeutung der Religionen in unserer Gesellschaft. Um die Perspektive der Volkskunde / Kulturanthropologie auf religiöse Felder und Praktiken der Gegenwart näher bestimmen zu können, erörtern wir zunächst die prominentesten Thesen zur Erklärung religiöser Wirklichkeiten in der Moderne.

Die Säkularisierungsthese

Prominent und bereits lange diskutiert wird die Säkularisierungsthese, die grundsätzlich von einer Verweltlichung einst religiös geprägter

---

10 Zur Behauptung neuer Sichtbarkeiten des Religiösen s. das Buch des französischen Politikwissenschaftlers Olivier Roy „Heilige Einfalt. Über die politischen Gefahren entwurzelter Religionen"; vgl. Roy 2011.

Bereiche, Sachverhalte und Phänomene im Zeitalter der Moderne ausgeht.[11] Während sich der Begriff der Säkularisation auf den Vorgang der Nutzung oder auch der Entziehung kirchlicher Hoheitsrechte und kirchlichen Besitzes durch den Staat bezieht, bedeutet Säkularisierung das entsprechende Phänomen im Geistes- und Kulturleben; mithin die Lösung bestimmter Inhalte des Denkens aus ihrem religiösen Kontext hin zu einer profanen Kultur auf der Basis eigenständiger (kirchenunabhängiger) und neu verhandelter Legitimierungskriterien. Der Begriff der Säkularisierung ist jedoch alles andere als klar umrissen. So sieht der Soziologe Martin Endreß in der Säkularisierung einen amorphen, nicht klar definierbaren Begriff, da er zugleich für Differenzierung, Profanisierung, Entchristlichung, Desakralisierung, Pluralisierung bzw. Rationalisierung (Entzauberung) stehen kann.[12]

Der kleinste gemeinsame Nenner der unterschiedlichen wissenschaftlichen Auseinandersetzungen um Säkularisierung ist die Betonung des Bedeutungsverlusts von Religion im gesellschaftlichen Leben. Diese Annahme sehen Religionssoziologen wie Detlef Pollack in vielfältigen gesellschaftlichen Prozessen der Modernisierung in besonderem Maße seit Beginn des 20. Jahrhunderts begründet, beispielsweise in einer Wohlstandserhöhung, einer Ausweitung des Freizeit- und Unterhaltungsangebots, im Ausbau sozialer Sicherungssysteme, in Urbanisierung und Mobilisierung, im Bildungsanstieg sowie in der kulturellen Pluralisierung.[13] Obwohl sich die Säkularisierungsthese in schwindenden Mitgliederzahlen insbesondere der christlichen Kirchen und sinkender Beteiligung am kirchlichen Leben auch heute noch zu bestätigen scheint, gelten Phänomen und Begriff der Säkularisierung zunehmend als umstritten. Pollack stellt klar, dass die Säkularisierungsthese nicht mehr zu den „dominante[n] Deutungsmuster[n] der Religionssoziologie"[14] gehört.

Spätestens seit den islamistisch motivierten Terroranschlägen vom 11. September 2001 in den USA ist die Religion wieder auf dem Thementableau der öffentlichen Diskussion. Allerdings kann schon zuvor – insbesondere seit dem Zusammenbrechen der stark säkularisierten kommunistischen Systeme in Osteuropa – eine Rückkehr religionsbezogener Diskussionen und Praktiken in gesellschaftlichen Kontexten beobachtet werden. Es ist eine Zunahme religiös interessierter Akteurinnen und Akteure an Formen populärer Religion, religiöser Bricolagen und neuer Glaubensgemeinschaften festzustellen – ein Interesse, das breite gesellschaftliche Bereiche durchzieht.[15] Diese neueren empi-

---

11 Vgl. Endreß 2011, S. 124.
12 Ebd., S. 125.
13 Vgl. Pollack 2014, S. 19.
14 Vgl. Pollack 2013, http://docupedia.de/zg/Saekularisierungstheorie?oldid=85955 [17. Januar 2015].
15 Ebd.

rischen Befunde relativieren die These von der Säkularisierung ebenso, wie eine lange Liste wissenschaftlicher und populärer Publikationen, die von Schlagworten wie „Rückkehr der Religionen"[16] oder „Wiederkehr der Götter"[17] bestimmt sind.[18]

Säkularisierung als generalisierendes und ausschließliches Erklärungsmodell verliert an Plausibilität, da es ein allzu unscharfes Konglomerat an Modernisierungsprozessen meint. Prozesse, die zudem – je nach gesellschaftlichen, politischen und kulturellen Kontexten – unterschiedlich ausfallen können. Man denke etwa an die verschieden ausgeprägten Formen der Säkularisierung in der ehemaligen DDR im Vergleich zur BRD oder an die Unterschiede zwischen Deutschland und den USA. Hier ist bei der Analyse religiöser Felder und Praktiken eine Differenzierung nach verschiedenen Säkularisierungstypen notwendig. Im Rahmen volkskundlich-kulturanthropologischer Diskussionen und Ansätze stellt sich ohnehin die Frage, inwiefern alltagskulturelle, mikrosoziale und gruppenspezifische Kontexte je von der Säkularisierung betroffen waren oder ob sie nicht schon immer andere Logiken des Umgangs mit Religiosität oder Nicht-Religiosität aufwiesen.[19]

Die Individualisierungsthese

Eine weitere prominente These in Bezug auf das religiöse Leben der Gegenwart ist die Individualisierungsthese, die maßgeblich auf Thomas Luckmanns Arbeit „Die unsichtbare Religion" von 1967 zurückgeht. Luckmann geht zwar von einem Bedeutungsverlust der Religion in der Moderne aus, macht jedoch deutlich, dass dieser vor allem den Bereich der offiziellen Religion betrifft, mithin die Institution Kirche.[20] Luckmann schreibt: „Die Plausibilität des ‚offiziellen' Modells gerät am stärksten unter ‚pluralistischen' Verhältnissen in Bedrängnis."[21] Pluralistische Verhältnisse entstehen, wo subjektive Deutungen von einst offiziell-gegebenen Weltansichten möglich werden. Religiöse Entscheidungen werden verhandelbar, was insgesamt ein zentrales Kennzeichen der Moderne darstellt. Damit kommt es, so argumentiert Luckmann weiter, zur Verlagerung des Religiösen in gesellschaftlich weniger sichtbare Bereiche wie das Private. Themen wie Familie, Glück oder Gesundheit rücken als quasi religiös einzuschätzende Weltansich-

---

16 Riesebrodt 2001.
17 Graf 2007.
18 Eine gute Auseinandersetzung mit diesen Publikationen liefert Martin Endreß; vgl. Endreß 2011, insbesondere S. 126.
19 Vgl. hierzu z.B. Mohrmann 2010; Bienfait 2011.
20 Vgl. Luckmann 1993 [1967].
21 Ebd., S. 121.

ten in den Vordergrund, alternative Spiritualitätsformen und religiöse Bricolagen werden praktiziert, Religion individuell konsumiert.[22]

Luckmanns Arbeit hat maßgeblich dazu beigetragen, dass das Thema der Religion und Religiosität aus dem Bereich der Kirchensoziologie herausgelöst und neu auf das Verhältnis von Individuum zu Gesellschaft angewendet werden konnte. Dennoch bleiben einige seiner Begriffe wie etwa das „Unsichtbare" an der Religion unscharf.[23] Für die Volkskunde / Kulturanthropologie ist in diesem Zusammenhang vor allem Luckmanns anthropologische Grunddeutung von Religion bzw. Religiosität von Bedeutung. Hubert Knoblauch stellt in Luckmanns Ansatz folgendes heraus:

> „In der Religion transzendiert der Mensch sein biologisches Wesen und wird so erst zum Menschen. Religion ist nicht nur ein Komplex von Jenseitsvorstellungen; das Religiöse zeigt sich schon in der Vergesellschaftung des einzelnen, in der Objektivierung subjektiver Erfahrungen und in der Individuation zum einzelnen."[24]

Die weite Fassung des Religionsbegriffs – das heißt: die Entkopplung des Religiösen von der institutionalisierten Religion[25] – wurde in der Folge jedoch vielfach kritisiert. Der eigentliche Kritikpunkt an der Individualisierungsthese ist aus volkskundlich-kulturanthropologischer Sicht allerdings weniger die Herauslösung der Religion aus dem Gefüge institutionalisierter Deutungshoheit und die Ausrichtung des Fokus auf den anthropologischen Kontext von Religion. Vielmehr ist zu kritisieren, dass weltliche Ansichten über Glück, Gesundheit, Heil etc. damit oft (vor)schnell als religiöse Konzepte interpretiert werden. Diese sehr offene Deutung von Religiosität ist insofern problematisch, da Religiosität sich so kaum von anderen Wissens-, Wahrnehmungs- und Handlungsformen unterscheiden lässt und damit unspezifisch bleibt. Die Volkskunde / Kulturanthropologie tut jedoch gut daran, zu erklären, ob und was Religiosität als Wissens-, Wahrnehmungs- und Handlungsform spezifisch gegenüber anderen auszeichnet (s. dazu unten).

Die Postsäkularisierungsthese

Die Postsäkularisierungsthese steht der Säkularisierungsthese komplementär entgegen und postuliert die Vereinbarkeit von Religion und Moderne. Sie behauptet eine Wiederkehr der Religion in den heutigen (westlichen) Gesellschaften und einen zivilgesellschaftlichen Effekt des

---

22　Ebd., S. 121–123.
23　Vgl. Knoblauch 1991, S. 11.
24　Ebd., S. 12.
25　Vgl. ebd.

Religiösen. Demnach bestimme Religion das Handeln von Menschen wieder mit.[26] Doch die These von der Postsäkularisierung ist alles andere als präzise und konzise formuliert. Aufmerksamkeit erlangte der Begriff des „Postsäkularen" erstmals durch Jürgen Habermas, der diesen in seiner Rede anlässlich der Verleihung des Friedenspreises des Deutschen Buchhandels an ihn, 2001 verwendete.[27] Habermas versteht den Begriff im Sinne eines Wiederaufkommens religiöser Gemeinschaften und Konzepte in einer sich fortwährend säkularisierenden Umgebung.[28]

Problematisch erweist sich in der Rede von der „Wiederkehr des Religiösen" jedoch nicht nur das implizierte Stufenmodell von einer präsäkularisierten hin zu einer säkularisierten und schliesslich zu einer postsäkularisierten Gesellschaft – dafür fehlen die empirischen Nachweise. Auch die generalisierende Annahme, dass Religion in der säkularisierten Gesellschaft je abwesend gewesen sei, ist so nicht belegt. Gerade diesen letzten Punkt kritisiert der Politikwissenschaftler Mark Arenhövel und fordert zu Recht eine differenziertere Sichtweise:

> „Jenseits der tradierten Dichotomie von Mythos und Aufklärung war die Religion immer präsent, wenn sich auch die Kontexte ihrer Thematisierung, ihre öffentliche Sichtbarkeit und ihre Gestalt wandelten. [...] Verändert haben sich viel mehr vor allem die öffentliche Wahrnehmung und Sichtbarkeit religiöser Phänomene oder Fragen in den modernen Gesellschaften, wobei die Rede von den modernen Gesellschaften [...] hinsichtlich religiöser Phänomene insofern missverständlich ist, als von einem einheitlichen Muster im Umgang mit der Religion, mit Religiosität und Säkularisierung kaum gesprochen werden kann."[29]

Für Arenhövel ergibt der Ansatz der Postsäkularisierung als Deutungsmuster nur Sinn, wenn damit das Verhältnis von Modernisierung, Religion, Vernunft und Politik erfasst wird, so

> „dass zum einen Säkularisierung nicht als ‚Nullsummenspiel' betrachtet wird, in dem die Gewinne der einen Seite zu Lasten der anderen gehen. Zum anderen soll er der nach wie vor auch in modernen Gesellschaften existierenden Persistenz religiöser Imprägnierungen unterschiedlichster Deutungen, Wertungen und Erfahrung Rechnung tragen, die gerade in unserer Zeit wieder vermehrt in die Öffentlichkeit drängen"[30].

Jede der drei skizzierten Thesen birgt problematische Aspekte und Unschärfen. Als Hauptprobleme erweisen sich jedoch vor allem 1.) der makrostrukturelle Ansatz der drei Theorien, der den vielfältigen religiösen Entwicklungen auf einer Ebene mittlerer Reichweite kaum gerecht wird

---

26　Vgl. Pollack 2013, http://docupedia.de/zg/Saekularisierungstheorie?oldid=85955 [17. Januar 2015].
27　Vgl. Habermas 2001.
28　Vgl. Endreß 2011, S. 127.
29　Arenhövel 2008, S. 159.
30　Ebd., S. 174.

und 2.) der Alleingültigkeitsanspruch, den alle drei Thesen latent in sich bergen. Es ist verlockend, Prozesse wie Säkularisierung und Desäkularisierung, Institutionalisierung und Individualisierung zeitlich und strukturell voneinander zu trennen. Stattdessen muss jedoch von Gleichzeitigkeiten ausgegangen werden, so wie Martin Endreß sie beschreibt:

> „Die Moderne ist, so die soziologische Analyse, strukturell säkularisiert, empirisch hingegen in vielgestaltigen sozio-historischen Formen bzw. Ausprägungen immer auch durch religiöse Sinnorientierungen und Handlungswirklichkeiten geprägt. Das heißt, der Umstand, dass moderne Gesellschaften [...] prinzipiell säkularisiert sind, schließt religiöse Lebensformen und Sinnorientierungen bzw. Weltanschauungen gerade nicht aus."[31]

Was uns die großen, gesellschaftstheoretischen Thesen mit ihrem makrosozialen Blick vor allem aber nahe bringen, ist die Erkenntnis, dass es verschiedene Konjunkturen der Sichtbarkeit und Unsichtbarkeit von Religion und Religiosität in der öffentlichen und medialen Wahrnehmung gibt, die zu Veränderungen gesamtgesellschaftlicher Strukturen führen können, es aber nicht zwingend müssen. Das bedingt aber keinesfalls, dass es nicht auch religiöse Entwicklungen geben kann, die diesen Konjunkturen entgegenlaufen oder zumindest einen anderen Weg oder eine andere Deutungsrichtung einschlagen. Gerade hier ist es der Volkskunde / Kulturanthropologie möglich, der Komplexität religiöser Felder und Praktiken auf einer semi- bzw. mikrosozialen Ebene gerecht zu werden und Handlungs- und Deutungsverschiebungen zwischen Empirie und Theorie aufzuzeigen. Qualitative Studien sind ein wichtiges Korrektiv, um – wie es die Volkskundlerin Angela Treiber beschreibt – „die ‚gelebte Religion' der Menschen in ihrer alltäglichen Lebenswelt, sozial vermittelt und geprägt von ihrem gesellschaftlichen, kulturellen Umfeld"[32] zu erfassen und „religiöse Entwicklungen und Dynamiken angesichts eines im historischen Vergleich rapiden Wandels von Gesellschaften"[33] zu erklären und zu verstehen.[34]

Religiositätsbegriff und -konzepte in der Volkskunde / Kulturanthropologie

„Die ‚gelebte Religion' der Menschen in ihrer alltäglichen Lebenswelt"[35] als zentrales Erkenntnisinteresse zeigt bereits eine der ersten Leitlinien

---

31 Endreß 2011, S. 134.
32 Treiber 2013, S. 42.
33 Ebd.
34 Es ist wichtig, in diesem Zusammenhang den amerikanischen Historiker David D. Hall zu erwähnen, der bereits seit den 1990er Jahren religiöse Phänomene mit dem Konzept „lived religion" analysiert; vgl. Hall 1997.
35 Treiber 2013, S. 42.

für einen Ansatz volkskundlich-kulturanthropologischer Religiositätsforschung, der im Folgenden entwickelt werden soll.

Das Stichwort „gelebte Religion" verweist darauf, dass Religion subjektiv erleb- und erfahrbar ist und damit nicht an (scheinbar) allgemeingültige Deutungen gebunden sein muss. Der Volkskunde / Kulturanthropologie geht es damit weniger um die offiziellen Deutungen religiöser Institutionen oder theologischer Lehren, sondern vielmehr um die „Rekonstruktion" von „Glaubenswirklichkeiten", die der subjektiven Perspektive der Gläubigen gerecht wird.[36] Die „subjektive Glaubenswirklichkeit" von Menschen und Gruppen besteht aus mehr als nur der Übernahme von Lehraussagen und Dogmen. Religiosität basiert auf einer emotionalen, charismatischen Lebenshaltung, die individuell angeeignet und mit „Leben" gefüllt werden muss, wie der Kultursoziologe Winfried Gebhardt es formuliert.[37]

Religiosität statt Religion

Aufgrund dieses Ansatzes ist es sinnvoll, weniger von einer volkskundlich-kulturanthropologischen Religionsforschung zu sprechen als vielmehr von einer Religiositätsforschung. So wird ausgedrückt, dass das Fühlen, Deuten und Handeln von Menschen in – wie auch immer inhaltlich und formal ausgerichteten – Glaubensgemeinschaften im Fokus des Erkenntnisinteresses stehen.[38] Der volkskundlich-kulturanthropologische Ansatz, die Religiosität der Menschen in den Mittelpunkt des Interesses zu rücken, mag für viele von uns selbstverständlich erscheinen. Doch werfen wir einen Blick beispielsweise auf die Religionssoziologie so wird deutlich, dass Religiosität noch vielfach an Parametern wie Kirchenmitgliedschaft, Gottesdienstbesuch und Engagement in kirchlichen Institutionen gemessen und erläutert wird.[39] Ein solcher Ansatz versperrt jedoch den Blick auf die religiöse Vielfalt, die netzwerkbasierten und zunehmend spiritualisierten[40] Formen von Religiosität, die Menschen auch in säkularisierten Gesellschaften heute praktizieren und für eine neue Sichtbarkeit von Religion sorgen.

Die Volkskunde / Kulturanthropologie versucht diese Felder der subjektiven Glaubenswirklichkeiten über empirische Forschung wie

---

36 Vgl. Gebhardt, S. 184.
37 Vgl. ebd., S. 185.
38 Genau dieser Fokus auf die Religiosität von Menschen und Gruppen in ihrer jeweiligen Lebenswelt kommt im Tagungstitel der dgv-Kommission „Religiosität und Spiritualität" zum Ausdruck, auf die dieser Beitrag zurück geht: „Reine Glaubenssache? Neue Zugangsdaten zu religiösen und spirituellen Phänomenen im Prozess der Säkularisierung" (25. bis 27. September 2014 in Würzburg).
39 Vgl. als Beispiel für einen solchen religionssoziologischen Ansatz Pollack 2014.
40 Vgl. Knoblauch 2008, S. 3.

Feldforschung, teilnehmende Beobachtung und Befragung zu erschließen, zu verstehen und zu deuten. Zwar können die religiösen Lebenswelten von Menschen und Gruppen durchaus im Kontext kirchlich institutionalisierter Lehre und Organisation verortet sein (weshalb es sinnvoll ist, diesen Bereich nicht aus den Augen zu verlieren); sie müssen es aber nicht, so dass der offene Zugang zu religiösen Phänomenen gegenwärtiger Gesellschaften zentrales Merkmal volkskundlich-kulturanthropologischer Religiositätsforschung ist.

Religiosität als Gemeinschaftshandeln

Wie erwähnt geht es der Volkskunde / Kulturanthropologie um die Rekonstruktion subjektiver Glaubenswirklichkeiten, wodurch der Eindruck entstehen kann, dass hier vor allem individuelle Formen religiösen Fühlens, Deutens und Handelns bzw. psychosoziale Befindlichkeiten einzelner religiöser Akteurinnen und Akteure im Vordergrund stehen. Dieser Ansatz wird durch die bereits erläuterte These der Individualisierung religiösen Lebens von Thomas Luckmann theoretisch untermauert, ist aber nicht ganz unproblematisch: Erstens hat gerade die Diskussion um die postsäkulare Gesellschaft gezeigt, dass religiöse Akteurinnen und Akteure sich durchaus vernetzen und Gruppen und Gemeinschaften ausbilden, die Einfluss auf gesellschaftliche Diskussionen und Prozesse nehmen. Die Unsichtbarkeit von Religion, die nach Luckmann aus der religiösen Individualisierung folgt, ist also alles andere als empirisch belegbar; vielmehr muss ganz im Gegenteil von neuen Sichtbarkeiten des Religiösen ausgegangen werden. Und zweitens können religiöses Fühlen, Deuten und Handeln nie losgelöst von Gruppen und Gemeinschaften funktionieren und betrachtet werden. Die Frage nach der Religiosität des Einzelnen ist also immer an die Frage nach der religiösen Kultur, die den ideellen, historischen und strukturellen Kontext darstellt, gebunden; und genau hier beginnt das Erkenntnisinteresse der Volkskunde / Kulturanthropologie. Das heißt: Religiosität ist der Volkskunde / Kulturanthropologie nur als Gemeinschaftshandeln zugänglich.[41]

Materialität und Medialität von Religiosität

Als Gemeinschaftshandeln manifestiert sich Religiosität wesentlich in materieller wie medialer Form. Hubert Knoblauch erläutert hierzu:

---

41 Vgl. dazu Gebhardt 2011, S. 180.

> „Nicht der Weg ‚nach innen' interessiert [...], sondern die objektivierten Ausdrucksformen des Religiösen. Die Konstruktion und vor allem die interaktive Vermittlung religiöser Deutungen in der Kommunikation bilden auch [...] die ‚materiale Basis' der Transzendenz."[42]

Gerade die Analyse und Deutung der materialen Ebene – der Dingwelt – von Religiosität ist ein wichtiges Untersuchungsgebiet der Volkskunde / Kulturanthropologie, was zahlreiche Untersuchungen vor allem im Bereich der Volksfrömmigkeitsforschung zeigen.[43] Religiöse Dinge, Bilder, Zeichen, aber auch Rituale und Gesten sind Objektivierungen von Religiosität und lassen Deutungen über die religiöse Praxis in ihren jeweiligen historischen wie gegenwärtigen Kontexten zu.

Neben der Materialität religiöser Praxis rückt heute zunehmend die Medialität von Religiosität in den Blickpunkt volkskundlich-kulturanthropologischer Untersuchungen. „Religion ist – als soziales Phänomen – vorrangig ein kommunikatives Konstrukt", schreibt Hubert Knoblauch.[44] Er macht damit deutlich, dass religiöse Praxis auf Medien bzw. mediale Interaktionen angewiesen ist, wenn Wissen, Praktiken und Emotionen an andere vermittelt werden sollen. Dies spielt vor allem heute eine große Rolle, wo unsere durch Globalisierung und Mobilisierung geprägte Gesellschaft auf zeit- und raumunabhängige Kommunikationsformen zurückgreift. Gerade lose, netzwerkbasierte und häufig transnational aktive religiöse Gemeinschaften nutzen das Potential der neuen Medien und sprechen damit oft Zielgruppen an, die für die herkömmlichen religiösen Institutionen nur schwer erreichbar sind.

Ganzheitlicher Blick auf Religiosität

Auch wenn die materiale und mediale Ebene von Religiosität für die Volkskunde / Kulturanthropologie von großer Bedeutung sind, weil sich von dort subjektive Glaubenswirklichkeiten hermeneutisch rekonstruieren lassen, so gilt es doch auch, die Akteurinnen und Akteure direkt zu Wort kommen und sie ihre religiösen Vorstellungen und ihr religiöses Handeln beschreiben und kommentieren zu lassen. Unterschiedliche Gesprächs- und Interviewformen sowie andere „Ego-Dokumente" sind wichtige empirische Grundlagen und bieten Zugang zu subjektiven Ideen und Konzepten von Religiosität.[45] Zwar ist die akteurseigene Wahrnehmung immer durch selektive Erinnerung und Abhängigkeit

---

42 Knoblauch 1991, S. 14.
43 Vgl. hierzu z.B. Brückner / Korff / Scharfe 1986; Bringéus 2000; King 2009.
44 Knoblauch 1991, S. 14.
45 Zur Problematisierung der Quelle „Ego-Dokumente" insbesondere in Verbindung mit volkskundlich-kulturanthropologischer Religiositätsforschung vgl. Scharfe 1997.

von bestimmten Interessen geprägt – das hat die volkskundlich-kulturanthropologische Erzählforschung gezeigt –, sie verdichtet aber auch die Sicht der Akteurinnen und Akteure und führt damit zu einem komplexeren Verständnis religiöser Wirklichkeiten.[46]

Die Wissenschaft ist ebenso eine Akteurin, die an der Konstruktion religiöser Wirklichkeiten und Sichtbarkeiten beteiligt ist. Das gilt gerade für die Volkskunde / Kulturanthropologie, die sich durch eine spezifische Nähe zu ihrem Forschungsfeld auszeichnet. Die innerhalb des Faches und natürlich auch in anderen Disziplinen geführten Diskurse stehen nicht ausserhalb der Gesellschaft, sondern diese treten in Wechselwirkung mit den kulturellen Praktiken, die sie betreffen. Man denke beispielsweise an volkskundlich-kulturanthropologische Untersuchungen zu vergangenen kulturellen Praktiken, die Anstoß zu Revitalisierungsbestrebungen von eben jenen beschriebenen Praktiken gaben. Es gilt deshalb, die religiöse Praxis aus der Perspektive ihrer wissenschaftlichen Deutung mit zu reflektieren und kritisch zu diskutieren, welchen Anteil die wissenschaftliche Forschung selbst an der neuen Sichtbarkeit des Religiösen hat.

Fragen nach der Materialität und Medialität religiösen Schaffens, nach dem religiösen Fühlen, Denken und Handeln von Menschen und Gruppen sowie den sie betreffenden Fachdiskursen bedingen einen ganzheitlichen Ansatz kulturanthropologischen Arbeitens – ein Ansatz, der Objektivierungen, Subjektivierungen wie Diskursivierungen religiöser Praxis als Dreiklang Gehör verschafft.

Die Frage nach der Substanz des Religiösen

Mehrmals wurde bereits darauf hingewiesen wie wichtig der kulturelle Kontext zum Verständnis subjektiver Glaubenswirklichkeiten ist. Eine Erkenntnis, die zum Selbstverständnis der Volkskunde / Kulturanthropologie gehört, sich aber von Ansätzen unterscheidet, die Religiosität bzw. Religion stark von essentialistischen, also wesensbestimmenden Merkmalen abhängig machen, zum Beispiel Religion und Religiosität ausschließlich mit dem Vorkommen heiliger Gottheiten etc. verbinden. Diese Merkmale bergen die Gefahr, normative Konzepte und Vorstellungen über einen offenen Zugang zu religiösen Phänomenen zu stellen. Deshalb plädiert Winfried Gebhardt im Rahmen kultursoziologischer Diskussionen für eine Abkehr von einem substanziellen Religionsbegriff – vom Text – zur konsequenten Hinwendung zu einem historisch-funktionalen Religionsverständnis – das heißt: zum Kontext.[47]

---

46 Zu Möglichkeiten und Grenzen der Erzählforschung vgl. insbesondere Lehmann 2007.
47 Vgl. Gebhardt 2011, S. 185.

Kann die Frage nach der Substanz des Religiösen allerdings tatsächlich völlig ausgespart werden? Was, wenn nicht auch bestimmte substanzielle Kriterien, machen Religiosität als Wissens-, Erfahrungs- und Praxisform aus? Was unterscheidet Religiosität von anderen Formen menschlichen Wissens und Erfahrens? Reicht es aus, Religiosität allein aus historisch-funktionaler Perspektive zu betrachten oder geht es nicht auch darum, das Spezifische am Religiösen im Gegensatz zu anderen Wissens-, Wahrnehmungs- und Handlungsformen wie dem Streben nach Glück, Erfolg oder Gesundheit herauszuarbeiten?

Vieles spricht dafür, die Frage nach der Substanz des Religiösen mitzudenken, auch wenn diese nicht stringent zu beantworten ist bzw. an den empirischen Materialbefund rückgebunden werden muss. Ein wichtiges Charakteristikum des Religiösen ist – nach wie vor – die Ausrichtung an einem wie auch immer gefassten Transzendenten, wobei es sich bei der Transzendenz nicht unbedingt um göttlich-personifizierte Ordnungen handeln muss. Die Transzendenz kann auch einen Zustand beschreiben, der, in den Worten Hubert Knoblauchs, „die unmittelbare Evidenz lebensweltlicher Erfahrung überschreitet".[48] Im religiösen Fühlen, Denken und Handeln geht es, wenn nicht um die Akzeptanz, so jedoch um die grundsätzliche Möglichkeit einer übernatürlichen Erfahrung, die menschliches Wissen und Vermögen überschreitet. Gerade dieser Punkt macht Religion und Religiosität attraktiv für eine Gesellschaft, die sich zunehmend der Grenzen ihrer eigenen Rationalität bewusst wird. Die Erfahrung der Transzendenz, die in einer sich als aufgeklärt verstehenden Gesellschaft wie der unsrigen irritierend und verstörend sein kann, wird über religiöses Deuten und Handeln der sozialen Welt im Hier und Jetzt zugänglich und verhandelbar. Angela Treiber formuliert es so: „Über Religion (als kulturellem System) werden die ‚Erfahrungen der Transzendenz sozial konstruiert.'"[49]

Beschreibung religiöser Wirklichkeiten aus volkskundlich-kulturanthropologischer Perspektive am Fallbeispiel „St. Johannis – Die Kulturkirche"

Multiple Modernities und Konkurrenzierung religiöser Praxis

Es ist heute weniger selbstverständlich, durch das Aufwachsen in bestimmten soziokulturellen Kontexten zugleich einer bestimmten Glaubensrichtung anzugehören. An die Stelle fester religiöser Zugehörig-

---

48 Knoblauch 1991, S. 13.
49 Treiber 2013, S. 53.

keiten tritt häufig die Sinnsuche des Einzelnen. Überspitzt formuliert: Wie in einem großen Supermarkt ist es dem Einzelnen und der Einzelnen möglich, das auszuwählen, was in bestimmten Phasen des Lebens als das attraktivste und brauchbarste Angebot erscheint. Der französische Politikwissenschaftler Olivier Roy kritisiert in seinem Buch „Heilige Einfalt" an diesen religiös-spirituell gebastelten Puzzleidentitäten, dass Religionen zunehmend auf einem globalisierten Markt in Konkurrenz zueinander treten. Das führe dazu, dass Religion wie ein Produkt konsumierbar werde, ohne dass die kulturellen Entstehungskontexte, die diese hervorgebracht haben, gekannt werden müssten.[50] Ein Beispiel hierfür sind für Roy die verschiedenen europäischen Spielarten des Buddhismus. Daran erläutert er seine These, dass bei Glaubenspraktiken nicht mehr diskursives Wissen, Historie und Tradition im Vordergrund stünden, sondern ein gefühlsbetonter Zugang zum Glauben.[51] Religion sei häufig ausschließlich individuelles Bekenntnis und „Gefühl", die vorübergehende Befriedigung emotionaler Bedürfnisse sei das Wichtigste.[52]

Weltweite Migrationsbewegungen haben zur Folge, dass Gesellschaften multireligiös sind, während der Staat sich zunehmend als neutral versteht. Die (westlichen) Staaten sind der Anerkennung ethnischer, sprachlicher und religiöser Differenz verpflichtet und werden zu Moderatoren von Identitäts- und Anerkennungsbemühungen, die sich aufgrund religiöser Pluralisierung und transnationaler Migration in den „Multiple Modernities" auch zu Konfliktfeldern entwickeln können.[53] Damit treten Religion und Religiosität aber auch erneut sichtbar in die öffentliche Sphäre, in der religiöse Geltungsansprüche neu verhandelt werden. Sie steigern damit das Bewusstsein für die Differenz in von Diversität geprägten Gesellschaften. Gegenwärtige Gesellschaften kennzeichnet somit eine Dichotomie: Strukturelle Säkularität einerseits und strukturelle Pluralität andererseits.[54] Das bedeutet, auch strukturell säkularisierte Gesellschaften können durch religiöse Sinnorientierungen und Handlungswirklichkeiten, religiöse Lebensformen und Weltansichten geprägt sein.[55]

Wie sich solche Aspekte einer Phänomenologie des Religiösen in modernen Gesellschaften zeigen können, möchten wir an dem empi-

---

50 Vgl. Roy 2010.
51 Vgl. ebd., S. 19–21.
52 Vgl. ebd.; zum Zusammenhang von Emotionspraktiken und Religiosität vgl. auch Scheer 2012.
53 Vgl. Schmidt 2012, S. 116.
54 Vgl. Endreß 2011, S. 133–134.
55 Vgl. ebd., S. 134.

rischen Fallbeispiel „St. Johannis – Die Kulturkirche" erläutern.[56] Dabei handelt es sich um ein evangelisch-lutherisches Kirchenprojekt in Hamburg-Altona,[57] das sich mit der „Kulturkirche Altona gGmbH" zusammengeschlossen hat, einer Gesellschaft, die sich als Förderin „von Kunst und Kultur in Hamburg" versteht.[58] Unter einem gemeinsamen Kirchendach werden sakrale und profane Veranstaltungen durchgeführt, die auch Nicht-Kirchenmitglieder sowie Nicht-Christinnen und Nicht-Christen ansprechen sollen. Das der St. Johannis-Kulturkirche zugrunde liegende Konzept folgt also der Integrationsthese, nach der Religion gemeinschaftsstiftend und -bildend wirken soll, indem diese durch die Zusammenführung und Integration von sakralen und profanen Ritualen und Symbolen in erster Linie eine soziale Funktion erfüllt.[59] „St. Johannis – Die Kulturkirche" versteht sich als eine soziale Akteurin und betont auf ihrer Homepage: „Ohne Bezug zur Gegenwart und zu aktuellen Erlebnissen bleibt die Tradition hohl und leer. Deswegen mischen wir uns ein in das Geschehen im Stadtteil und darüber hinaus."[60]

Pluralisierung, Globalisierung und Mobilisierung religiöser Praxis

Nesrin, Natalja und Andrea sind drei Frauen mit Kindern, die wie viele andere in der Familienphase zu „St. Johannis – Die Kulturkirche" gestoßen sind.[61] Eine beim St. Johannis-Kirchenprojekt aktive Theologin bestätigt, dass sich Menschen gerade dann verstärkt an Gemeinschaften binden. Es sind Menschen, die sich, wenn sie selbst Kinder haben, wieder verstärkt nach Traditionen sehnen und deshalb oft erleben, wie sich Religiosität durch die Hintertür „in ihr Leben schleicht", wie es die Theologin in einem Gespräch beschreibt.[62]

---

56   Institutionell gehört die St. Johanniskirche seit dem 1. Januar 2007 zur Kirchengemeinde, die sich aus drei ehemaligen Gemeinden im Kirchenkreis Altona gebildet hat: Christophorus Altona, Friedenskirche Altona, St. Johannis Altona.
57   Vgl. Homepage Evangelisch-Lutherische Kirchengemeinde Altona-Ost. Online unter: http://gemeinde-altona-ost.de/willkommen/st-johanniskirchehttp://gemeinde-altona-ost.de/willkommen/st-johanniskirche [18. Januar 2015].
58   Vgl. Homepage „Kulturkirche Altona". Online unter: http://www.kulturkirche.de [18. Januar 2015].
59   Als einer der herausragenden Vertreter der Integrationsthese ist Émile Durkheim zu nennen; vgl. Durkheim 1984.
60   Vgl. http://gemeinde-altona-ost.de/willkommen/gemeinde-altona-ost [18. Januar 2015].
61   Bei den im Beitrag Porträtierten von „St. Johannis – Die Kulturkirche" handelt es sich um Gesprächspartnerinnen und Gesprächspartner, denen die Autorin Christine Bischoff im Rahmen von Recherchen zu offenen Kirchenkonzepten während des Frühjahrs/Sommers 2013 begegnet ist. Die vorgestellten Interviewpassagen und Analysen gehen allesamt auf Gesprächsmaterial und Feldnotizen der Autorin zurück. Bei den Namen der Porträtierten handelt es sich aus Gründen der Anonymisierung um Aliasnamen.
62   Vgl. Interview mit der evangelischen Theologin Johanna Martens vom 26. Mai 2013.

Die drei Frauen Nesrin, Natalja und Andrea gehören zur jungen, halbwegs wohlhabenden urbanen Mittelschicht. Nesrin ist in Hamburg geboren und mit einem Protestanten verheiratet. Ihre Eltern kommen aus Syrien, sie ist Bankangestellte und verstößt damit „täglich", wie sie sagt, gegen das Zinsverbot der muslimischen Religion ihrer Eltern.[63] Natalja ist Dolmetscherin und als Ukrainerin orthodox getauft. Ihr Ehemann, ein Musiker, ist evangelisch getauft, versteht sich aber nach ihren Worten als eher „areligiös".[64] Andrea, eine Arzthelferin in Elternzeit, hat ihren katholischen Glauben in, wie sie sagt, „keiner guten Erinnerung".[65] Nie wäre es ihr und ihrem Freund in den Sinn gekommen, ihre gemeinsame Tochter katholisch taufen zu lassen. Die Tochter soll später selbst entscheiden, ob sie sich einer Religionsgemeinschaft anschließen will. „Allerdings", so äußert sie in einem Gespräch, „wir wissen eigentlich gar nicht, auf welcher Grundlage sie diese Entscheidung treffen soll. Das hier mit St. Johannis ist mit weniger Dogmen, das finde ich gut."[66] Auch Nesrin betont in einem Gespräch, dass sie ihre Tochter eigentlich immer fern halten wollte von allem Religiösen. Dass sich trotzdem alle drei immer wieder bei Gottesdiensten und anderen Veranstaltungen in der St. Johannis-Kirche treffen, hat auf den ersten Blick vor allem alltagspraktische Gründe: Nach Ansicht der drei Frauen gibt es pädagogisch sinnvolle Spielangebote für ihre Kinder, tolle Kindergottesdienste und die musikalische Früherziehung sei konkurrenzlos im Viertel.[67]

Natalja, die Ukrainerin mit zwei Söhnen, betont aber auch, dass die Religion in einer Welt, die sich ständig verändert, doch den größten Rückhalt biete.

> „Und Kinder haben doch das Recht darauf zu glauben, dass es da etwas oder jemanden gibt, sie also niemals wirklich allein sind, egal was passiert."[68]

Plural, global und mobil bedeutet hier also, dass Generationen oft nicht-religiös herangewachsen sind – die Lebensvorstellungen ihrer Eltern-Generation manchmal sogar ablehnen. Genau diese Entwicklung macht sie aber wiederum besonders offen für alternative religiöse Formen und Praktiken.

---

63 Vgl. Interview mit Nesrin Hemidi vom 3. Juni 2013.
64 Vgl. Interview mit Natalja Kutyenko vom 30. Mai 2013.
65 Vgl. Interview mit Andrea Hartwig vom 15. Mai 2013.
66 Ebd.
67 Schlussfolgerung der Autorin aufgrund von Feld- und Gesprächsnotizen im Zeitraum vom 16. April bis 31. Juli 2013.
68 Interview mit Natalja Kutyenko vom 30. Mai 2013. Die wörtlichen Interviewpassagen wurden für den schriftlichen Beitrag zwecks besserer Lesbarkeit und um eine symmetrische Gewichtung und Bedeutung von empirischem und theoretischem Material zu betonen, sprachlich geglättet.

Entgrenzung religiöser Kommunikation: Spiritualisierung, Ästhetisierung und Ent-Institutionalisierung religiöser Praxis

Was Kritikerinnen und Kritiker vermutlich verächtlich religiöse Bastelei, Patchwork-Religiosität und postmoderne Beliebigkeit nennen, ist für die drei porträtierten Frauen von „St. Johannis – Die Kulturkirche" ihr alltagspraktisches Vorgehen bei ihrer Suche nach grundlegenden Werten wie Harmonie, Liebe und Frieden im Zusammenleben der Menschen. Entgegen der These Roys, dass gegenwärtige religiöse Bewegungen oft keine soziale Einbettung wünschten,[69] ist für Nesrin, Natalja und Andrea das St. Johannis-Kirchenprojekt sowohl soziales wie religiöses Ereignis. Es ist Begegnungsort, Kontaktstelle und hilfreiche Institution, die auch konkrete Informationen, Beratung und moralische Unterstützung bietet.

Die am St. Johannis-Kirchenprojekt Partizipierenden zeichnen sich durch ein sehr selbstreflektiertes Kommunikationsverhalten aus. So greift Thomas, Sohn eines evangelischen Theologen aus Bayern und selbst geschult in der Analyse seiner religiösen Praktiken, im Gespräch das Stichwort von der Beliebigkeit und Unverbindlichkeit auf:

> „Eigentlich will ich mir Gott nicht einfach passend machen, ich bin kein Glaubens-Shopper. Aber meine Frau kommt aus Peking. Wir haben zwei Kinder. Meine Kinder beginnen sich langsam für Religion zu interessieren: Soll ich ihnen sagen, sie müssen sich zwischen Konfuzianismus, Buddhismus und Christentum entscheiden? Bei uns kann es kein Entweder-oder geben."[70]

Für Thomas und seine Familie ist die religiöse Bastelei also nicht einfach abstraktes Konzept, sondern sie empfinden diese als alltägliche Lebensnotwendigkeit.

Offene Kirchenkonzepte wie „St. Johannis – Die Kulturkirche" sind für die urbane Mittelschicht attraktiv und anschlussfähig, weil sie deren häufig von Diversität und Uneindeutigkeiten geprägten Lebensentwürfen und Familiensituationen entgegenkommen. Der Ethnologe Werner Schiffauer bemerkt dazu, dass die besondere Fähigkeit religiöser Gemeinschaften darin liegt, Sinnfragen mit strukturellen Fragen von Gesellschaft zu verbinden. Auf übergeordneter Ebene werden Antworten gegeben oder zumindest Räume eröffnet, die dem Leben Sinn geben und eine Idee vom „guten Leben" vermitteln.[71] Entgrenzung religiöser Kommunikation bedeutet hier: Einerseits übernehmen Kirchen kommunikative Formen populärer Kultur. Andererseits werden religiöse Formen in nicht-religiöse Kontexte eingebunden.

---

69 Vgl. Roy 2010.
70 Interview mit Thomas Bachmann vom 10. Mai 2013.
71 Penta / Schiffauer 2011, S. 257–258.

Religiöse Inhalte wandern vom religiösen in den nicht-religiösen Bereich und umgekehrt.[72]

„St. Johannis – Die Kulturkirche" ist auch Beispiel dafür, wie der urbane Raum, in dem sich die Protagonistinnen und Protagonisten bewegen, in besonderer Weise von diesen konstituiert und als ein Ort religiöser Zughörigkeit von ihnen in Besitz genommen wird. Der städtische Charakter ist von besonderer Bedeutung. Bei allen Porträtierten des St. Johannis-Kirchenprojekts sind es die Freiräume der Stadt, die bei ihnen erst ein Einlassen auf so etwas wie religiöse Gemeinschaft möglich gemacht haben. Die bereits zu Wort gekommene Nesrin betont:

> „Auf dem Dorf ist meiner Meinung nach so etwas wie ,St. Johannis' nicht möglich, zumindest dort wo meine Eltern ursprünglich herkommen. Auf dem Dorf *musst* du freitags in die Moschee gehen, sonst bist du unten durch."[73]

Der ebenfalls bereits zitierte Thomas äußert in diesem Zusammenhang:

> „Wir sind hier so verschieden und leben gleichzeitig auf so engem Raum zusammen. Ich denke, das lässt auch in Bezug auf Religion sehr viel schneller mal etwas Neues, etwas Alternatives entstehen, als wenn alles so homogen ist."[74]

An die Stelle der institutionellen Religionen bzw. Kirchen sind religiöse Ersatzprojekte getreten, die dem Bedürfnis der Menschen nach mehr als nur rationalen Erklärungen und Deutungen der Welt entgegen kommen, ohne dass diese sich auf eng gefasste Kirchenlehren festlegen müssen. Religion und das Verständnis von Religiosität wird an situative Erfahrungen, subjektive Erlebnisse, aber auch an Gemeinschaftshandeln gebunden – ein Transzendenzbezug ist im vorgestellten Fallbeispiel „St. Johannis – Die Kulturkirche" als Subtext in den Gesprächen mit den Akteurinnen und Akteuren immer präsent, er bestimmt aber nicht explizit deren Wahrnehmung und Handeln. Erlebnisorientierung, Subjektorientierung und Spiritualisierung sind wichtig: Für die Porträtierten stehen nicht normative Vorgaben der institutionalisierten Religion, sondern die eigene religionspraktische Kompetenz im Mittelpunkt.

Prämissen volkskundlich-kulturanthropologischer Zugangsweisen in der Religiositätsforschung

Die Volkskunde / Kulturanthropologie ist an Themen zu religiösen Kulturen, an Spiritualität und an den Transformationsprozessen des Religiösen sowohl innerhalb wie außerhalb institutionalisierter

---

72 Vgl. dazu auch Knoblauch 2008, S. 5–6.
73 Interview mit Nesrin Hemidi vom 3. Juni 2013.
74 Interview mit Thomas Bachmann vom 10. Mai 2013.

Religionen, Kirchen und Glaubensgemeinschaften interessiert. Bei den Zugangsweisen kommt ihr insbesondere das Erfassen der Komplexität und des Variantenreichtums menschlichen Fühlens, Denkens und Handelns im Kontext religiöser Praktiken mithilfe qualitativer Mikrostudien zugute.

Es sind vor allem drei Prämissen, die für die volkskundlich-kulturanthropologische Forschung von großer Bedeutung sind und an die Tradition der religionssoziologischen Forschung Max Webers anschließen:[75]

1. die Konzentration auf die wissenschaftliche Analyse und Rekonstruktion von „Glaubenswirklichkeiten" aus der subjektiven Perspektive der Akteurinnen und Akteure
2. die Abkehr von einem ausschließlich substanziellen Religionsbegriff zugunsten eines historisch-funktionalen Religions- bzw. Religiositätsverständnisses, das sich aus den jeweiligen soziokulturellen Kontexten ergibt
3. die Grundannahme, dass die „subjektive Glaubenswirklichkeit" von Menschen aus mehr als nur der Übernahme normativer Lehraussagen und Dogmen besteht; Religiosität basiert auf einer emotionalen, charismatischen Lebenshaltung, die individuell angeeignet und mit „Leben" gefüllt wird

Das bedeutet, die Volkskunde / Kulturanthropologie hat die Aufgabe, die Eigenlogik und Handlungsrationalität der Akteurinnen und Akteure in diesen Feldern anzuerkennen und zu beschreiben. Das methodologische Potential dieser an das Webersche Religionskonzept[76] angelehnten Prämissen liegt darin, dass es auch Weber grundsätzlich um die praktischen Implikationen und Wirkungen religiöser Sinnorientierungen bzw. religiös geprägter Formen der Lebensführung ging.[77] Hierfür ist es sinnvoll, so plädiert Martin Endreß, drei Untersuchungsebenen religiöser Sinnorientierung mit einzubeziehen:

1. die Träger, also Verwalter und Vermittler religiösen Wissens und religiöser Macht
2. die Laien als Träger der durch die ersteren vermittelten Weltbilder und Ethiken
3. die auf Grundlage dieser Weltansichten möglichen entworfenen Formen der Lebensführung[78]

---

75 Zudem sind diese durch die Prämissen, die Gebhardt für religionssoziologische Untersuchungen zu religiösen Transformationsprozessen ausgeführt hat, inspiriert; vgl. Gebhardt 2011, S. 184–186.
76 Vgl. dazu Weber 1973, S. 151.
77 Vgl. hierzu auch Weber 1978.
78 Vgl. Endreß 2011, S. 139.

Grundsätzlich ist davon auszugehen, dass eine wissenschaftliche Auseinandersetzung mit religiösen Gegenstandsbereichen keine eigenen Methoden verlangt. Die Volkskunde / Kulturanthropologie hat ein vielfältiges, qualitatives Methodenrepertoire, um Denkmodelle, Begriffs- und Bedeutungssysteme zu erfassen und damit religiöses Handeln und Deuten analysieren zu könne. Damit ist die Chance gegeben, religiöse Wandlungsprozesse angemessen zu beschreiben und ein sensibles, nuanciertes Verständnis der Unterschiede von individuellen Glaubenspraktiken und institutionalisierten Organisationskulturen zu erhalten.

Allerdings sollte die Auseinandersetzung mit individuellen Praktiken des Religiösen nicht auf den privaten Raum reduziert werden. Denn es ist ganz klar festzustellen, dass gerade in Gesellschaften, die sich als säkular verstehen, Religion und Religiosität sichtbar in die Öffentlichkeit treten. Religiöse Bewegungen und deren Protagonistinnen und Protagonisten konstituieren sich nicht lediglich als religiöse Akteure im privaten Raum, sondern treten als sozialpolitische Akteure auf. Diese Bewegungen reagieren auf spezifische gesellschaftliche, räumliche und lokale Strukturen mit religiös grundierten Angeboten, die in der Lage sind, für Menschen Sinnangebote zu liefern und effiziente soziokulturelle Unterstützungen zu leisten. Damit ermöglichen sie neue Formen von Citizenship und Community.[79] Es ist deshalb notwendig, bei Forschungen in diesem Kontext verstärkt an kulturtheoretische Konzepte anzuknüpfen, die sich mit sozialen Bewegungen, politischer Öffentlichkeit und Organisationssoziologie auseinandersetzen.

---

79 Zu den Konzepten von Citizenship und Community vgl. z.B. Barth 1996 oder Beaumont / Baker 2011.

Quellen- und Literaturverzeichnis

Internetquellen

Evangelisch-Lutherische Kirchengemeinde Altona-Ost. Online unter: http://gemeinde-altona-ost.de/willkommen/gemeinde-altona-ost [18. Januar 2015].
Kulturkirche Altona. Online unter: http://www.kulturkirche.de [18. Januar 2015].
Meldung in der Onlineausgabe des „Standard" unter dem Titel „'Selfie' von Papst Franziskus macht online die Runde". derStandard.at vom 31. August 2013. Online unter: http://derstandard.at/1376535216228/Selfie-von-Papst-Franziskus-macht-online-die-Runde [14. Januar 2015].
Pollack, Detlef: Säkularisierungstheorie, Version: 1.0. Docupedia-Zeitgeschichte vom 7. März 2013. Online unter: http://docupedia.de/zg/Saekularisierungstheorie?oldid=85955 [17. Januar 2015].
St. Johannis – Die Kulturkirche. Online unter: www.gemeinde-altona-ost.de/willkommen/st-johanniskirche [18. Januar 2015].
Wäschenbach, Julia: "Elfenkirche" behindert Straßenbauprojekt in Island. Hamburger Abendblatt oline vom 2. September 2014. Online unter: http://www.abendblatt.de/vermischtes/article131828451/Elfenkirche-behindert-Strassenbauprojekt-in-Island.html [16. Januar 2015].

Literatur

Arenhövel, Mark: Über das Befriedungspotential der Religion in den „postsäkularen Gesellschaften". In: Brocker, Manfred / Hildebrandt, Mathias (Hg.): Friedensstiftende Religionen? Religion und Deeskalation politischer Konflikte. Wiesbaden 2008, S. 158–178.
Barth, Frederik: Ethnic Groups and Boundaries. The Social Organization of Culture Difference. Boston 1996.
Beaumont, Justin / Baker, Chris (Hg.): Postsecular Cities. Space, Theory and Practice. New York 2011.
Bienfait, Agathe (Hg.): Religionen verstehen. Zur Aktualität von Max Webers Religionssoziologie. Wiesbaden 2011.
Bringéus, Nils-Arvid: Volksfrömmigkeit. Schwedische religionsethnologische Studien. Münster 2000.
Brückner, Wolfgang / Korff, Gottfried / Scharfe, Martin: Volksfrömmigkeitsforschung. (Ethnologia Bavarica. Studienhefte zur allgemeinen und regionalen Volkskunde, Bd. 13). München 1986.
Durkheim, Émile: Die elementaren Formen des religiösen Lebens. 2. Aufl. Frankfurt a.M. 1984.

Endreß, Martin: „Postsäkulare Kultur"? Max Webers Soziologie und Habermas´ Beitrag zur De-Säkularisierungsthese. In: Bienfait, Agathe (Hg.): Religionen verstehen. Zur Aktualität von Max Webers Religionssoziologie. Wiesbaden 2011, S. 123–149.
Gebhardt, Winfried: Die Transformation des Religiösen. Religionssoziologie in der Tradition Max Webers. In: Bienfait, Agathe (Hg.): Religionen verstehen. Wiesbaden 2011, S. 177–195.
Graf, Friedrich Wilhelm: Die Wiederkehr der Götter: Religion in der modernen Kultur. München 2007.
Habermas, Jürgen: Glauben und Wissen. Friedenspreis des Deutschen Buchhandels 2001. Laudatio: Jan Philipp Reemtsma. Frankfurt a.M. 2001.
Hagen, Nina: Bekenntnisse. München 2011.
Hall, David D.: Lived Religion in America. Toward a History of Practice. Princeton 1997.
King, E. Frances: Material Religion and Popular Culture. New York 2009.
Knoblauch, Hubert: Populäre Religion und Transformation der Gesellschaft. In: Aus Politik und Zeitgeschichte 52 (2008), S. 3–8.
Ders.: Die Verflüchtigung der Religion ins Religiöse: Thomas Luckmanns Unsichtbare Religion. In: Luckmann, Thomas (Hg.): Die unsichtbare Religion. Frankfurt a.M. 1991, S. 7–41.
Lehmann, Albrecht: Reden über Erfahrung. Kulturwissenschaftliche Bewusstseinsanalyse des Erzählens. Berlin 2007.
Luckmann, Thomas: Die unsichtbare Religion. Frankfurt a.M. 1993.
Mohrmann, Ruth-E. (Hg.): Alternative Spiritualität heute. Münster 2010.
Penta, Leo / Schiffauer, Werner: „Nur in der Stadt kannst du rein religiös sein." Ein Gespräch über Politik und religiöse Praktiken religiöser Gemeinschaften in Berlin. In: metroZones (Hg.): Urban Prayers. Neue religiöse Bewegungen in der globalen Stadt. Hamburg / Berlin 2011, S. 249–270.
Pollack, Detlef: Religiöser Wandel in Deutschland: Muster und Zusammenhänge. In: Hainz, Michael u.a. (Hg.): Zwischen Säkularisierung und religiöser Vitalisierung. Religiosität in Deutschland und Polen im Vergleich. Wiesbaden 2014, S. 19–30.
Riesebrodt, Martin: Die Rückkehr der Religionen. Fundamentalismus und der „Kampf der Kulturen". München 2001.
Roy, Olivier: Heilige Einfalt. Über die politischen Gefahren entwurzelter Religionen. München 2010.
Scharfe, Martin: Soll und kann die Erforschung subjektiver Frömmigkeit das Ziel volkskundlich-kulturwissenschaftlicher Tätigkeit sein? In: Mohrmann, Ruth-E. (Hg.): Individuum und Frömmigkeit. Volkskundliche Studien zum 19. und 20. Jahrhundert. Münster u.a. 1997, S. 145–151.
Scheer, Monique: Protestantisch fühlen lernen. Überlegungen zur emotionalen Praxis der Innerlichkeit. In: Zeitschrift für Erziehungswissenschaft 15 (2012), S. 179–193.
Thurn und Taxis, Gloria von / Meisner, Joachim: Die Fürstin und der Kardinal. Ein Gespräch über Glauben und Tradition. Freiburg i.Br. 2008.

Treiber, Angela: „Gelebte Religion", „religiöse Kultur" als volkskundlich-kulturwissenschaftliches Forschungsfeld. Von historischen Deutungsmustern, Sinnzuschreibungen und gegenwärtigen Konzepten. In: Weyel, Birgit u.a. (Hg.): Praktische Theologie und empirische Religionsforschung. Leipzig 2013, S. 41–64.

Weber, Max: Gesammelte Aufsätze zur Religionssoziologie. Band 1. Tübingen 1978.

Ders.: Die „Objektivität" sozialwissenschaftlicher und sozialpolitischer Erkenntnis. In: Ders.: Gesammelte Aufsätze zur Wissenschaftslehre. Tübingen 1973, S. 146–214.

Eine Sache des Zugangs – kulturwissenschaftliche Ansätze in der Pietismusforschung am Beispiel von Lebensläufen der Herrnhuter Brüdergemeine

Stephanie Böß

Eine Sache des Glaubens?

Forschung im Bereich des Religiösen – (r)eine Glaubenssache? Betrachtet man manche Forschungsrichtung, in diesem Fall die Pietismusforschung, genauer, liegt dieser Eindruck nahe: zwar thematisch breit aufgestellt und eigentlich interdisziplinär ausgerichtet, aber dennoch festen „Glaubenssätzen" folgend, oft auf Deutungshoheiten beharrend und neueren Forschungsansätzen gegenüber nur zögerlich aufgeschlossen. Aus der Volkskunde / Europäischen Ethnologie kommend saß ich daher bei der Erarbeitung meiner Dissertation zu einem pietistischen Forschungsthema – nämlich den Lebensläufen der Herrnhuter Brüdergemeine am Beispiel des entsprechenden Quellenbestandes der Ortsgemeinde Neudietendorf in Thüringen[1] – „zwischen den Stühlen fest im Sattel".[2] Während die europäisch-ethnologische Forschung auf der einen Seite bislang den Pietismus nur marginal und die Herrnhuter kaum berücksichtigt hat, stößt man in den einschlägigen Arbeiten der Pietismusforschung auf der anderen Seite nur äußerst selten auf aktuelle kulturwissenschaftliche Forschungsansätze. Im Folgenden möchte ich nach einer kurzen Einführung in das Forschungsfeld darlegen, welchen Erkenntnisgewinn eine Kombination beider Richtungen ermöglicht, und dies unter Rückgriff auf die kulturwissenschaftliche Gefühlsforschung veranschaulichen.

---

1 Die Arbeit wurde im Oktober 2013 unter dem Titel „Gottesacker-Geschichten als Gedächtnis. Eine Ethnographie der Erinnerungskultur in der Herrnhuter Brüdergemeine unter besonderer Berücksichtigung von Lebensläufen aus dem Archiv der Ortsgemeinde Neudietendorf" an der Philosophischen Fakultät der Friedrich-Schiller-Universität Jena eingereicht; das zugehörige Promotionskolloquium fand im Mai 2014 statt. Die Dissertation soll noch 2015 als Band 6 der Reihe Studien zur Volkskunde in Thüringen im Waxmann-Verlag erscheinen.

2 So lautete der Titel der Hochschultagung der Deutschen Gesellschaft für Volkskunde in Basel 1996; vgl. Burckhardt-Seebass 1997.

Die Herrnhuter Brüdergemeine oder: Individuum und Gemeinschaft

Die Herrnhuter Brüdergemeine, auch Evangelische Brüder-Unität oder Moravian Church genannt, geht zurück auf Nikolaus Ludwig Graf von Zinzendorf (1700–1760), der vom Halleschen Pietismus August Hermann Franckes geprägt war und in der Oberlausitz das Gut Berthelsdorf besaß. 1722 erlaubte er deutschsprachigen Flüchtlingen aus Mähren die Ansiedlung auf seinen Ländereien. So entstand die zwischen Löbau und Zittau gelegene Handwerkersiedlung Herrnhut, wo sich Glaubensflüchtlinge ganz verschiedener Prägung sammelten und nach diversen internen Streitereien im August 1727 zur Brüdergemeine zusammenschlossen. Eigentlich als pietistische ecclesiola in ecclesia geplant, entwickelte sich das Gemeinwesen im Laufe der Zeit zu einer eigenständigen Kirche; heute ist die Brüdergemeine eine evangelische Freikirche. Die Herrnhuter gründeten weitere brüderische Siedlungen in ganz Europa und bereits 1732 brachen die ersten Missionare auf nach Übersee. Aufgrund ihres qualifizierten Handwerks und ihrer daraus resultierenden ökonomischen Leistungsfähigkeit befürworteten viele Landesherren die Ansiedlung von Herrnhutern in ihren Territorien.[3]

Heute ist die Herrnhuter Brüdergemeine in mehr als 35 Ländern auf fünf Kontinenten vertreten. Weltweit hat sie ca. 1 066 000 Mitglieder, von denen 80 Prozent in Afrika und in der Karibik leben; in Europa sind es ca. 22 800, in Deutschland etwa 5 750.[4]

Brüderische Frömmigkeit ist gekennzeichnet durch einen ausgeprägten Christozentrismus – noch heute lautet das offizielle Motto der Brüder-Unität „Vicit agnus noster eum sequamur" (Unser Lamm hat gesiegt, lasst uns ihm folgen!).[5] 1741 war Christus selbst offiziell zum Generalältesten der gesamten Brüder-Unität ernannt worden; ihm waren und sind alle eigenen Gedanken, Ideen und Wünsche unterzuordnen. Nach Vorstellung der Herrnhuter geht Jesus Christus mit jedem und jeder Gläubigen einen eigenen, ganz persönlichen „Gnadengang" – entsprechend bedarf jede und jeder Einzelne einer genau auf sie bzw. ihn zugeschnittenen Seelsorge. Diese findet das Individuum in einer speziell organisierten Gemeinschaft: Die Mitglieder der Brüdergemeine wurden in verschiedene Gruppen eingeteilt, je nach Ge-

---

3   Für einen ersten Überblick über Entstehung und Geschichte der Brüder-Unität eignet sich Meyer 2000.
4   Zu den aktuellen Zahlen siehe die Angaben auf der Website der Evangelischen Brüder-Unität. Online unter: http://www.ebu.de/brueder-unitaet/ sowie http://www.ebu.de/brueder-unitaet/weltweite-kirche/unitaetsstatistik/ [1. März 2015].
5   Vgl. Website der Evangelischen Brüder-Unität. Online unter: http://www.ebu.de/brueder-unitaet/ [1. März 2015]. Einen Überblick über brüderische Frömmigkeit bietet neben Meyer 2000 auch Hahn 1975.

schlecht, Alter und Familienstand – so genannte Chöre (Neutrum);[6] es gab unter anderen das Mädchenchor, das Knabenchor, das Chor der ledigen Schwestern, das Chor der ledigen Brüder, das Ehechor, das Witwenchor und das Witwerchor. Diese Chöre lebten in Wohngemeinschaften zusammen, oft in eigenen Häusern, die zum Teil auch eigene handwerkliche Betriebe aufwiesen.

Das ganze Leben in der Evangelischen Brüder-Unität galt und gilt als Dienst an Gott und die eigene Geschichte wird als Fortführung der Bibel angesehen. Jede Gemeinde ist nach Zinzendorf „ein Archivgen, wo man die Acten […] von Gottes Sinn und Reden nach schlagen kan".[7] Entsprechend müssen aber auch alle Vorkommnisse genauestens schriftlich dokumentiert werden, woraus umfangreiche herrnhutische Archive resultieren mit typisch brüderischem Archivgut wie Memorabilien, Diarien, Personenkatalogen und Lebensläufen.[8] Letztere bildeten die Quellengrundlage meiner Arbeit.

Seit der Mitte des 18. Jahrhunderts ist es Aufgabe jedes Brüdergemeinmitgliedes, vor dem eigenen Tod einen Lebenslauf zu verfassen, der beim Begräbnis öffentlich vorgelesen und anschließend archiviert wird. Inhaltlich soll Zeugnis abgelegt werden vom Wirken Gottes und des Heilands nach dem Motto:

> „Die Treue Jesu hört nie auf;
> davon ist unser Lebenslauf,
> der ihm nicht immer war zum Preis,
> ein augenscheinlicher Beweis."[9]

Hat jemand keinen eigenen Lebenslauf verfasst, ist es Aufgabe von Angehörigen oder Chormitgliedern, einen solchen Lebenslauf zu schreiben. Diese verfassen auch den Abschnitt, der über die letzte Krankheit und den Tod des oder der Betreffenden berichtet. Da diese Praxis bis heute gepflegt wird, liegt eine kontinuierliche Überlieferung serieller Quellen über 250 Jahre hinweg bis heute vor. Bei dem von mir untersuchten Quellenbestand handelt es sich um die im Pfarrarchiv der Ortsgemeinde Neudietendorf in Thüringen aufbewahrten Lebensläufe der auf dem dortigen Gottesacker bestatteten Personen. Insgesamt wurden 884 Lebensläufe berücksichtigt, 60 % davon von Frauen, 40 % von Männern. 19 % stammen aus dem 18. (der älteste datiert von 1757), 41 % aus dem 19. Jahrhundert, 37 % aus dem 20. und 3 % aus dem 21. Jahrhundert (die Erfassung endete 2007).

---

6   Vgl. Peucker 2000, S. 17–18, s.v. Chor.
7   Jüngerhausdiarium vom 11. September 1750, zitiert nach Meyer 1973, S. 129. Siehe auch Lost 2005, S. 328.
8   Allgemein zu brüderischen Archiven siehe Peucker 2012.
9   Lied von Christian Gregor (1723–1801); das Lied findet sich noch heute im aktuellen brüderischen Gesangbuch: BG neu 882,1.

Obwohl Herrnhuter Lebensläufe also kein neues Phänomen sind und Lebensläufe allgemein im Rahmen der Erzähl- und Biographieforschung ein klassisches Forschungsfeld des Faches Volkskunde / Europäische Ethnologie darstellen,[10] sind die Herrnhuter Brüdergemeine an sich und ihre Lebensläufe in volkskundlichen Forschungen bisher überwiegend unbeachtet geblieben. Erwähnung finden sie bei Adolf Spamer im „Kleinen Andachtsbild", bei Martin Scharfe im Zusammenhang mit seinen Arbeiten zum Pietismus und bei Christel Köhle-Hezinger, die sich ebenfalls mit dem Pietismus v.a. württembergischer Prägung befasst hat.[11] Außerdem haben sich Susanne Hose, wissenschaftliche Mitarbeiterin der Abteilung Empirische Kulturforschung / Volkskunde am Sorbischen Institut in Bautzen, und Jürgen Beyer, wissenschaftlicher Mitarbeiter an der Universitätsbibliothek Tartu / Estland, intensiver mit der Brüder-Unität und ihren Lebensläufen beschäftigt.[12] Von diesen Arbeiten abgesehen muss aber bei Forschungen zur Herrnhuter Brüdergemeine auf die Ergebnisse der Pietismusforschung zurückgegriffen werden.

Pietismusforschung oder: Kontakt und Konflikt

Die Pietismusforschung als Spezialgebiet kirchengeschichtlich-theologischer Forschung ist in verschiedenen Zusammenschlüssen institutionalisiert und hat mit der deutschen Wiedervereinigung noch einmal einen Aufschwung erfahren. Seit 1964 gibt es beispielsweise die Historische Kommission zur Erforschung des Pietismus mit ihrer Schriftenreihe „Arbeiten zur Geschichte des Pietismus".[13] 1993 wurde das Interdisziplinäre Zentrum für Pietismusforschung mit Sitz in den Franckeschen Stiftungen in Halle an der Saale gegründet, an dem folgende Disziplinen beteiligt sind: Theologie, Germanistik, Musikwissenschaft, Geschichte, Pädagogik, Slavistik, Kunstgeschichte, Medizingeschichte und Sprachwissenschaft. Aktuelle Forschungsergebnisse werden regelmäßig im Jahrbuch „Pietismus und Neuzeit" veröffentlicht und können zudem seit 2001 alle vier Jahre auf einem großen internationalen und interdisziplinären Kongress für Pietismusforschung einem größeren Plenum vorgestellt werden.[14]

---

10 Vgl. z.B. die Arbeitstagung der dgv in Freiburg im Breisgau im Jahr 1981 mit dem Titel „Lebenslauf und Lebenszusammenhang. Autobiographische Materialien in der volkskundlichen Forschung", vgl. Brednich u.a. 1982.
11 Vgl. Spamer 1930; Scharfe 1980; ders. 1982; vgl. auch Köhle-Hezinger 2005.
12 Vgl. Hose 2000 und Beyer 2009.
13 Vgl. Website der Historischen Kommission zur Erforschung des Pietismus. Online unter: http://www.uek-online.de/einrichtungen/pietismuskommission/index.html [1. März 2015].
14 Vgl. Website des Interdisziplinären Zentrums für Pietismusforschung. Online unter: http://www.pietismus.uni-halle.de [1. März 2015].

Die genannten Pietismuskongresse waren, ihrer übergeordneten Themenstellung nach zu urteilen, zunehmend kulturwissenschaftlich ausgerichtet: Tagte man 2001 noch unter dem schlichten Titel „Interdisziplinäre Pietismusforschungen", wurde 2005 nach „Altem Adam und Neuer Kreatur. Pietismus und Anthropologie" gefragt. 2009 beschäftigte man sich mit „Erfahrung – Glauben, Erkennen und Handeln im Pietismus" und 2013 ging es um den „Pietismus und die Medien". Die tatsächliche Forschungspraxis hingegen nähert sich kulturwissenschaftlichen Zugängen und Fragestellungen nur langsam an. Der Historiker Hartmut Lehmann konstatierte auf dem ersten Kongress 2001 entsprechend, dass „innovative Fragestellungen der neueren Forschung zu selten und wenn, dann nur zögernd auf die verschiedenen Aspekte der pietistischen Bewegung angewandt" werden.[15] Zwölf Jahre später scheint sich daran noch immer wenig geändert zu haben. Unter dem Titel „Pietismusforschung nach dem Cultural Turn" schreibt erneut Lehmann in einem 2013 erschienenen Sammelband, er sei von den Herausgebern gebeten worden,

> „nach der möglichen Bedeutung, das heißt nach dem möglichen Innovationspotential des Cultural Turn für die Pietismusforschung zu fragen. Anders formuliert: Was können Pietismusforscher von den diversen Vorschlägen für eine Neuorientierung der Kulturwissenschaften lernen, und was kann die Pietismusforschung insgesamt profitieren, wenn man sich auf die Fragen einlässt, die im Zuge der Diskussionen über den Cultural Turn aufgeworfen wurden. Genauer gefasst: Welche dieser Vorschläge versprechen, wenn man sie auf Themen aus der Geschichte des Pietismus anwendet, neue, vielleicht sogar grundlegend neue Einsichten. Ebenso wichtig ist aber auch die umgekehrte Frage, ob sich denn der Aufwand überhaupt lohnt, wenn man die im Rahmen des Cultural Turn formulierten Perspektiven in die Pietismusforschung einführt von einer Übernahme der teilweise höchst komplizierten neuen Terminologie ganz zu schweigen."[16]

Nach dieser eher skeptischen Hinführung betrachtet Lehmann einige turns genauer, erwähnt dabei u.a. auch Scharfe und Köhle-Hezinger, und verweist bei aller Kritik auch auf das Potential, das diesen neuen Betrachtungsweisen innewohne, und den in manchen Bereichen noch bestehenden Nachholbedarf in der Pietismusforschung.

In der Praxis provoziert derartiger „Kulturkontakt" zwischen Pietismusforschung und cultural turns auch „Kulturkonflikt", was beim letzten Pietismuskongress zum Thema Medien deutlich zu erkennen war: Hier gab es vor allem nach Vorträgen, die theoretischer gehalten waren, heftige Diskussionen über Deutungshoheiten, wobei die Fronten meinem Eindruck nach zwischen älteren

---

15 Lehmann 2005, S. 9.
16 Lehmann 2013, S. 14. Einen Überblick über die wichtigsten cultural turns liefert Bachmann-Medick 2009.

Theologen / Kirchenhistorikern auf der einen und jüngeren, kulturwissenschaftlich ausgerichteten Historikerinnen auf der anderen Seite verliefen.

Trotz dieser Defizite bleiben die Ergebnisse der Pietismusforschung bei der Beschäftigung mit der Herrnhuter Brüdergemeine zentral. Herrnhutische Forschung wird vor allem von brüderischen Theologen unternommen; führend sind dabei Dietrich Meyer, Peter Vogt, Paul Peucker und Craig D. Atwood, deren Schwerpunkte auf der brüderischen Geschichte v.a. der Zinzendorfzeit und der brüderischen Theologie liegen. Auch wenn ihr Ziel weniger eine „Anthropologie der einfachen Frommen"[17] ist, sind ihre Arbeiten zum Verständnis brüderischer Quellen unabdingbar.

Herrnhuter Lebensläufe stehen in der brüderischen Forschung weniger im Mittelpunkt, sondern beschäftigten bisher eher Vertreterinnen der Erziehungswissenschaften, insbesondere Christine Lost und Pia Schmid,[18] sowie die Historikerin Gisela Mettele. Vor allem die Arbeiten der beiden Letztgenannten überzeugen durch kulturwissenschaftliche Ansätze.

Kulturwissenschaftliche Zugänge oder: Tradition und Innovation

Gisela Mettele hat in ihrer Habilitationsschrift die Herrnhuter Brüdergemeine im Rahmen einer transnationalen Geschichtsschreibung untersucht.[19] Dabei griff sie als eine der ersten den so genannten mnemonic turn auf[20] und beschrieb die Evangelische Brüder-Unität als transnationale Erzähl- und Erinnerungsgemeinschaft genauer. Die Frage nach Erinnerungskultur und Gedächtnis bildet auch den Schwerpunkt meiner Dissertation, in der ich Herrnhuter Lebensläufe als Medien des kollektiven Gedächtnisses nach Astrid Erll interpretiert und anhand des Neudietendorfer Bestandes unter Rückgriff auf Albrecht Lehmanns Bewusstseinsanalyse verschiedene Leitlinien des Erinnerns genauer herausgearbeitet habe.[21]

Bei den nun folgenden Beispielen möchte ich anhand einiger Quellenauszüge eine andere Perspektive einnehmen und den Aspekt „Affekte und Emotionen" genauer beleuchten.[22] Den Rahmen bildet im Folgenden also der in der Pietismusforschung noch nicht angekom-

---

17 Köhle-Hezinger 2005, S. 585.
18 Vgl. z.B. Lost 2007 sowie Schmid 2004.
19 Vgl. Mettele 2009.
20 Zum mnemonic turn in der Pietismusforschung siehe auch Gleixner / Hebeisen 2007.
21 Vgl. Erll 2004 und Lehmann 2007.
22 Zum Unterschied zwischen Affekten und Gefühlen im religiös-protestantischen Kontext des 19. Jahrhunderts siehe Scheer 2012 (Protestantisch fühlen), S. 183.

mene und selbst in der Europäischen Ethnologie / Volkskunde noch verhältnismäßig junge emotional turn.[23]

Bezogen auf die Herrnhuter Brüdergemeine geht es darum zu zeigen, dass diese nicht nur als Glaubens-, Lebens-, Erzähl- oder Erinnerungsgemeinschaft betrachtet werden kann, sondern auch als eine emotionale Gemeinschaft nach Barbara H. Rosenwein. Unter emotional communities versteht die Historikerin „soziale Gruppen, die dieselben Bewertungen von Emotionen und Vorstellungen, wie diese auszudrücken seien, vertreten",[24] d.h. im Fokus der Betrachtung stehen gruppenspezifische Gefühlsregeln und emotionale Stile. Gefühle sind also als soziale Phänomene und kulturelle Konstrukte zu verstehen.[25] Monique Scheer hat in diesem Zusammenhang außerdem darauf verwiesen, dass Emotionen weniger etwas seien, „was wir haben, sondern etwas, was wir tun"[26] – sie spricht von Emotionspraktiken. Diese spiegeln sich in den Quellen wider in so genannten emotives im Sinne des Historikers und Kulturanthropologen William M. Reddy. Reddy unterscheidet wie der Sprachphilosoph John Austin in seiner Sprechakt-Theorie zwischen weltbeschreibenden (constatives) und weltverändernden Aussagen (performatives), führt aber mit den Emotionsaussagen (emotives) noch eine dritte Kategorie ein:

> „Meines Erachtens sind emotives gleichzeitig funktional-beschreibend und selbsterkundend. Eine Emotionsaussage ist der Versuch, die zum Ausdruck gebrachte Emotion hervorzurufen, sie ist der Versuch zu empfinden, was man zu empfinden behauptet."[27]

Pascal Eitler und Monique Scheer verweisen darauf, dass es sich bei emotives nicht um sprachliche Äußerungen allein handeln muss, sondern dass auch Körperbewegungen und -regungen als emotives angesehen werden können.[28] Dies möchte ich abschließend an einem Beispiel veranschaulichen, nämlich der brüderischen Variante eines Erweckungserlebnisses, die vom 18. bis zum Beginn des 19. Jahrhunderts fester Bestandteil des emotionalen Stils der Herrnhuter war. Damit folge ich zugleich dem Plädoyer von Eitler und Scheer, Erweckungsberichte „nicht länger allein auf der Ebene narrativer Muster zu thematisieren, sondern […] gezielt und verstärkt als Körpertechniken und Gefühlspraktiken in den Blick zu nehmen".[29]

---

23 Vgl. dazu die 27. Österreichische Volkskundetagung zum Thema „Emotional turn?! Kulturwissenschaftlich-volkskundliche Zugänge zu Gefühlen / Gefühlswelten" in Dornbirn 2013. Einen Überblick über Entwicklung, Ansätze und Probleme der Gefühlsforschung bietet Verheyen 2010.
24 Barbara Rosenwein im Gespräch mit Jan Plamper, zitiert nach Plamper 2010, S. 56. Zur genauen Vorgehensweise bei der Untersuchung einer sozialen Gruppe als emotionale Gemeinschaft siehe Rosenwein 2010, S. 16–28.
25 Vgl. Verheyen 2010, S. 4.
26 Scheer 2011, S. 68.
27 William Reddy im Gespräch mit Jan Plamper, zitiert nach Plamper 2010, S. 42.
28 Vgl. Eitler / Scheer 2009, S. 288.
29 Ebd., S. 313.

Quellenbeispiele oder: Lesbarkeit und Lesegewohnheiten

Ein Beispiel für ein typisch brüderisches Erweckungserlebnis findet sich im Lebenslauf von Martha Maria Ackermann, geb. Gutermann (1716–1786). Ihre Kinder waren 1761 und 1764 nach Neudietendorf zur Brüdergemeine gezogen, wo sie sie besuchte und darüber in ihrem Lebenslauf schreibt:

> „Da ich nun nachher meine Kinder hier besuchte und ihr Wohlseyn und vergnügtes Herz sahe und fühlte; so entstand bey mir die Frage: Habe ich dann auch den Heiland wahrhaftig lieb, und glaube von ganzem Herzen an Ihn? Der heilige Geist überzeugte mich, daß es mir hieran noch gänzlich fehlte, welches mich in eine große Verlegenheit meines Herzens brachte. Ich legte mich mit tausend Thränen meinem Heiland zu Füßen, konte vor Jammer und Wehmuth meines Herzens, weder eßen noch trinken, flehete, weinte und seufzete so lange nach Gnade, bis mir mein treuer Heiland, der mir mit so unendlicher Geduld nachgegangen war, in Seiner Marter- und Todesgestalt vor mein Herz trat, und mich der Vergebung der Sünden und Seines Friedens versicherte."[30]

Ackermann benennt hier einige Empfindungen ganz direkt: Dem „Wohlsein" und „vergnügten Herz" ihrer Kinder steht die „Verlegenheit" des eigenen Herzens gegenüber, die nicht nur psychisch in „Jammer und Wehmut" spürbar wird, sondern auch physisch mit Tränen und Appetitlosigkeit zum Ausdruck kommt. Dass es sich dabei um zentrale emotives im Zusammenhang mit einem Erweckungserlebnis handelt, belegen entsprechende Schilderungen in anderen Lebensläufen. Der Umschwung von den negativen zu den positiven Emotionen erfolgte durch die Erscheinung des Heilands in der „Marter- und Todesgestalt" und konnte durch andere, mobilisierende emotionale Praktiken ausgelöst werden, wie zum Beispiel das Abendmahl.

Im Lebenslauf des Johann Heinrich Daniel Fabricius (1779–1813) heißt es, dass sich der Heiland seiner erbarmte

> „im Jahr 1811 am 13ten August beym Genuß des heiligen Abendmahls. [Der folgende Abschnitt wurde bis zum Ende des zitierten Liedverses gestrichen; d.A.] Unser seliger Bruder nahete sich mit einem nach Gnade hungerigem Herzen, und beym Gesang des Verses: Jesus solt ich's dann nicht wagen, daß ich soll zu Dir hin fliehn; sollt ich dann an mir verzagen, weil ich so verdorben bin; nein ich will mit andern Siechen arm am Geist zu dir hinkriechen, weil doch deine Gnad und Huld größer ist als meine Schuld trat ihm [ab hier nicht mehr gestrichen; d.A.] Der Heiland trat ihm in seiner Leidens und Todesgestalt vors Herz als sein Versöhner, wodurch sein bekümmertes Herz unbeschreiblich getröstet und erquickt wurde."[31]

---

30 PA NDD: P. A. II. R. 7. 1. Lebensläufe A: LL A 5: Martha Maria Ackermann, geb. Gutermann (17.03.1716–31.07.1786; GAB 161; Grab B I 21).
31 PA NDD: P. A. II. R. 7. 4. Lebensläufe F G: LL F 3: Johann Heinrich Daniel Fabricius (19.11.1779–23.02.1813; GAB 381; Grab F I 13).

Dass derartige Erlebnisse fester Bestandteil des damaligen emotionalen Stils der Brüdergemeine waren, wird auch daran ersichtlich, dass, wie bei Fabricius, solche Erscheinungen auch in Lebensläufen genannt werden, die nicht von den Betroffenen selbst verfasst sind. Im Lebenslauf des Hutmachers Johann Lorenz Neubauer (1710–1779) wurde sogar extra ein zusätzliches Zettelchen eingeklebt, auf dem es heißt:

> „Besonders aber war ihm der 3te August anno 1759 der distinguirte Gnaden-Tag für seine Seele da er bey Gelegenheit der Loosung: Siehe ich breite aus den Frieden bey dir Jes. 66 12 Gnade im Herzen, Friede im Gewissen: einen so gnädigen Besuch vom Heiland erfuhr der sich seinen Herzen in seiner blutgen TodtsGestalt offenbarte, und mit seiner Seel das innigste Liebes-Band knüpfte: daß er auch diesen Tag als einen bis in die Ewigkeit unvergeßlichen sich apart angezeichnet hatte."[32]

Hier ist die Erscheinung genau datiert, auf den 3. August 1759, und Auslöser war die Losung dieses Tages,[33] aus Jesaja 66,12, mit zugehörigem Liedvers.[34] Ein Liedvers kann nicht nur eine Erscheinung auslösen, wenn er gesungen, gebetet oder durchdacht wird, sondern er kann auch dazu verwendet werden, die Erscheinung in Worte zu fassen, und stellt damit eine Ausdrucksform von Emotionalität dar.[35]

Georg Conrad Stüdemann (1738–1821) führt in seinem Lebenslauf gleich zwei Mal eine „Martergestalts-Erscheinung" an, das erste Mal nach seiner Ankunft in Herrnhut im April oder Mai des Jahres 1758:

> „Als ich einmal in meiner Bekümmerniß fast 2 Tage in Thränen verbracht hatte, und ihn auf meinen Knieen um Trost anflehete, trat er mir auf eine lebendige Weise vors Herz, in dem Bilde, wie er auch für meine Noth, am Kreuze sich so milde geblutet hat zu Tod. Was das für ein seliger Augenblick war, kann ich nicht beschreiben, aber er wird mir immer unvergeßlich bleiben."[36]

Er zitiert hier ein Lied („Valet will ich dir geben") von Valerius Herberger (1562–1627), bei dem es in Strophe 3 abschließend heißt: „Erschein mir in dem bilde, wie du für meine noth, HErr Christe! Dich so milde geblutet hast zu tod."[37]

Eine weitere Erfahrung datiert Stüdemann auf die Zeit seines Dienstes in der Erziehungsanstalt im Katharinenhof in Großhennersdorf:

---

32 PA NDD: P. A. II. R. 7. 9. Lebensläufe N O: LL N 5: Johann Lorenz Neubauer (20.10.1710–06.07.1779; GAB 118; Grab D I 27).
33 Bei den Herrnhuter Losungen handelt es sich um biblische Verse, die seit der zweiten Hälfte des 18. Jahrhunderts aus einer Sammlung von Bibelsprüchen für jeden Tag ausgelost werden. Vgl. Peucker 2000, S. 39, s.v. Losungen.
34 Vgl. Losungen 1759, S. 763.
35 Benigna von Krusenstjern hat dies bereits für Selbstzeugnisse des 16. und 17. Jahrhunderts konstatiert und mit Beispielen belegt, vgl. Krusenstjern 2001, S. 159–161.
36 PA NDD: P. A. II. R. 7. 12. Lebensläufe S: LL S 78: Georg Conrad Stüdemann (08.11.1738–10.05.1821; GAB 459; Grab F II 15).
37 HG 210,3; vgl. auch EG 523,3.

> „Besonders war der 23e März 1760 ein aparter Gnadentag für mich, da mir mein lieber Herr in seiner ganzen Buße vom Haupte bis zum Fuße, mit allem, was er für mich und das ganze menschliche Geschlecht gelitten, ~~und ausgestanden~~ so vor den Augen meines ~~Herzens~~ Geistes stand, als sähe ich ihn, den Schönsten in der Marterschöne. Bey dieser Gelegenheit mußte ich meinen Thränen freyen lauf lassen, und wäre gern gleich zu ihm heimgegangen."

Auch bei der Formulierung „in seiner ganzen Buße vom Haupte bis zum Fuße" handelt es sich um einen häufig in brüderischen Lebensläufen verwendeten Textbaustein.[38]

Zentral ist dabei die Leibhaftigkeit der Erscheinung, die wirklich als greifbar nah gesehen und nicht nur geträumt wird,[39] wie es Marie Sophie Klußmann (1763–1815) bei ihrer Schilderung sehr anschaulich beschreibt:

> „In einer dieser Versammlungen [von an ihrem Heimatort lebenden Mitgliedern der Brüdergemeine; d.A.], trat mir einmal der Versöhner meiner Sünden, in Seiner blutigen Martergestalt so lebhaft vors Herz, daß mirs wurde als sähe ich Ihn leibhaftig vor mir stehend; und hörte Ihn zu mir sagen: Alles das habe ich für dich gelitten, um deiner Sünden willen; nun ist dir alles vergeben, du bist mein! – Ich war vor Erstaunen und Liebe so hingenommen, daß ich die Arme ausstrecken wollte Ihn zu umfassen, [folgender Satz im zweiten Lebenslaufexemplar von anderer Hand durchgestrichen; d.A.] indem war Er vor meinen Augen verschwunden."[40]

An diesem Muss der Leibhaftigkeit der Erscheinung wird ersichtlich, wie aus einem emotionalen Stil ein emotionales Regime werden kann: „Aus ‚Stil' wird ‚Regime', sobald sich die Strafen und Exklusionen zu einer zusammenhängenden Struktur addieren und die Frage der Konformität für das Individuum entscheidend wird."[41]

Konformität heißt in diesem Fall zum einen: Der Heiland muss leibhaftig erscheinen. Wer nur davon träumt, zweifelt an der Wirksamkeit der Sündenvergebung. So schreibt Anna Justina Mönch, geb. Bromberg (1728–1789):

> „Es lag mir nun von Herzen an, Vergebung meiner Sünden zu erlangen, und als ich ein mal mit dieser Sehnsucht eingeschlafen war, so betete ich im Schlaf den Vers: O Herrlichkeit der Erden, dich mag und will ich nicht; mein Geist will himmlisch werden, und ist dahin gericht't wo Jesus wird geschauet, da sehn ich mich hinein. Darüber erwachte ich, und es war mir unbeschreiblich wohl; ich fühlte Trost und Frieden in meinem Herzen und es war mir so, als stünde der liebe Heiland leibhaftig vor mir und sagte:

---

38 Vgl. z.B. HG 1211,1 gedichtet 1738 von Nikolaus Ludwig von Zinzendorf: „DU, der seit seiner busse vom haupte bis zum fusse den heilgen leib bewegt, / du unsichtbares herze! das mir bey freud und schmerze durch alle meine adern schlägt."
39 Zum Verschwimmen der Grenzen zwischen Vision und natürlichem Sehen vgl. Scheer 2012 (Protestantisch fühlen), S. 184–185.
40 PA NDD: P. A. II. R. 7. 7. Lebensläufe K: LL K 29: Marie Sophie Klußmann (29.11.1763–25.02.1815; GAB 411; Grab E II 5).
41 William Reddy im Gespräch mit Jan Plamper, zitiert nach Plamper 2010, S. 46.

> Deine Sünden sind dir vergeben. Weil ich es aber vor einen bloßen Traum hielt, so zweifelte ich auch daran und dachte, der Heiland müste mir leibhaftig erscheinen und mir die Vergebung der Sünden zusichern. Da nun dieses nicht geschahe, so ging der Kummer und die Noth von neuem an [...]."[42]

Konformität heißt zum anderen aber auch ganz grundsätzlich, dass ein solches Erlebnis vorhanden sein muss, was sich für einige Herrnhuter/-innen als problematisch erwies. Zu ihnen zählt Marie Elisabeth Lonzer (1772–1848); sie schreibt:

> „auch dachte ich es müsse, wie ich so oft aus Lebensläufen hörte, dahin kommen, daß mir in einer besondern Gnadenstunde die Vergebung meiner Sünden und die Versicherung der ewigen Seligkeit zu Theil würde; die Gnadenblicke meines Erbarmers und die Segen, die Er mir besonders an festlichen Tagen zufließen ließ, wollten mir immer noch nicht genügen."[43]

Ähnlich ging es Dorothea Elisabeth Schrader (1777–1851):

> „Oft hatte ich aus Lebensläufen und Erzählungen gehört, wie die [die] Seelen auf eine außerordentliche Weise der Vergebung ihrer Sünden versichert worden sein; da wünschte ich auch einer so großen Gnade theilhaftig zu werden."[44]

An diesen Beispielen wird deutlich, dass auch die Lebensläufe selbst emotionale Praktiken darstellen, die zum einen benennend sind, weil sie Emotionen in Worte fassen, die aber auch mobilisierend wirken können, indem sie die Sehnsucht nach solchen Gefühlen in anderen hervorrufen: „Brüderisch glauben lernen hieß: brüderisch fühlen lernen".[45] Die Kultur einer bestimmten Gruppe, hier der Herrnhuter Brüdergemeine, lässt sich demnach nicht nur, aber auch über ihre emotionalen Stile erforschen und verstehen.[46]

Eine Sache des Zugangs!

Im Aufgreifen von Ansätzen und Zugangsweisen aus dem weiten Feld der cultural turns besteht also eine große Chance für die Pietismusfor-

---

42 PA NDD: P. A: II. R. 7. 8. Lebensläufe L M: LL M 31 (73): Anna Justina Mönch, geb. Bromberg (30.06.1728–21.11.1789; GAB 185; Grab B I 31).
43 PA NDD: P. A. II. R. 7. 8. Lebensläufe L M: LL L 25: Marie Elisabeth Lonzer (14.10.1772–15.07.1848; GAB 670; Grab H IV 12).
44 PA NDD: P. A. II. R. 7. 12. Lebensläufe S: LL S 39: Dorothea Elisabeth Schrader (07.12.1777–22.12.1851; GAB 689; Grab H IV 16).
45 In Anlehnung an Scheer 2012 (Protestantisch fühlen), S. 180. Zur Differenzierung emotionaler Praktiken in mobilisierende, benennende, kommunizierende und regulierende Praktiken siehe auch Scheer 2012 (Emotions), S. 209–217.
46 Vgl. eine entsprechende Äußerung von Katharina Eisch-Angus auf der Österreichischen Volkskundetagung in Dornbirn 2013: „Wir erforschen nicht Gefühle, sondern wir erforschen über Gefühle die Kultur."

schung, die unbedingt genutzt werden sollte. Die Pietismusforschung arbeitet überwiegend historisch mit verschiedenen schriftlichen Quellen, zu denen auch Selbstzeugnisse wie die brüderischen Lebensläufe zählen. Derartige Quellen sind aber nicht selbsterklärend, sondern müssen erst mittels kulturwissenschaftlicher Interpretation zum Sprechen gebracht werden. Theologisch-historisches Hintergrundwissen ist hierfür zwar unabdingbar, reicht aber nicht aus. Erst die Berücksichtigung neuerer und neuester kulturwissenschaftlicher Zugänge wie der Erinnerungskulturforschung oder der Gefühlsforschung ermöglicht ein besseres Verständnis der Quellen und eröffnet damit neue, aufschlussreiche Einblicke in vermeintlich bekannte Themenfelder.[47]

---

47 Vgl. Verheyen 2010, S. 2.

Quellen- und Literaturverzeichnis

Archivquellen

Archivquellen (PA NDD = Pfarrarchiv Neudietendorf):
PA NDD: P. A. II. R. 7. 1. Lebensläufe A: LL A 5: Martha Maria Ackermann, geb. Gutermann (17.03.1716–31.07.1786; GAB 161; Grab B I 21).
PA NDD: P. A. II. R. 7. 4. Lebensläufe F G: LL F 3: Johann Heinrich Daniel Fabricius (19.11.1779–23.02.1813; GAB 381; Grab F I 13).
PA NDD: P. A. II. R. 7. 7. Lebensläufe K: LL K 29: Marie Sophie Klußmann (29.11.1763–25.02.1815; GAB 411; Grab E II 5).
PA NDD: P. A. II. R. 7. 8. Lebensläufe L M: LL L 25: Marie Elisabeth Lonzer (14.10.1772–15.07.1848; GAB 670; Grab H IV 12).
PA NDD: P. A: II. R. 7. 8. Lebensläufe L M: LL M 31 (73): Anna Justina Mönch, geb. Bromberg (30.06.1728–21.11.1789; GAB 185; Grab B I 31).
PA NDD: P. A. II. R. 7. 9. Lebensläufe N O: LL N 5: Johann Lorenz Neubauer (20.10.1710–06.07.1779; GAB 118; Grab D I 27).
PA NDD: P. A. II. R. 7. 12. Lebensläufe S: LL S 39: Dorothea Elisabeth Schrader (07.12.1777–22.12.1851; GAB 689; Grab H IV 16).
PA NDD: P. A. II. R. 7. 12. Lebensläufe S: LL S 78: Georg Conrad Stüdemann (08.11.1738–10.05.1821; GAB 459; Grab F II 15).

Gedruckte / Edierte Quellen:

BG neu: Evangelische Brüder-Unität / Herrnhuter Brüdergemeine Bad Boll – Herrnhut – Zeist (Hg.): Gesangbuch der Evangelischen Brüdergemeine. Basel 2007.
EG: Evangelisches Gesangbuch. Ausgabe für die Evangelisch-Lutherischen Kirchen in Bayern und Thüringen. Hrsg. v. der Evangelisch-Lutherischen Kirche in Bayern. München o. J.
HG: Herrnhuter Gesangbuch 1735. In: Gesangbücher des 18. Jahrhunderts: Zinzendorf & Freylinghausen. Herrnhuter, Londoner I/II, Kleines Brüder-Gesangbuch, Liturgien-Büchlein, Kinder-Oden, Freylinghausens Gesangbuch in der Zusammenfassung von 1741 (= 1704 + 1714), dazu Lieder aus EG / EKG. Zusammengestellt von Erika und Helmut Schneider, Bad Bentheim. Version 1.0 (Dez. 2001).
Losungen 1759: Samlung der Loosungs- und Text-Büchlein der Brüder-Gemeine. Vierter Band. Die Texte und Loosungen der Brüder=Gemeinen aufs Jahr 1759. Teil III. Das Loosungs-Büchlein der Brüder-Gemeinen fürs Jahr 1759. S. l. s. a.

Internetquellen

Evangelische Brüder-Unität. Online unter: http://www.ebu.de/brueder-unitaet [1. März 2015].
Historische Kommission zur Erforschung des Pietismus. Online unter: http://www.uek-online.de/einrichtungen/pietismuskommission/index.html [1. März 2015].
Interdisziplinäres Zentrum für Pietismusforschung. Online unter: http://www.pietismus.uni-halle.de [1. März 2015].
Verheyen, Nina: Geschichte der Gefühle, Version: 1.0. In: Docupedia-Zeitgeschichte, 18. Juni 2010. Online unter: http://docupedia.de/zg/Geschichte_der_Gefühle [1. März 2015].

Literatur

Bachmann-Medick, Doris: Cultural turns. Neuorientierungen in den Kulturwissenschaften. 3. neu bearbeitete Auflage, Reinbek bei Hamburg 2009.
Beyer, Jürgen: Herrnhutische Lebensläufe aus Est- und Livland (ca. 1730–1850). Eine Erzähltradition. In: Sträter, Udo u.a. (Hg.): Alter Adam und Neue Kreatur. Pietismus und Anthropologie. Beiträge zum II. Internationalen Kongress für Pietismusforschung 2005. Bd. 1 (Hallesche Forschungen, Bd. 28,1). Tübingen 2009, S. 337–344.
Brednich, Rolf Wilhelm u.a. (Hg.): Lebenslauf und Lebenszusammenhang. Autobiographische Materialien in der volkskundlichen Forschung. Vorträge der Arbeitstagung der Deutschen Gesellschaft für Volkskunde in Freiburg im Breisgau vom 16. bis 18. März 1981. Freiburg i.Br. 1982.
Burckhardt-Seebass, Christine (Hg.): Zwischen den Stühlen fest im Sattel? Eine Diskussion um Zentrum, Perspektiven und Verbindungen des Faches Volkskunde. Tagungsband zur Hochschultagung der Deutschen Gesellschaft für Volkskunde, Basel, 31. Oktober – 2. November 1996. Göttingen 1997.
Eitler, Pascal / Scheer, Monique: Emotionengeschichte als Körpergeschichte. Eine heuristische Perspektive auf religiöse Konversionen im 19. und 20. Jahrhundert. In: Frevert, Ute (Hg.): Geschichte der Gefühle (Geschichte und Gesellschaft. Zeitschrift für Historische Sozialwissenschaft, 35,2). Göttingen 2009, S. 282–313.
Erll, Astrid: Medium des kollektiven Gedächtnisses: Ein (erinnerungs-)kulturwissenschaftlicher Kompaktbegriff. In: Dies. / Nünning, Ansgar (Hg.): Medien des kollektiven Gedächtnisses. Konstruktivität – Historizität – Kulturspezifität (Medien und kulturelle Erinnerung, Bd. 1). Berlin 2004, S. 3–22.
Gleixner, Ulrike / Hebeisen, Erika (Hg.): Gendering Tradition. Erinnerungskultur und Geschlecht im Pietismus (Perspektiven in der neueren und neuesten Geschichte. Kultur, Wissen, Geschlecht, Bd. 1). Korb 2007.

Hahn, Hans-Christoph: Theologie, Apostolat und Spiritualität der Evangelischen Brüdergemeine. In: Buijtenen, Mari P. van / Dekker, Cornelis / Leeuwenberg, Huib (Hg.): Unitas Fratrum. Herrnhuter Studien. Utrecht 1975, S. 287–314.
Hose, Susanne: „Für die Stunde meines Begräbnisses": Zur kommunikativen Funktion von Lebensgeschichten in der Herrnhuter Brüdergemeine. Ein Beitrag zum Zinzendorf-Jahr. In: Lětopis 47 (2000), S. 80–94.
Köhle-Hezinger, Christel: Die Welt der frommen Dinge. Wege des popularen Pietismus ins 20. Jahrhundert. In: Sträter, Udo u.a. (Hg.): Alter Adam und Neue Kreatur. Pietismus und Anthropologie. Beiträge zum II. Internationalen Kongress für Pietismusforschung 2005 (Hallesche Forschungen, Bd. 28,2). Tübingen 2009, S. 585–594.
Krusenstjern, Benigna von: Die Tränen des Jungen über ein vertrunkenes Pferd. Ausdrucksformen von Emotionalität in Selbstzeugnissen des späten 16. und des 17. Jahrhunderts. In: Greyerz, Kaspar von / Medick, Hans / Veit, Patrice (Hg.): Von der dargestellten Person zum erinnerten Ich. Europäische Selbstzeugnisse als historische Quellen (1500–1850) (Selbstzeugnisse der Neuzeit, Bd. 9). Köln u.a. 2001, S. 157–168.
Lehmann, Albrecht: Reden über Erfahrung. Kulturwissenschaftliche Bewusstseinsanalyse des Erzählens. Berlin 2007.
Lehmann, Hartmut: Aufgaben der Pietismusforschung im 21. Jahrhundert. In: Sträter, Udo u.a. (Hg.): Interdisziplinäre Pietismusforschungen. Beiträge zum Ersten Internationalen Kongress für Pietismusforschung 2001 (Hallesche Forschungen, Bd. 17,1). Tübingen 2005, S. 3–18.
Ders.: Pietismusforschung nach dem Cultural Turn. In: Breul, Wolfgang / Schnurr, Jan Carsten (Hg.): Geschichtsbewusstsein und Zukunftserwartung in Pietismus und Erweckungsbewegung (Arbeiten zur Geschichte des Pietismus, Bd. 59). Göttingen 2013, S. 13–26.
Lost, Christine: Das Leben als Lehrtext. Lebensläufe aus der Herrnhuter Brüdergemeine. Baltmannsweiler 2007.
Dies.: Formen und Normen des Selbstbildes in Herrnhuter Lebensläufen. In: Sträter, Udo u.a. (Hg.): Interdisziplinäre Pietismusforschungen. Beiträge zum Ersten Internationalen Kongress für Pietismusforschung 2001 (Hallesche Forschungen, Bd. 17,1). Tübingen 2005, S. 325–336.
Mettele, Gisela: Weltbürgertum oder Gottesreich. Die Herrnhuter Brüdergemeine als globale Gemeinschaft 1727–1857 (Bürgertum. Studien zur Zivilgesellschaft, NF 4). Göttingen 2009.
Meyer, Dietrich: Der Christozentrismus des späten Zinzendorf. Eine Studie zu dem Begriff „täglicher Umgang mit dem Heiland" (Europäische Hochschulschriften Reihe XXIII Theologie, Bd. 25). Bern / Frankfurt a.M. 1973.
Ders.: Zinzendorf und die Herrnhuter Brüdergemeine 1700–2000. Göttingen 2000.

Peucker, Paul: Herrnhuter Archive als Aufbewahrungsort pietistischer Erfahrungen. In: Soboth, Christian u.a. (Hg.): „Aus Gottes Wort und eigener Erfahrung gezeiget". Erfahrung – Glauben, Erkennen und Handeln im Pietismus. Beiträge zum III. Internationalen Kongress für Pietismusforschung 2009 (Hallesche Forschungen, Bd. 33,2). Halle 2012, S. 695–705.

Ders.: Herrnhuter Wörterbuch. Kleines Lexikon von brüderischen Begriffen. Herrnhut 2000.

Plamper, Jan: Wie schreibt man die Geschichte der Gefühle? William Reddy, Barbara Rosenwein und Peter Stearns im Gespräch mit Jan Plamper. In: WerkstattGeschichte 54 (2010), S. 39–69.

Rosenwein, Barbara H.: Problems and Methods in the History of Emotions. In: Passions in Context. International Journal for the History and Theory of Emotions 1,1 (2010), S. 5–37.

Scharfe, Martin: Die Religion des Volkes. Kleine Kultur- und Sozialgeschichte des Pietismus. Gütersloh 1980.

Ders.: „Lebensläufle". Intentionalität als Realität. Einige Anmerkungen zu pietistischen Biographien. In: Brednich, Rolf Wilhelm u.a. (Hg.): Lebenslauf und Lebenszusammenhang. Autobiographische Materialien in der volkskundlichen Forschung. Vorträge der Arbeitstagung der Deutschen Gesellschaft für Volkskunde in Freiburg im Breisgau vom 16. bis 18. März 1981. Freiburg i.Br. 1982, S. 116–130.

Scheer, Monique: Are emotions a kind of practice (and is that what makes them have a history)? A Bourdieuian approach to understanding emotion. In: History and Theory 51 (May 2012), S. 193–220.

Dies.: Protestantisch fühlen lernen. Überlegungen zur emotionalen Praxis der Innerlichkeit. In: Zeitschrift für Erziehungswissenschaft 15 (2012), S. 179–193.

Dies.: Welchen Nutzen hat die Feldforschung für eine Geschichte religiöser Gefühle? In: vokus. volkskundlich-kulturwissenschaftliche Schriften 21 (2011), S. 65–77.

Schmid, Pia: Frömmigkeitspraxis und Selbstreflexion. Lebensläufe von Frauen der Herrnhuter Brüdergemeine aus dem 18. Jahrhundert. In: Häder, Sonja / Tenorth, Heinz-Elmar (Hg.): Der Bildungsgang des Subjekts. Bildungstheoretische Analysen (Zeitschrift für Pädagogik, Beiheft 48). Weinheim / Basel 2004, S. 48–57.

Spamer, Adolf: Das kleine Andachtsbild vom XIV. bis zum XX. Jahrhundert. München 1930.

Sie kommen!
Thesen zum Kontinuum der Furcht vor Wiedergängern

Susanne Dinkl

Lebende Tote, Wiedergänger, Zombies: Mehr denn je öffnen sich derzeit in Horrorfilmen, Fantasy-Welten und Computerspielen die Gräber, um furchteinflößenden Kreaturen mitten in unsere postmoderne Gesellschaft zu entlassen. Der Fantasie ihrer Gestalter sind kaum Grenzen gesetzt und ihr transnational vernetzter Vormarsch nicht aufzuhalten. Doch diese Wesen kommen nicht aus dem Jenseits in unsere Welt, sondern reiften in sehr diesseitigen kulturgeschichtlichen Entwicklungsprozessen heran. Deren Wurzeln fanden bisher allerdings nur wenig Beachtung.

Einer dieser Wurzeln im großen Komplex des Totengeisterglaubens will dieser Aufsatz nachspüren: Dem Glauben an Wiedergänger und Nachzehrer. Der Totengeisterglauben, dem die gefürchteten Untoten ihre mythische Existenz verdanken, konkretisierte sich erstmals in Forschung und Fachliteratur unter dem Begriff des „Lebenden Leichnams", der 1910 von Rechts- und Prähistorikern, Volkskundlern und Ethnologen verwendet wurde und zum Schlagwort avancierte.[1] Der Rechtshistoriker Hans Schreuer definierte den „Lebenden Leichnam" wie folgt: „Körperlich, [...] wird der Tote wirksam [...] der Leichnam hört und äußert sich [...] er verübt boshafte Bluttat und wird dafür [...] geköpft und gepfählt".[2]

Um die Hintergründe einer solchen Definition kritisch durchleuchten zu können, ist ein weiter Rückgriff in die Geschichte notwendig, bis zu jenem Zeitpunkt, an dem eine gelehrte, christlich-klerikale Elite den Kampf gegen vermeintlich heidnisches Traditionsgut aufnahm und damit die Christianisierung des westlichen Abendlandes einleitete. Dieser Kampf verstetigte sich zu einem Jahrhunderte währenden Konflikt, der sowohl auf klerikaler, als auch auf gesellschaftlicher Ebene weitreichende Folgen haben sollte. Nachdem alle heute bekannten einschlägigen Schriftquellen der Zeit nach der Christianisierung entstammen, ist eine interdisziplinärere Quellenbasis erforderlich, die aus den Fächern Germanistik, Mediävistik, Skandinavistik, Nordistik, aber auch der

---

1   Geiger 1932/33 zitiert nach Wiegelmann 1967, S. 161.
2   Nach Schreuers Auffassung tritt bei der Vorstellung des „Lebenden Leichnams" mit dem Tod keine wesentliche Veränderung ein. Der Leib bzw. Körper des Leichnams wird sich wie vor dem Tod vorgestellt, weshalb die Auffassung vom „Lebenden Leichnam" gerechtfertigt scheint. Vgl. Schreuer 1916, S. 342–352. Hans Schreuer wandte sich gegen die Ausweitung des Begriffs, woraufhin er 1916 die Definition über den „Lebenden Leichnam" scharf herausarbeitete. Vgl. Wiegelmann 1966, S. 162–163.

Geschichte und insbesondere der Rechtsgeschichte sowie der mittelalterlichen und vor- und frühgeschichtlichen Archäologie gespeist wird.

Nur auf Grundlage einer solch breiten Quellenbasis kann der Entstehungskontext der hier behandelten Untoten – inklusive ihres Entwicklungs- und Transformationsprozesses –, vor dem jeweils zeitgenössischen gesellschaftlichen Hintergrund kritisch analysiert werden. Die Sekundärliteratur zum Thema ist aktuell sehr überschaubar, doch erweisen sich die relativ jungen Erkenntnisse der Richtstättenarchäologie als enorm aufschlussreich, worauf zu einem späteren Zeitpunkt noch dezidiert zurückzukommen sein wird.

Sobald sich der Mensch über sein physisches Ableben bewusst zu werden begann und seine Toten bestattete, lassen sich Rituale und Bräuche im Grabkontext finden, die ein gedachtes Fortleben nach dem Tod annehmen lassen. Beigaben in Form von Wegzehrung, Waffen oder anderen Habseligkeiten legen den Schluss nahe, dass das Jenseits als ein dem Diesseits ähnlicher Ort imaginiert wurde. Die Glaubenswelt konzentrierte sich auf zwei Leitgedanken, den Tod und das Leben danach. So nahmen vorchristliche Kulturen einen Dualismus von Jenseits und Diesseits an: Die Lebenden standen auf einer, Tote und Götter auf der anderen Seite. Zusammen stellten sie ein Ganzes dar.[3] Erste schriftliche Belege, die den Glauben an den „Lebenden Leichnam" annehmen lassen, finden sich in früh literarisierten germanischen Stammesrechten und Rechtsverordnungen, von denen das älteste das seit dem 6. Jh. belegte Verfahren der Bahrprobe darstellt.[4]

Ebenso erfahren wir aus dieser Zeit, dass den Toten ein Recht zugestanden wurde, noch nach ihrem Ableben zu klagen, sie aber umgekehrt auch selbst angeklagt werden konnten, wofür die Verurteilung des toten Papstes Formosus im Jahre 897 als prominentes Beispiel dienen kann.[5] Dessen Nachfolger Papst Stephan VII. entschied nämlich, seinen bereits sieben Monate zuvor verstorbenen Vorgänger wegen Eidbruches und diverser anderer Vergehen zu verurteilen. Zur Vollstreckung ließ er dessen Leichnam exhumieren, in die Synode bringen, ihn dort seiner geistlichen Gewänder entledigen, beide Schwurfinger abhacken und ihn abschließend auf dem Friedhof der Fremden beisetzen. Acht Jahre später erfolgte durch den „Ketzerpapst" Sergius III. eine nochmalige Verurteilung von Formosus. Erneut wurde der Leichnam – oder das, was noch von ihm übrig war – exhumiert, enthauptet, verstümmelt und letztlich im Tiber entsorgt.[6] Dieses Beispiel zeigt nicht nur den noch unkonkret vorhandenen Glauben an den „Lebenden Leichnam", sondern auch, dass offenbar ein „Übergang" von den verschriftlichten

---

3   Lecouteux 2000, S. 10, 15.
4   His 1929, S. 8.
5   Schild 2003, S. 70.
6   Fischer 1936, S. 41; Schild 1980, S. 70; vgl. ausführlich zum Prozess Wölpert 1953.

germanischen Stammesrechten zur christlichen Rechtsordnung stattgefunden hatte. Dies setzt eine gegenseitige Beeinflussung und eine wechselseitige Anpassung voraus, was nach dem Rechtshistoriker Wolfgang Schild als ein fließender „Assimilierungsprozess" kirchlicher und germanischer Vorstellungen verstanden werden muss, anstelle der bisher oftmals angenommenen jähen Zäsur.[7] Die Annahme, dass Tote schädigen könnten, und dass man sich daher vor ihnen fürchten müsste, kann auf Grundlage dieser frühen Quellen allerdings nicht bestätigt werden.

Erst eine Quelle des 10. Jahrhunderts berichtet davon, dass bestimmten Toten die Fähigkeit zuerkannt wurde, Schaden anzurichten und ihnen daher Furcht entgegengebracht wurde. Das Decretum des Bischof Burchard vom Worms erzählt Folgendes:

> „Wenn ein ungetauftes Kind stirbt, nimmt die Mutter die kleine Leiche, versteckt sie an einem abgelegenen Ort und durchbohrt sie mit einem Pfahl. Diejenigen, die das machen sagen: wenn wir dies nicht tun, wird das Kind wieder aufstehen und vielen schaden [...] Wenn eine Frau im Kindbett stirbt, so wird sie mit ihrem Kind in einen Sarg gelegt und mit einem Pfahl durchbohrt".[8]

Ähnliches gebietet Berthold von Regensburg in seiner 8. Predigt. Er mahnt zur Vorsicht im Umgang mit toten Sündern, die nicht mit der Hand berührt werden sollten. Stattdessen solle der Leichnam mittels eines Seiles durch ein eigens unter der Schwelle gehauenes Loch gezogen, zum Schindacker gebracht und dort wie ein Verbrecher begraben werden.[9] Denn dies sei

> „Gesetz der Gespenster und Geister, wo sie hereingeschlüpft sind, müssen sie hinaus und umgekehrt."[10]

Bei den bisher zitierten Beispielen handelte es sich um schriftliche Quellen kirchlicher Provenienz, die nicht zwingend zeitgenössischen Handlungsweisen und Bräuche wiedergeben müssen.

---

7   Schild 1989, S. 8–9.
8   Von Worms 1548, Fol. 154r –188v, Cod. 119.
9   Von Regensburg, S. 50r–50v. Aus dem Köln des 15. Jahrhunderts existieren exakte Angaben, wie Delinquenten, die sich im Gefängnis suizidierten, zu entsorgen seien, was eine erstaunliche Ähnlichkeit zu Berthold von Regensburgs Predigt aus dem 8. Jahrhundert aufweist: Dieser (Suizident) ist vom Henker oder Scharfrichter durch ein Loch unter der Schwelle des Hauses hindurch zu ziehen, das anschließend wieder verschlossen werden muss. Danach muss der Leichnam auf den Hinrichtungsplatz wie ein Hingerichteter verscharrt werden. Hahn 2008, S. 487. Derartiges Vorgehen kann auch für das 17. Jh. nachgewiesen werden. So wurde ein Inhaftierter nach seinem Selbstmord im Graz des 17. Jh. vom Scharfrichter wie folgt entfernt: „Er steckte den Toten in einen Sack, schlug ein Loch in die Gefängnismauer, zog den Leichensack durch, verschloss das Loch und entsorgte den Leichnam." Solche Quellen verleihen der Anleitung der 8. Predigt von Berthold von Regensburg nachträglich Gewicht. Wojtucki 2008, S. 381.
10 His 1929, S. 6.

Ob es sich aber lediglich um realitätsferne Vorgaben handelt, oder um tatsächlich praktizierte Maßnahmen, kann ohne Rückgriff auf weitere Quellen, nur schwerlich beantwortet werden. An dieser Stelle sei auf Dieter Harmenings Dissertation „Superstitio" von 1979 verwiesen, in der er nachweist, dass die oben zitierten Literaturgattungen in der Regel ein Wissen aufbereiteten, das keinen konkreten Bezug zur Wirklichkeit haben musste und nur in seltenen Fällen bestehende Praktiken eines zeitgenössischen Aberglaubens widerspiegelte. Selbst jene scheinbar authentischen Textzeugnisse, die im Zuge der Christianisierung, sozusagen an der Schnittstelle von Heiden- und Christentum entstanden sind, erwecken nur den Anschein mythischer, respektive abergläubischer, Vorstellungen und Bräuche.[11] Auch sie sind vielmehr ein Echo der Wissensbestände der klerikalen Oberschicht, die als herrschende und meinungsbildende Gruppe darüber entschied, welches Wissen überhaupt erlaubt war und wiedergegeben werden durfte.[12] Unter Anwendung quellenkritischer Kriterien entpuppen sich die Berichte zu abergläubischen Praktiken in klerikaler Literatur somit nur als bedingt aussagekräftig. Selbst dort, wo sie populäre Gegebenheiten wiedergeben, muss von einer bereits vorausgegangenen Umformung oder Anpassung ausgegangen werden.[13]

Konkretere Angaben zur Gestalt des Wiedergängers und zu der ihm innewohnenden Macht lassen sich den nordischen Sagen und den beiden Eddas aus dem Hoch- bis Spätmittelalter entnehmen. Zwar darf nicht übersehen werden, dass auch deren Autoren christliche Gelehrte waren, doch verlief die Christianisierung auf Island auf andere Art und Weise, so dass dieser Quellengattung hier ein singulärer Status eingeräumt werden muss.[14]

Wiedergänger gelten in den nordischen Schriften ausnahmslos als böse und menschenfeindlich. Als besonders „gefährdet" nach dem Tod zu einem Wiedergänger zu werden, galten Kriminelle, Randständige, Ausgegrenzte, Getötete und vorzeitig Verstorbene, die – meist von Rachegedanken getrieben – wieder in die Welt der Lebenden eingriffen.[15] Den Analysen des Mediävisten Claude Lecouteux gelang es,

---

11 Harmening 1987, S. 319
12 Lecouteux 1987, S. 13.
13 Dieter Harmening konnte belegen, dass es sich bei dieser, lange Zeit als Ist-Bestände abergläubischer Vorstellungen angesehenen Literaturgattung, um Beschreibungen von Praktiken handelt, die in jener Zeit nicht zwingend existent gewesen sein mussten. Vielmehr offenbaren sich jene als ein „religiöses fictum", das sich anhand eingehender Untersuchungen im überlieferungsgeschichtlichen Befund auf spätantike, mediterrane Verhältnisse bezieht und in großräumig literarische Vermittlungszusammenhänge eingebunden ist. Die Beschreibungen stellen eine Annahme dar, ein Wissen, das nur in den Köpfen der Kleriker existierte und keinen Bezug zur Wirklichkeit haben musste. Harmening 1979, S. 319.
14 Lecouteux 2001, S. 13–14; ders. 1987, S. 14–15.
15 Lecouteux 1987, S. 20–23, S. 171–172, S. 177.

diese grundlegenden Charakterzüge der Wiedergänger auch in der deutschen Literatur des Mittelalters nachzuweisen.[16] Als vorbeugende aber auch nachträgliche Maßnahme gegen das Auftreten von Wiedergängern wird dabei einheitlich vom Enthaupten und Beschweren der Leiche berichtet, von Pfählungen und – bei besonders grausamen Untoten – der mehrfachen Tötung. Anschließend wurden entweder die abgetrennten Schädel anatomisch unkorrekt zwischen den Beinen der Leiche mit Blickrichtung nach unten beigelegt, oder auch der ganze Leichnam in Bauchlage beigesetzt.[17] Die Bauchlage sollte, ebenso wie die Einbringung der abgetrennten Schädel mit dem Gesicht nach unten, die Lebenden vor postmortalem Spuk schützen, indem sie die toten Körper an Ort und Stelle bannte.[18]

Immer wieder wurden zudem sogenannte Sonderbestattungen entdeckt, bei denen die toten Körper im deutlichen Kontrast zum sonst üblichen Ritus beigesetzt wurden. So konnten neben extremen Fesselungen der Leichen und Schnürungen an Hockerbestattungen auch durchbohrte Schädelfunde dokumentiert werden. Sie können als Beweis dafür herangezogen werden, dass es sich um Abwehrmaßnahmen gegen Wiedergänger handelte, da sie mit den oben erwähnten literarischen Quellen korrespondieren. Die betreffenden Funde entstammen komplett merowingischen Gräberfeldern des Frühmittelalters in Lothringen und Montferands und sie stehen im Einklang mit einem karolingischen Kartular, das von Schädelbohrungen berichtet, die ein postmortales Spuken verhindern sollten.[19] Solche Befunde belegen weitaus mehr als nur den Glauben an den „Lebenden Leichnam" – sie sind vielmehr ein deutlicher Beleg für die Furcht vor der Rückkehr bestimmter Verstorbener.

Zur Staatsreligion avanciert, sah sich das neue, monotheistische Christentum einer mit weiterlebenden Toten bevölkerten Welt gegenüber, für die sie selbst kein adäquates Erklärungsmodell anzubieten hatte. Grundsätzlich fand die gesamte mittelalterliche Welt Aufnahme in kirchliche Abhandlungen und wurde christlich gedeutet. Was jedoch nicht direkt von den Kirchengelehrten erklärt werden konnte, wurde mystifiziert und vor dem Hintergrund des „Wunderglaubens" interpretiert. Gewissen Themen konnte sich die ordnende theologische Autorität allerdings zunächst nicht annehmen. Totengeister etwa, hatten bis dato die kirchliche Dogmatik nicht beschäftigt, basierte das christliche Weltbild doch auf einer dualen Leib-Seele Auffassung, mit einem von Gott geschaffenen materiellen Körper auf der einen und einer unsterblichen Seele auf der anderen Seite.[20] Dieses christliche Konzept

---

16 Ebd., S. 32.
17 Ebd., S. 133.
18 Piech 2008, S. 244.
19 Lecouteux 1987, S. 28.
20 Daxelmüller 1996, S. 75–76.

der Zweiheit von Seele und Körper musste nun so modifiziert werden, dass es die heidnisch-paganen Vorstellung eines physisch existenten Wiedergängers überlagern konnte.[21]

Es begann ein mehrere Jahrhunderte währender Prozess, im Zuge dessen Wiedergänger-Erscheinungen in das neue Glaubenssystem eingepasst wurden. Nach Claude Lecouteux, der sich hier den Schlussfolgerungen von Jaques Le Goff und Jean Claude Schmitt anschloss, führte das dazu, dass im „11. und 12. Jahrhundert die Toten im Mittelpunkt eines ideologischen Kampfes [stehen], der darauf abzielt, den heidnischen Toten- und Ahnenkult durch die Heiligenverehrung zu ersetzen".[22]

Die Wiedergänger gerieten also in einen Transformationsprozess, der sich in zwei wesentlichen Etappen vollzog und unter anderem auch die Entstehung des Fegefeuers auslöste. Hierzu wurde die antike Dämonologie, die aufs engste mit den Namen der großen Kirchenväter Tertullian, Augustinus und Thomas von Aquin verbunden ist, ins Christentum integriert.[23] In einem ersten Schritt wurden die Wiedergänger ihrer realen Existenz beraubt und zu Trugbilder oder Illusionen umgedeutet. Anschließend konnten sie in einem zweiten Schritt als „Arme Seelen" wieder eingeführt werden,[24] die dann auch – so Jacobus de Voragine – an „sonderlichen Stätten gebannt" erscheinen können und dies „um vieler Dinge willen."[25] Als das Fegefeuer spätestens im 12. Jahrhundert zum kirchlich wie gesellschaftlich fest etablierten Vorstellungskanon gehörte, verschwanden die Wiedergänger aus dem Diesseits und zeigten sich nur mehr als „Arme Seelen" im Fegefeuer. All jene, die nicht dort verortet werden konnten, wurden hingegen in Anlehnung an Augustinus zu Dämonen und Teufelsbuhlern erklärt.[26] Auf diese Weise wurden die Wiedergänger neu codiert, und fanden in ihrer veränderten Form nun auch Aufnahme in religiöse Traktate, vor allem in die Exempelliteratur. Jean-Claude Schmitt beschrieb das als eine regelrechte Invasion der Totengeister. Es entstand ein mächtiger Korpus stereotyper Exempla, die in großer Zahl, nicht zuletzt durch das Wirken der Bettelmönchsorden verbreitet wurden. Vor dem Hintergrund der unwidersprochenen religiösen, moralischen und ideologischen Autorität der Kirche übte dieses „effizienteste Massenmedium des Mittelalters" massiven Einfluss auf die Vorstellungs-

---

21 Schmitt 1995, S. 15. Ein Problem, dem sich die frühen Kirchengelehrten gegenüber sahen, war, dass sie nicht auf die Bibelexegese zurückgreifen konnten. Jene gelangte erst später zur Anwendung, als durch die „modifizierte" antike Dämonologie eine Überbrückung kreiert worden war. Bis dahin herrschte eine gewisse Erklärungsnot vor, der erst begegnet werden musste.
22 Lecouteux 1987, S. 12.
23 Augustinus' Antwort auf die Frage, worum es sich bei den Erscheinungen handelte, war, dass sie bloße Abbildungen des Menschen seien. Lecouteux 1987, S. 52–54.
24 Lecouteux 1987, S. 60.
25 De Voragine 1963, S. 910.
26 Augustinus 421–424, pl. 40.

welt der Laien aus.[27] Die Exempla bildeten den Motivsteinbruch für kirchliche Predigten, für die Prodigienlehre, die Unterhaltungsliteratur und die nordischen Erzählungen, wie etwa die Sagas.

Genau in solchen Exempelsammlungen tummelten sich auch eine Vielzahl von Wiedergängern, denkt man beispielsweise an den „Dialogus miraculorum magnus visionum" des Caesarius von Heisterbachs[28] aus dem frühen 13. Jahrhundert oder an die „legenda aurea" des Jacobus de Voragine[29], die wenige Jahrzehnte später entstand. Der „Dialogus" des Caesarius von Heisterbach ist besonders aufschlussreich. Dort wird berichtet, wie sich die Wiedergänger den Menschen zeigten und sie beispielsweise um Messen, Gebete oder die Erfüllung eines Gelübdes baten, damit sie Erlösung erlangen konnten. Trotz der von ihnen begangenen Frevel gegen religiöse oder gesellschaftliche Normen wurden sie zu Trägern der gottgewollten Ordnung umfunktioniert und als Exempel von der Kirche in den Dienst genommen. Fortan verkündeten sie die moralische Lehre, dass jeder Verstoß gegen Ordnung und Gesetz eine Strafe nach sich zieht.[30] Sie dienten der Erbauung und Belehrung, demonstrierten die göttliche Allmacht und warnten vor einem Abweichen von den göttlichen Regeln. Doch trotz dieser massiven Regulierungsbemühungen von kirchlicher Seite, lassen sich immer wieder Quellen finden, die von einer ungebrochenen Furcht gegenüber bestimmten Toten berichten. So hatte der Wiedergänger im Christentum zwar aufgehört zu physisch existieren und fristete stattdessen ein Dasein als moraltheologisches Exempel in Form der „Armen Seele", doch scheint er zugleich weiterhin in realiter Angst und Schrecken verbreitet zu haben, wie sich anhand besonderer Bestattungsrituale an den Leichen nachzeichnen lässt.

Dass die Christianisierung nicht sofort und durchgreifend gelang, geht ebenfalls aus Quellen der Rechtspraxis wie beispielsweise der Carolina, der peinlichen Halsgerichtsordnung Kaiser Karls V., hervor. Dort wird eine postmortale Grabsicherung bei Kindsmord in Form einer Beisetzung mit dem Gesicht nach unten und einer mit Dornen, Nesseln und Reisig bewehrten Grabgrube gefordert: „Wo aber solche übel offt geschehe / wollen wir die gemelten gewonheyt des vergrabens vnnd pfelens / vmb mer forcht willen /".[31] Johannes von Kaysersberg berichtet in der Emeis von einer besonderen Angst gegenüber den „vor der Zeit Verstorbenen":

---

27 Schmitt 1995, S. 241.
28 Von Heisterbach 2009.
29 De Voragine 1963. Die „legenda aurea" ist in über 1.000 Handschriften erhalten und wurde in elf Volkssprachen übersetzt, was eine große Popularität impliziert.
30 Lecouteux 2000, S. 186–187.
31 Keyser Karls des fünfften: vnnd des heyligen Römischen Reichs peinlich gerichts ordnung. Straff der weiber so jre kinder tödten. Mainz 1533, cxxxj.

„Also redt der gemein man daruon, / das die die vor den zeiten sterben den das inen got hat vffgesetzt / als die die in die reiß lauffen vnd erstochen werden / oder gehenckt vnd ertrenckt werden / die müssen also lang nach irem todt lauffen biß das / das zil kumpt / das inen got gesetzt hat /".[32]

Von Kaysersberg griff auf populäre Erzählstoffe zurück und zeigt damit, dass der nicht-christliche Wiedergänger durchaus einen festen Platz in populären Texten und vor allem in populären Glaubensvorstellungen, wie etwa in der Volksmedizin, beibehalten hatte.[33]

Auch in der Aufklärung mit der sie überspannenden Vernunftprämisse tauchen weiterhin Nachrichten auf, die über die Angst vor gefährlichen Toten, in der Art wie sie seit dem Mittelalter bekannt ist, Aufschluss geben. Diese Berichte finden sich hier allerdings in einem weitaus größeren Diskurskontext, da der Verhandlungsrahmen durch den Monopolverlust der Kirche nicht mehr ausschließlich von theologischen Gelehrten determiniert wurde. Zwar sank der Glaube an mythische Gestalten zusehends, verschwand jedoch nicht abrupt und spurlos, wovon allein die zahlreichen Prozesse gegen Hexen und Werwölfe trauriges Zeugnis ablegen. Insbesondere nach der Abschaffung des Fegefeuers brach eine regelrechte Flut an Untoten und anderen niedermythologischen Gestalten in den populären Kontext ein, was in unzähligen Sagen Nachhall fand. Am eindrucksvollsten sind zur Bestätigung der mündlichen und schriftlichen Quellen die eingangs erwähnten Ergebnisse neuer Untersuchungen aus dem Bereich der Richtstättenarchäologie, die einen Zeitraum vom Entstehen der Richtplätze im 13. Jahrhundert bis ins 19. Jahrhundert abdecken. Der Herausgeber der gleichnamigen Sammelbände, Jost Auler, benennt es als Ziel dieser Art der Archäologie, mit den modernsten wissenschaftlichen Methoden und in interdisziplinärer Zusammenarbeit mit anderen Geistes- und Naturwissenschaften, die historischen Quellen zu überprüfen und zu ergänzen. Zudem beschäftigt sich diese archäologische Teildisziplin nicht nur mit rechtlichen Hinterlassenschaften, sondern kann darüber hinaus zur Bestätigung von Phänomenen beispielsweise aus dem Bereich der Volksmedizin oder des Aberglaubens beitragen.[34]

An Hinrichtungsstätten wurden von Archäologen nicht nur im deutschsprachigen Raum auffällige Befunde dokumentiert, die an die literarischen Belege des Mittelalters bezüglich postmortaler Grabsicherung und Leichenverstümmlung erinnern. Vergrabene Delinquenten an Richtstätten auf Seeland waren zu fünfzig Prozent mit dem Gesicht nach unten vergraben, während zahlreiche Skelette mit ihrem abgetrennten

---

32 Von Kaysersberg 1517, Fol. XXXVII.
33 Lecouteux 1992, Sp. 79–80.
34 Auler 2008, S. 8–9. Mittlerweile wurden zwei weitere Aufsatzbände publiziert: Auler 2010, ders. 2012.

Schädel zwischen den Beinen dokumentiert werden konnten.[35] Eine in diesem Zusammenhang interessante Bestattung offenbarte ein Befund aus Bautzen, der ins 17. Jahrhundert datiert und zwei männliche Skelette umfasste, die postmortal geköpft wurden und denen man ihre Schädel mit Blick nach unten auf die Brust legte, die Unterkiefer zusätzlich zerschlagen.[36] In einem weiteren Gräberfeld bei Bautzen wurden vier Tote entdeckt, deren Körper mit Nägeln an der Grabgrube befestigt waren. Eine Frau aus Dankwitz, ebenfalls nähe Bautzen, musste nach ihrem Ableben besondere Angst bei ihren Hinterbliebenen ausgelöst haben, denn sie war enthauptet in ihrem Sarg beerdigt, der Schädel zu ihren Füssen gen Norden gerichtet, während zusätzlich der Sargdeckel vernagelt wurde und der Boden am Kopfende mit den Seitenbrettern durch Nägel eine zusätzliche Sicherung aufwies.[37]

Eine weiteres aufschlussreiches Phänomen, das sowohl von Archäologen als auch Volkskundlern untersucht wurde, sind die sogenannten Wiedererweckungstaufen oder Totgeburtenwallfahrten. In populären Glaubensvorstellungen überlieferten die magische Hausväterliteratur oder das mittlerweile als Fälschung enttarnte fünfte und sechste Buch Mose das gefürchtete Weiterleben ungetauft verstorbener Kinder. Nach theologischer Dogmatik beziehungsweise gültigem Kirchenrecht waren solche Kinder nicht von der Erbsünde befreit und daher von der Gottesschau ohne Möglichkeit auf Erlösung ausgegrenzt. Im limbus puerorum einem als eine Art der Vorhölle gedachten intermediären Ort, mussten diese Kinder in einem freud- wie leidlosen Zustand verharren. Was sie unter anderem zu bösen Kobolden, Auslösern von Seuchen oder Irrlichtern werden ließ, wie es bereits dem Dekret des Wormser Bischofs Burchardt von 1548 zu entnehmen ist.[38] Für manche Ortschaften ist belegt, dass Eltern, die eine Taufe versäumten, dem Bösen angeblich bewusst Macht über ihr Kind gegeben hätten, was obrigkeitliche Bestrafung nach sich zog.[39] Um dem zu entgehen, insbesondere sofern die Kinder noch im Mutterleib verstarben, etablierte sich im späten europäischen Mittelalter eine besondere Form der Wallfahrt: Die sogenannte Totgeburtenwallfahrt oder Erweckungstaufe. Die berühmteste und zugleich am besten archäologisch dokumentierte Stätte lag in Oberbüren in der Schweiz. Die Belegzeit begann dort im Jahre 1486 und allein für den Zeitraum der ersten vier Jahre konnten über 2.000 Kinderleichen aufgefunden werden, von denen die Kleinsten gerade einmal 18 cm maßen, was einer Fehlgeburt im vierten bis fünften Schwangerschaftsmonat entspricht.[40] Selbst nach der offi-

---

35 Busch 2008, S. 99–101.
36 Wojtucki 2008, S. 383.
37 Ebd., S. 382–383.
38 Ulrich-Bochsler / Gutscher 1998, S. 248.
39 Ebd.
40 Ebd., S. 260–265.

ziellen Schließung Ende des 16. Jahrhunderts wurden dort weiterhin Kinder beigesetzt, was durch archäologische Untersuchungen eindeutig belegt werden konnte. Hierbei handelt es sich um Kinder, die teils in tagelangen Märschen an den Gnadenort gebracht wurden, um eine postmortale Taufe zu erhalten. Gelang das Unterfangen nicht, erfolgte eine Bestattung unter dem Traufbereich der Kirche. Der populären Anschauung zufolge schützt dieser Bereich vor bösen Geistern, und durch das herabfließende Regenwasser wird das Kind im Erdboden nach der Beisetzung geweiht. Dieser Brauch konnte auch anderenorts archäologisch bis ins 20. Jahrhundert hinein nachgewiesen werden.[41]

Dass die Angst vor schädigenden Untoten in der Aufklärung nicht gewichen ist, geht nicht nur aus den eben angeführten Belegen hervor, sondern auch daraus, dass seit dem 16. Jahrhundert ein neuer Untoter den deutschsprachigen Raum zu besiedeln begann: der Nachzehrer.[42]

Wie groß die Angst vor diesen Untoten und vor allem ihrer Absicht zu schädigen war, zeigt sich daran, dass es im 18. Jahrhundert zu einer regelrechten Hysterie kam, die dem Phänomen Aufmerksamkeit in höchsten Kreisen bescherte. So diskutierte und analysierte neben dem protestantischen Prediger und Vampirismusforscher Michael Ranfft[43] auch der bedeutendste Theologe der römisch-katholischen Kirche des 18. Jahrhunderts, Augustinus Calmet das Phänomen. Er trug alles zusammen, was bisher wissenschaftlich, theologisch und medizinisch bekannt war, und kam zu dem Ergebnis, dass es sich um lebendig Begrabene handeln müsse.[44] Günter Wiegelmann beschäftigte sich auf der Grundlage der Datenbasis des „Atlas der Deutschen Volkskunde" aus den 1930er Jahren mit dem Nachzehrerglauben.[45] Sein Anliegen war es, mit der Fülle und Genauigkeit des rezenten Materials Hintergründe von Totenbräuchen auszuleuchten und damit zum Verständnis älterer Zeugnisse beizutragen.[46] Die Umfragen, die im ehemals deutschsprachigen Mitteleuropa erhoben wurden, inkludierten neben

---

41 Beilke-Voigt 2007, S. 146–147.
42 Unter Nachzehrern werden Tote verstanden, die – im Gegensatz zum Wiedergänger – nicht ihrem Grab entsteigen. Ihnen wird nachgesagt, an Gegenständen, den eigenen Körpern oder Textilien – vorzugsweise an ihrem Totenhemd – zu zehren, und gleichzeitig die Lebenskraft der Hinterbliebenen auszusaugen, bis diese ihnen nachsterben. Schürmann 1990, S. 43–44. Der Glauben an das Nachzehren oder Nachholen beruht auf der, aus der Volksmedizin bekannten Sympathiewirkung, welcher die Vorstellung zugrunde liegt, dass alle Dinge und Organismen miteinander verbunden sind. Das Prinzip der sympathischen Verbindung beruht auf der Annahme, dass Tote über räumliche Entfernungen hinweg Beziehungen zu Lebenden in Form einer Fernwirkung besitzen. Dies ermöglicht es sowohl, Krankheiten mittels toter Körperteile zu heilen, als auch Krankheiten auf Tote abzustreifen und damit zu töten. Vgl. Schürmann 1999, S. 13–14.
43 Ranfft 2006.
44 Calmet 1749, 2006, S. 256.
45 Wiegelmann 1966, S. 167.
46 Ebd.

den Fragen zum Glauben an im Sarg fortlebende Tote, auch Fragen zu apotropäischen und/oder nachträglichen Maßnahmen an dem Verstorbenen, sollte sich der Verdacht des Nachzehrens ergeben oder gar bestätigen. Dabei konzentrierte sich Wiegelmann auf das Köpfen und Pfählen, was für den hiesigen Kontext von besonderer Relevanz ist.[47] Im gesamten Erhebungsgebiet wurde auf die Frage „Glaubt man, dass gewisse Tote vom Grabe aus Lebende nachholen?" mit ja geantwortet.[48] Regional unterschieden sich die Aussagen teils gravierend, da das Vorstellungsgefüge einem Wandel ausgesetzt war, wie das auch in anderen Bereichen der populären Kultur der Fall war, nur kam hier der Wandel in bedeutend kleineren Schritten voran.[49] So ist beispielsweise in Ostpreußen relativ bald nach dem 17. Jahrhundert die Nachzehrerfurcht, gegen die die Kirchen wie auch die Aufklärung des 18. Jahrhunderts wirkten, gesunken. Sie erhielt sich lediglich darin, dass man der Leiche während der Aufbahrungszeit gewisse Funktionen zugestand.[50] In Westpreußen und Pommern dagegen konnte sich der Glaube an eine besondere Lebenskraft von Toten vereinzelt bis ins 20. Jahrhundert erhalten. Dies geht aus entsprechenden Gerichtsakten hervor, die Strafverfahren wegen Leichenschändung dokumentieren.[51] An dieser Stelle darf vermutet werden, dass die Angst vor den lebenden Toten geblieben ist, aber nun auf die Figur des Nachzehrers übertragen wurde, wofür auch die Gleichbehandlung von Nachzehrern und Wiedergängern bezüglich der an den Leichen durchgeführten Maßnahmen spricht. Der unerwartete und unerklärbare Tod stellte weiterhin ein Mysterium dar, dem weder durch kirchliche noch rationale Erklärungen befriedigend beizukommen war.

Zwar konnten nur einige wenige Beispiele aus dem Phänomenkomplex des Wiedergänger- und Nachzehrerglaubens vorgestellt werden, doch genügen diese Exempel, um nach kritischer Quellenprüfung und dem Abgleich mit Ergebnissen anderer Disziplinen – vorrangig der Richtstättenarchäologie – deutlich zu machen, dass im deutschsprachigen Raum immer wieder vom frühen Mittelalter bis ins 20. Jahrhundert Belege auffindbar sind, die trotz gesellschaftlicher Umbrüche und Entwicklungsprozesse, Zeugnis über eine eminente Furcht vor bestimmten Toten ablegen. Offenbar griffen weder die vehemente Bekämpfung von kirchlicher Seite noch eine rationale Aufarbeitung der Thematik während der Aufklärung. Im Verlauf eines steten Transformationsprozesses hatte sich zwar die konkrete Gestalt des Wiedergängers weitgehend aufgelöst, die Furcht vor gewissen Verstorbenen aber, vor ihrer

---

47 Ebd., S. 169.
48 Ebd., S. 171.
49 Ebd., S. 174.
50 Ebd., S. 175.
51 Ebd., S. 170.

möglichen Rückkehr oder ihrer unheilvollen Absicht, die Lebenden nachzuholen, war geblieben. Diese Furcht wurzelt in einem historischen Sozialgefüge, in dem der Tod noch nicht anonymisiert war und als ständiger Begleiter zum Leben gehörte. Darüber hinaus basierte sie auf Beobachtungen an tatsächlichen Leichen, etwa unübliche postmortale Bewegungen und andere unerklärliche Phänomene in unterschiedlichen Stadien der Verwesung. Die Möglichkeit zu solchen Einblicken ergab sich auf Kirchhöfen unweigerlich durch das Anlegen neuer Gräber auf Plätzen ohne Grabmarkierung und mit niedriger Grabtiefe.[52] Dass es sich dabei um natürliche Prozesse handelte, konnte der erschrockene Beobachter des Mittelalters nicht ahnen, waren dies doch Erkenntnisse, die sich erst im 17. Jahrhundert verdichteten und im 18. Jahrhundert Bestätigung erlangen sollten.[53] Thomas Schürmann und Günter Wiegelmann stellten im Falle des Nachzehrerglaubens direkte Zusammenhänge mit Zeiten epidemischer Krankheiten wie der Pest oder Cholera her, woraus sich auch eine Erklärung für das Nachsterben der direkten Familienangehörigen ergibt.[54]

Letztlich gelang es erst der modernen Gesellschaft die Wiedergängerfurcht durch medizinische Erkenntnisse zu verdrängen, was wiederum eine längere Übergangszeit in Anspruch nahm, worauf Wiegelmann explizit hinwies.[55] Martin Scharfe formulierte diesbezüglich: „Die Figur des Wiedergängers ist deshalb nicht eine Figur der alten Kultur, sie ist, sublimiert, eine Figur aller Kulturen".[56] Sie verkörpert kontextabhängig Funktionen und stellt ein kulturelles Element dar, das es jeweils vor seinem zeitgenössischen Hintergrund zu analysieren gilt. Kurzum, sie ist nicht alter Aberglaube, sondern ein Kind der jeweiligen Zeit.

Heute ist der Wiedergänger in vielen Medien ein gut bezahltes Handelsgut. Das zeigt nicht zuletzt ein Blick in die Welt der Computerspiele, in denen verschiedene Wiedergängermotive miteinander vermischt, vermengt und letztlich nutzbar gemacht werden. Millionenfach bevölkern Untote und niedermythologische Wesen beispielsweise seit 2004 das Online-Rollenspiel „World of Warcraft", das zu seinen Hochzeiten im Jahr 2006 mit mehr als einer Milliarde Dollar Jahresumsatz

---

52 Sörries 2005, S. 26, 33–34.
53 Als Folge der Fäulnis bildeten sich Gärgase, die den Leichnam fettleibig aussehen ließen und zugleich für die Geräuschbildung während der Verwesung insbesondere auch beim „Pfählen" verantwortlich waren. Zudem bildete sich bei der Verwesung rotbraune Fäulnisflüssigkeit, die aus den Körperöffnungen herausgetrieben und oftmals mit Blut verwechselt wurde. Derartige Beobachtungen an Verstorbenen bestätigten den Menschen in dieser Zeit ihre intimsten Ängste über das Weiterleben der Leichen nach dem physischen Tod. Berg, Rolle, Seemann 1981, S. 75.
54 Schürmann 1990, S. 66–71; Wiegelmann 1966, S. 181–182.
55 Wiegelmann 1966, S. 174.
56 Scharfe 2003, S. 83.

zum lukrativsten Unterhaltungsmedium aller Zeiten gekürt wurde.[57] Der Nutzer kann auf der Spielplattform für die Wahl seines virtuellen Charakters aus einem Typenspektrum von Untoten, Menschen, Dämonen und niedermythologischen Wesen wählen, deren Charakteristika in einer Chronik zu jedem Wesen nachzulesen sind.[58] So findet man beispielsweise unter dem Suchbegriff Untote folgende Einführung:

> „Ausgebrochen aus den tyrannischen Regeln des Licht-Königs hat eine abtrünnige Gruppe von Untoten ihre Freiheit erhalten, um jene zu bekämpfen, welche gegen sie sind."[59]

Aktuell partizipieren immer noch über sieben Millionen Nutzer transnational an dem Spiel und signalisieren so nicht nur, dass Untote und niedermythologische Wesen mitten in der Gesellschaft angekommen sind, sondern auch, dass diese sich als fester Bestandteil des soziokulturellen Alltags etabliert haben. Erstaunlich aktuell mutet vor diesem Hintergrund folgende Textpassage aus dem 13. Jahrhundert an:

> „Sobald die Sonne untergegangen war, wagte sich keiner mehr hinaus. Die Ochsen, die seinen Leichnam zu Grabe gezogen hatten, wurden verhext, und das Vieh, das sich seiner Grabstätte näherte, brüllte sich zu Tode. Der Tote brachte den Hirten um, den man später unweit von seinem Grab entdeckte. Er war schwarz wie Kohle und alle seinen Knochen waren zerschmettert. Darauf flohen alle aus dem Hof, der Tote spukte nun im ganzen Tal, das bald verödete. Der Nicht-Tote brachte alle um, denen er begegnete und man sah, dass alle Verstorbenen mit ihm umgingen".[60]

Natürlich fungieren Untote – wie auch andere Mythen – heute nicht mehr wie in Mittelalter und Früher Neuzeit als Erklärungshilfe für eine weitgehend unbekannte Welt und ihre Geheimnisse. Was jedoch stattdessen diese Kreaturen derart interessant macht, dass sie aus der modernen Medienlandschaft nicht mehr wegzudenken sind, muss vorerst unbeantwortet bleiben. Im vorliegenden Text sollte lediglich die eingangs gestellte Frage nach der Herkunft dieser Wesen beleuchtet, nicht aber deren Revitalisierung in der Popkultur geklärt werden. Dazu bedarf es neuer Untersuchungen und vor allem anderer Herangehensweisen, die insbesondere Methoden der aktuellen Medienanalyse aufgreifen. Dass solche Untersuchungen bislang Mangelware sind, zeigt ein Blick in die einschlägige Literatur, die sich – trotz der massiv gewachsenen Aktualität mythologischer Themen – als sehr überschaubar präsentiert. Die Suche nach explizit europäisch-ethnologischen und volkskundlichen Publikationen führt neben einigen wenigen, meist nur in Fachzeitschrif-

---

57 Online Game, Made in U.S., Seizes the Globe. In: The New York Times vom 5. September 2006. Online unter: www.nytimes.com/2006/09/05/technology/05wow.html [20. Juli 2014].
58 Vgl. http://eu.battle.net/wow/de/game
59 Vgl. http://wow.gamona.de/das-spiel/voelker/die-untoten
60 Eyrbyggja saga 1982, S. 489.

ten aufgelegten Einzelstudien vor allem zu dem in wiederholten Neuauflagen publizierten Handwörterbuch des deutschen Aberglaubens.[61] Statt von Wissenschaftlern wird das Thema Aberglauben derzeit – nicht nur im Bereich von Tod und Sterben – vor allem von Laienforschern bearbeitet, die sich tatsächlich noch immer weitgehend auf das HDA berufen und dessen vermeintlich volkskundliche Forschungsergebnisse einem breiten Publikum als wissenschaftlichen Standard darbieten. Hier liegt ein weites Forschungsfeld mit aktuellen Themenbezügen weitgehend brach. Aufklärung täte not.

---

61 Die Veröffentlichung der Originalbände erfolgte in den Jahren zwischen 1927 bis 1942. Seitdem sind vier Neuauflagen in den Jahren 1975, 1987, 2000 und 2002 erschienen. Seit 2006 ist eine digitale Version verfügbar. Siehe auch Rath 2014.

Quellen- und Literaturverzeichnis

Quellen

Sant´Agostino Augustinus Hipponensis: De cura mortuis gerende liber unus. Online unter: http://www.augustinus.it/latino/pl_40.htm. [15. Juni 2013].

Calmet, Augustinus: Gelehrte Verhandlung der Materie von den Erscheinungen der Geister, und der Vampire in Ungarn und Mähren. Nachdruck der Originalausgabe von 1749. Bearbeitet und mit Anmerkungen versehen von Abraham und Irina Silberschmidt. Erste ungekürzte Ausgabe seit 1751. Rudolstadt 2006.

Constitio Keyser Karls des fünfften: vnnd des heyligen Römischen Reichs peinlich gerichts ordnung. 1533. Online unter: http://de.wikisource.org/wiki/Keyser_Karls_des_f%C3%BCnfften:_vnnd_des_heyligen_R%C3%B6mischen_Reichs_peinlich_gerichts_ordnung [10.März 2015].

Eyrbyggia saga. Heller, Rolf (Hg.): Isländersagas. 2 Bände. 1. Aufl. Leipzig 1982.

Von Heisterbach, Caesarius: Dialogus Miraculorum – Dialog über die Wunder. Nösges, Nikolaus / Schneider, Horst (Hg.): Fünf Bände lateinisch und deutsch. Turnhout 2009.

Von Kaysersberg, Johannes Geiler: Die Emeis. Dis ist das Buch von der Omeiisen, unnd auch der Herr der Künnig ich diente gern und sagt von Eigenschafft der omeissen und gibt Underweisung von den Unholden und Hexen und von Gespenst und Geist undd von dem wütenden Heer wunderbarlich und nützlich zuwissen, was man davon glauben und halten soll. Straßburg 1517.

De Voragine, Jacobus: Die legenda aurea. Aus dem Lateinischen übersetzt von Richard Benz. Leipzig 1963.

Von Worms, Burchard: Decretum Buch XIX. Köln 1548. Online unter: http://www.ceec.uni-koeln.de/ceec-cgi/kleioc/0010/exec/katl/"kn28-0119" [18. August 2013].

Von Regensburg, Berthold (Bertholdus Ratisbonensis): Deutsche Predigten. Online unter: http://digi.ub.uni-heidelberg.de/diglit/cpg24/0084/scroll?sid=ee0d754ce1df0e1cea 3e134ba 8c8cf26 [2. März 2015]

Internetquellen

Die Untoten – World of Warcraft – Die WoW Fanseite. Online unter: http://wow.gamona.de/das-spiel/voelker/die-untoten [02. Juli 2014].

Homepage World of Warcraft. Online unter: http://eu.battle.net/wow/de/game [25. Juni 2014].

Online Game, Made in U.S., Seizes the Globe. In: The New York Times vom 5. September 2006. Online unter: http://www.nytimes.com/2006/09/05/technology/05wow.html [20. Juli 2014].

Literatur

Auler, Jost (Hg.): Richtstättenarchäologie. Dormagen 2008.
Ders. (Hg.): Richtstättenarchäologie 2. Dormagen 2010.
Ders. (Hg.): Richtstättenarchäologie 3. Dormagen 2012.
Beilke-Voigt, Ines: Das „Opfer" im archäologischen Befund. Studien zu den sog. Bauopfern, kultischen Niederlegungen und Bestattungen in ur- und frühgeschichtlichen Siedlungen Norddeutschlands und Dänemarks. Rahden 2007.
Berg, Steffen / Rolle, Reinhard / Seemann, Hans (Hg.): Der Archäologe und der Tod. Archäologie und Gerichtsmedizin. München 1981.
Bräunlein, Peter: Die Rückkehr der „lebenden Leichen". Das Problem der Untoten und die Grenzen des ethnologischen Erkennens. In: KEA-Zeitschrift für Kulturwissenschaften 9 (1996), S. 97–126.
Daxelmüller, Christoph: Aberglaube, Hexenzauber, Höllenängste. Eine Geschichte der Magie. München 1996.
Ders.: Dämonologie. In: Enzyklopädie des Märchens. Handwörterbuch zur historischen und vergleichenden Erzählforschung Bd. 3. Berlin 1999 unveränderter Nachdruck der Auflage von 1981, Sp. 237–259.
Harmening, Dieter: Superstitio. Überlieferungs- und theoriegeschichtliche Untersuchungen zur kirchlich-theologischen Aberglaubensliteratur des Mittelalters. Berlin 1979.
Ders.: Superstition – Aberglaube. In: Edgar Harvolk (Hg.): Wege der Aufklärung (Veröffentlichungen zur Volkskunde und Kulturgeschichte 25, Beiträge zur Volkstumsforschung Bd. XXIII). München / Würzburg 1987, S. 369–401.
Fischer, Paul: Strafen und sichernde Maßnahmen gegen Tote im germanischen und deutschen Recht. Düsseldorf 1936.
His, Rudolf: Der Totenglaube in der Geschichte des germanischen Strafrechts. In: Schriften der Gesellschaft zur Förderung der westfälischen Wilhelms-Universität zu Münster. Münster 1929.
Lecouteux, Claude: Geschichte der Gespenster und Wiedergänger im Mittelalter. Köln u.a. 1987.
Ders.: Eine Welt im Abseits. Zur niederen Mythologie und Glaubenswelt im Mittelalter. Dettelbach 2000.
Ders.: Das Reich der Nachtdämonen. Angst und Aberglaube im Mittelalter. Düsseldorf / Zürich 2001.
Piech, Jaroslaw: "Mit fliegenden Fahnen" zogen sie zum Hochgericht. Der Galgen von Ellwangen an der Jagst 1701–1811. In: Auler, Jost (Hg.): Richtstättenarchäologie. Dormagen 2008, S. 230–249.
Ranfft, Michael: Traktat vom Kauen und Schmatzen der Toten in den Gräbern. In einer Bearbeitung von Nicolaus Equiamicus (1734). Diedorf 2006.

Rath, Gudrun (Hg.): Zombies. Zeitschrift für Kulturwissenschaften (1/2014).
Scharfe, Martin: Wiedergänger. Die Lebenden sterben, die Toten leben – Anmerkungen zu einer flüssigen Kulturgrenze. In: Rolshoven, Johanna (Hg.): „Hexen, Wiedergänger, Sans-Papiers...". Kulturtheoretische Reflexionen zu den Rändern des sozialen Raumes. Marburg 2003, S. 66–91.
Schild, Wolfgang: Das Strafrecht als Phänomen der Geistesgeschichte. In: Justiz in alter Zeit (Schriftenreihe des Mittelalterlichen Kriminalmuseums Rothenburg ob der Tauber, Bd. 6c). Heilbronn 1989.
Ders.: Die Geschichte der Gerichtsbarkeit. Vom Gottesurteil bis zum Beginn der modernen Rechtsprechung. 1000 Jahre Grausamkeit. Hintergründe. Urteile. Aberglaube. Hexen. Folter. Tod. Hamburg 2003.
Schmitt, Jean-Claude: Heidenspaß und Höllenangst. Magie und Aberglaube im Mittelalter. Frankfurt a.M. 1993.
Ders.: Die Wiederkehr der Toten. Geistergeschichten im Mittelalter. Stuttgart 1995.
Schreuer, Hans: Das Recht der Toten. I. Eine germanistische Untersuchung. In: Zeitschrift für vergleichende Rechtswissenschaften 33 (1916). S. 333–342.
Schürmann, Thomas: Nachzehrerglauben in Mitteleuropa. Marburg 1990.
Sörries, Rainer: „Kirchhof" oder Coemeterium? Anmerkungen zum mittelalterlichen Friedhof, zu den Sonderfriedhöfen und zur Auslagerung vor der Stadt. In: Fischer, Norbert / Herzog, Markwart / Dracklé, Dorle (Hg.): Nekropolis. Der Friedhof als Ort der Toten und der Lebenden. Stuttgart 2005, S. 23–35.
Irseer Dialoge. Kultur und Wissenschaft interdisziplinär, Bd. 10. Stuttgart 2005, S. 23–34.
Ulrich-Bochsler, Susi / Gutscher, Daniel: Wiedererweckung von Totgeburten. Ein Schweizer Wallfahrtszentrum im Blick von Archäologie und Anthropologie. In: Schlumbohm, Jürgen (Hg.): Rituale der Geburt. Eine Kulturgeschichte. München 1998, S. 224–269.
Wiegelmann, Günter: Der „lebende Leichnam" im Volksbrauch. In: Zeitschrift für Volkskunde 62 (1966), S. 161–184.
Wölpert, Horst: Die Toten in der Rechtsordnung und dem Brauchtum Schwabens vornehmlich im Mittelalter. Tübingen 1953.
Wojtucki, Daniel: „Richtstättenarchäologie" in Schlesien und in der Oberlausitz vor 1945. In: Auler, Jost (Hg.): Richtstättenarchäologie. Dormagen 2008, S. 378–388.

Zwischen Mysterium und Banalität: Rillen, Näpfchen, Schabespuren
Offene Fragen zu einem kulturellen Phänomen

Wolfgang Fritzsche

Im folgenden Beitrag wird ein anthropogenes Phänomen angesprochen, das zwar weitläufig bekannt, in seiner Ursache und Ausprägung aber noch weitgehend unerforscht ist — gemeint sind sogenannte Rillen und Schabespuren. Andere Bezeichnungen sind Teufelskrallen, Schwedenhiebe, Wetzrillen, Schabemarken, Schleifspuren, Pest- oder Fieberrillen, Kratzspuren, Riefen, Reibeschälchen, Quirl-, Rund- oder Schabnäpfchen, Ausbohrungen, Seelen- oder Fieberlöcher oder Rundmarken. Viele dieser Namen, die hier nur in einer Auswahl vorgestellt werden, enthalten, wie beispielsweise Schwedenhieb oder Wetzrille, bereits die oder zumindest eine Interpretation für das Zustandekommen dieses Phänomens. Es wird noch gezeigt werden, dass diese einer Überprüfung zumeist nicht standhalten.

Insofern muss der Einleitungssatz konkretisiert werden: Es wird um Spuren gehen, die Menschen offensichtlich bewusst an Gebäuden, Grenzsteinen, Flurkreuzen, Grabsteinen, Mauern oder — wenn auch seltener — im anstehenden Gestein hinterlassen haben. Diese Spuren können völlig unterschiedlich aussehen: Die sogenannten Rillen können — wenn auch selten — mehr als 50 cm lang sein. Sie sind zumeist nur wenige Millimeter breit und auch nur selten tiefer. Sind sie in Mauerwerk eingebracht, so überspringen sie nur selten die Fuge.

Als Schiffchen werden schiff- oder kahnförmige Ausschabungen mit U- oder V-förmigem Querschnitt bezeichnet. Sie variieren sehr stark in der Größe, können 15 bis 20 cm lang und mehrere Zentimeter breit und tief werden. Hiervon gibt es Variationen, beispielsweise in Backsteinmauerwerk, wo sie gelegentlich breiter sind und oft schräg verlaufen, weil sie auch hier die Mauerfugen in aller Regel nicht überspringen. Schließlich gibt es die sogenannten Näpfchen, kreisrunde Eintiefungen mit Durchmessern zwischen zwei und acht cm und einem bis vielleicht drei cm Tiefe. Sie treten sowohl auf Backstein als auch an anderen Gesteinsarten auf.[1]

Während der überwiegende Teil der den Namen beigegebenen Interpretationen für die Gründe dieser Spuren in das Reich der Fabel zu verweisen sind, bestehen derzeit drei populäre Überlegungen, denen im Folgenden nachgegangen werden soll.

---

1 Definition nach: http://u01151612502.user.hosting-agency.de/wetzrillen/index.php/Fakten_und_%C3%9Cberlegungen [10. September 2014].

1. Die Rillen und Schabespuren sind Folgen des Schärfens von Waffen oder Erntegerät.

Schon der Name Wetzrille weist auf diese Interpretation hin, die Bezeichnungen Schwedenhieb oder Bartenrille (Barte=Schneide eines Beiles) geht in die gleiche Richtung: Hier wurden angeblich Waffen oder Werkzeuge geschärft.

Abb. 1: Rille am Portal der Johanniskirche in Kronberg am Taunus

Abbildung 1 zeigt mehrere, 30 bis 40 cm lange, aber nur wenige mm tiefe und breite Rillen am Westportal der Johanniskirche in Kronberg am Taunus. Um durch Wetzen einer Klinge im Sandstein solche Spuren zu hinterlassen, ist diese in einem möglichst steilen Winkel, annähernd 90 Grad, über den Stein zu führen. Dadurch wird die Klinge jedoch stumpf, was nicht im Sinne eines Soldaten sein kann, der mit einer möglichst scharfen Waffe in den Krieg ziehen will. Zum Schärfen einer Klinge wäre dagegen ein flacher Winkel zu wählen, der, je nach Messer oder Waffe, in Regel unter 45 Grad liegt. Wird das Messer in diesem Winkel an eine Fläche eines senkrecht stehenden Steins gehalten, wird das Schärfen schwierig. Einfacher gestaltet es sich bei einer kleinen Fläche, wie beispielsweise einem Schleifstein, oder einer stumpfen Kante. Tatsächlich sind derartige Wetzspuren bekannt.

Abb. 2: Schwarzbachbrücke bei Trebur

Die Schwarzbachbrücke bei Trebur stammt aus dem Jahr 1754 und führt einen Feldweg aus dem Dorf in die Flur. Die örtliche mündliche Überlieferung besagt, dass hier die Sensen auf dem Weg zum Mähen nachgeschliffen wurden. Zudem gibt es in Trebur Zeitzeugen, die sich an diesen Vorgang erinnern. Tatsächlich entspricht die Form dieser Mulden auch dem ihnen zugeschriebenen Arbeitsgang: Sie sind vergleichsweise flach und weit ausgebaucht und verlaufen über die Steinkante, sodass die größtmögliche Wirkung erzielt werden konnte.

2. Rillen und Schabespuren entstanden bei rituellen Handlungen vor allem an sakralen Gebäuden.

Karl Kohlstock schrieb 1932, derartige Rillen seien nicht nur durch „echtes Schleifen", sondern durch symbolisches Schärfen entstanden. So sollen Ritter, bevor sie in die Schlacht zogen, ihre Schwerter durch Ziehen über den Stein quasi „geweiht" haben. Die Rillen am Dom von Goslar sollen, so die örtliche Überlieferung, dadurch entstanden sein, dass die Dachdecker, bevor sie auf das Dach stiegen, Segen erstrichen haben. Beide Aktivitäten seien, so Kohlstock weiter, mit der „stillschweigenden Bitte an den Höchsten um göttlichen Schutz und Beistand" verbunden gewesen.[2]

Zudem kennt und benennt Kohlstock Handel mit Steinstaub, beispielsweise von der Emeritage des Camillus von Lellis oder der Wallfahrtskirche San Loretto bei Ancona. Er geht davon aus, dass dieser zunächst auf Kirchen und Bildstöcke beschränkte Brauch später auch auf Profangebäude übertragen wurde.

3. Rillen und Schabespuren entstanden durch die Gewinnung von Steinstaub zur Herstellung von Arzneimitteln.

Nach Jünemann handelt es sich bei Rillen und Schabespuren um Bearbeitungsspuren zumeist in Sandstein, die durch die Gewinnung von Steinstaub entstanden sind, der wiederum Heilzwecken dienen sollte.[3] Dabei verweist er auf „deutsche Heilbücher aus dem Mittelalter" und zitiert die lateinische Überlieferung „in verbis, herbis et lapidibus magna est virtus", was mit „in Wörtern, Kräutern und Steinen liegt große Wunderkraft" übersetzt werden kann.

In einer späteren Publikation nennt Jünemann sieben Erklärungen, denen er, wenn auch gelegentlich mit Vorbehalt, folgen könne. Rillen und Schabespuren könnten entstanden sein:
1. durch Feuerrad oder Feuerbohrer beim Entzünden des österlichen Feuers am Karsamstag,
2. durch allgemeines Wetzen als ein Wallfahrtsbrauch,
3. als eine Pestfiebermarkierung,
4. als Kratzspuren Aussätziger und anderer Kranker,
5. als Schabezauber für einen Kindersegen,
6. als hinterlassene Spuren bei der Gewinnung von heilkräftigem Steinpulver als Arzneimittel,
7. um das so gewonnene Steinpulver in Verbindung mit Fett als Bindemittel zur Bereitung einer Heilsalbe zu verwenden.

---

2 http://www.suehnekreuz.de/geschichte24.html [10. September 2014].
3 Jünemann 1977, S. 30.

Wobei er den drei letztgenannten den Vorrang gibt.[4] Und tatsächlich gibt es, wenn auch bislang nur wenige, archivalische Belege für die Nutzung von „geheiligtem Steinmaterial" gegen Krankheiten. So wurde am 6. August 1557 ein Hans Hoffermann aus Isserstadt vor das Rügengericht zitiert, weil er Stücke von einem Steinkreuz abgeschlagen und damit Zauberei betrieben habe. Er verteidigte sich mit dem Argument, er habe das Material benötigt, um die Krankheit seiner Schweine zu heilen.[5] 1608 schrieb Friedrich Magnus Graf von Erbach über einen derartigen Brauch an seinen Amtmann zu Michelstadt:

> „Was unsere Underthanen zu Künich vor hochsträfliche Abgötterey und schandtlichen misbrauch des allerheiligsten Namen Gottes mit und bey dem steinern Bildstock, so vor dem Dorff an der straß steht, treiben, in deme sie in der opinion und persuasion (Meinung und Überzeugung; Anm. d. A.) stehen, wann ihnen Pferde oder Viehe krank werden, und sie dieselbige im Namen der heiligen Dreifaltigkeit umb berürten Bildstock herumb füren und dann ein stücklein von demselben herabschlagen, klein stoßen und es dem kranken Viehe eingeben, das es demselben wird zur gesundheit helffe und solle solcher misbrauch und teufelische persuasion schon lange gewehret haben wiewol unser ganz unwissendt".[6]

Infolge dessen erhielt der Amtmann den Auftrag, die Gemeinde am Bildstock zu versammeln, diesen zerschlagen zu lassen und die Stücke in der Mümmling zu versenken.

An anderer Stelle zitiert Jünemann einen Augenzeugen, der noch 1909 beobachtet hatte, wie sein Onkel Staub von einem Steinstück abschabte und einer kranken Kuh ins Auge blies.[7] Abschließend lässt er seine Ausführungen in die These münden:

> „Das volkskundliche Phänomen der Rillen und Näpfchen auf sakralen Denkmalen wird hier gegenüber fast allen früheren, immer wiederholten, teilweise phantastischen und nicht fundierten Deutungsversuchen als ein Brauchtum zur Gewinnung von heilkräftigem Steinpulver als Arzneimittel behandelt."[8]

Auch Peter Assion zielte in diese Richtung, als er über variantenreiche Verfahren schrieb, „die durch Berührung oder Einverleibung überweltlich, aufgeladener Substanzen absolute Heilkraft dem Kranken direkt zuführen wollten" und bezeichnet darunter explizit auch „Abschabsel von Sarkophagen (später auch von Gnadenbildern, Gnadenaltären, Kirchenmauern, Bildstöcken usw)."[9]

---

4   Jünemann 1980, S. 49.
5   Ebd., S. 51.
6   Ebd.
7   Jünemann 1977, S. 30.
8   Jünemann 1980, S. 53.
9   Assion 1976/77, S. 9.

Einen Zwischenweg beschritt Dankward Sieburg. Er hatte Rillen und Schabespuren an sakralen Gebäuden im Blick, als er konstatierte: „Schleifrillen und Näpfchen an sakralen Bauwerken, wie u.a. an der katholischen Kirche in Neustadt, sind als heilkundliche Sandreiben zur Herstellung von Steinpulver anzusprechen."[10]

Die große Zahl entsprechender Befunde stützt scheinbar diese These. So findet sich an der Südseite des 1476 errichteten Chors der Bartholomäuskirche in Pößneck in Thüringen eine Vielzahl zumeist kahnförmiger Schabespuren, von denen Abbildung 3 nur eine Auswahl zeigt.

Abb. 3: Tief in Putz und Strebepfeiler eingebrachte kahnförmige Schabespuren

An der zwischen 1470 und 1530 erbauten Stadtkirche im benachbarten Neustadt/Orla befinden sich ebenfalls mehr als 40 Schabespuren im Eingangsbereich (Abbildung 4).

Abb. 4: Eingangsbereich der Stadtkirche in Neustadt/Orla

---

10 Sieburg 1991, S. 150.

Sehr eindrucksvoll ist auch das Beispiel der zwischen 1476 und 1494 erbauten Marienkirche in Büdingen (Abbildung 5), die ebenfalls an der Südseite des Chors eine Vielzahl an Rillen und Schabespuren aufweist. Hierbei handelt es sich sogar um einen der seltenen Fälle, in denen diese Spuren auch die Mauerfuge durchdringen.

Abb. 5: Strebepfeiler der südlichen Chorwand der Marienkirche in Büdingen

An den Portalen der zwischen 1437 und 1509 erbauten Stadtkirche Sankt Georg in Schmalkalden finden sich eine Vielzahl von Rillen und Schabespuren. Besonders eindrucksvoll sind sie zwischen den Säulen des südlichen Portals.

Als letztes Beispiel für Rillen an Kirchen mag der Dom zu Erfurt dienen. Hierbei handelt es sich um den bislang selten dokumentierten Fall von im Kircheninneren angebrachten Schabespuren. Betritt man den Dom von Norden durch das Triangelportal, so steht nach wenigen Metern links ein Pfeiler, in dessen unterster Steinlage Rillen nachweisbar sind.

Abb. 6: Säule des Hauptportals mit Schabespuren in den Kanneluren an der Stadtkirche St. Georg in Schmalkalden

Abb. 7: Schabespuren im Inneren des Doms zu Erfurt

Die Vielzahl der Belege von Rillen und Schabespuren an Kirchen scheint die These zu bestätigen, sie seien das Resultat der Gewinnung von Steinmehl, dem aufgrund seiner „sakralen Herkunft" besondere Kraft beigemessen wird. Bei genauerer Betrachtung dürfte diese These jedoch das Ergebnis eines methodischen Fehlers sein. Rillen und Schabespuren befinden sich nämlich auch und in großer Zahl außerhalb von sakralen Gebäuden. Dort werden sie allerdings zumeist nicht systematisch gesucht.

Abb. 8: Wandfragment der ehemaligen Synagoge zu Halberstadt

Allein auf einem kleinen Mauerstück im Zugang zur ehemaligen Synagoge in Halberstadt sind rund 60 zumeist schiffchen- oder kahnförmige Schabespuren auffindbar. Einige weitere befinden sich im Inneren der heute als Gedenkstätte dienenden Ruine. Zudem finden sich sowohl Rillen als auch Schabespuren an vielen profanen Gebäuden.

Abb. 9: Rillen im Türgewände zum Kavaliersbau von Schloss Wartenstein

Schloss Wartenstein liegt wenig nördlich von Kirn, Rheinland-Pfalz. Das genaue Baujahr des Kavaliershauses ist unbekannt, wird aber anhand architektonischer Details in den letzten Dekaden des 18. Jahrhunderts vermutet. Hier findet sich eine Rille im linken Gewände des etwas erhöht gelegenen Haupteingangs (Abbildung 9). Auch im zwischen 1580 und 1890 erbauten Hochzeitshaus in Fritzlar begegnen wir diesen Rillen. Dort am wahrscheinlich deutlich jüngeren Torbogen, durch den das Grundstück zu betreten ist und zwar auf der rechten, der östlichen Seite.

Abb. 10: Rillen im Torbogen vor dem Hochzeitshaus in Fritzlar

Eine Mischung von Rillen, kahnförmigen Schabespuren und Näpfchen findet sich an der vierschiffigen Halle aus dem ausgehenden 14. Jahrhundert des Rathauses zu Jena (Abbildung 11).

Abb. 11: Rillen, kahnförmige Schabespuren und Näpfchen am historischen Rathaus Jena

Als letztes Beispiel soll das Haus Magdalenenstraße 71 in Gernsheim dienen. Sein Torbogen mit den Rillen datiert inschriftlich in das Jahr 1500 und trägt zusätzlich ein 1711 datierendes Familienwappen. Hier stellen sich mehrere, vergleichsweise kurze Rillen dar (Abbildung 12).

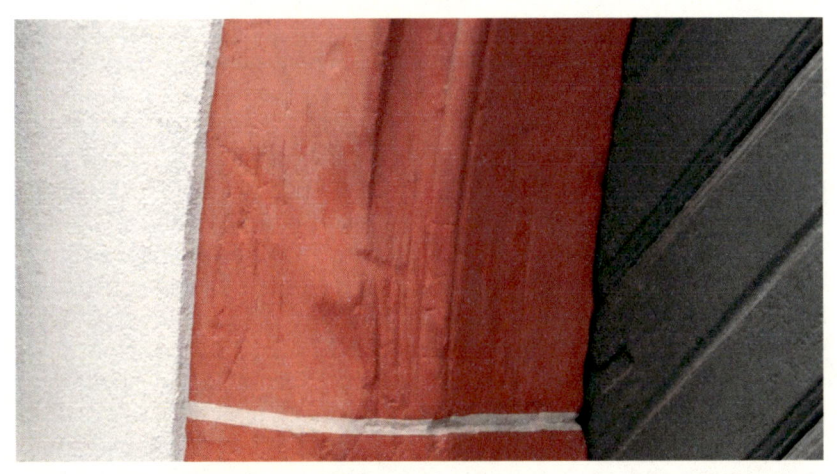

Abb. 12: Teil des Torbogens Gernsheim, Magdalenenstraße 71, mit Rillen

Schon diese kleine Auswahl an Beispielen von Rillen und Schabespuren aus der Sammlung des Verfassers zeigt, dass sich das Phänomen keineswegs auf Sakralgebäude beschränkt.

Die derzeit wohl umfangreichste Sammlung an Funden und Befunden findet sich auf der Seite www.rillen-und-naepfchen.de.

Hier trägt eine Vielzahl von Personen ihre gemachten Funde zusammen und publiziert sie zumeist mit dem Fundzusammenhang. Was allerdings von ganz wenigen Ausnahmen abgesehen fehlt, ist eine systematische Begehung von ganzen Ortschaften.

Eine dieser Ausnahmen, die vor allem die Region um Seßlach in Oberfranken erfasste, wurde bereits 1981 von Armin Leistner publiziert.[11] Hier wird sehr deutlich gezeigt, dass der Vielzahl an Befunden an Sakralgebäuden eine offensichtlich nicht minder große Zahl an Funden an Profangebäuden gegenüber stehen.

Zu einem ähnlichen Ergebnis kommt Rainer Scherb mit seiner noch nicht vollständig abgeschlossenen Erhebung im nördlichen Mittelhessen. Scherb weist deutlich nach, dass Rillen und Schabespuren keineswegs nur an städtischen Profangebäuden zu finden sind, sondern sie beispielsweise auch an landwirtschaftlichen Nebengebäuden in Frankenau-Dainrode oder an einem dörflichen Backhaus von etwa 1890 in Borken-Kerstenhausen auftreten können.

Eine erste Fundverteilung aufgrund von 1.544 Erfassungen ergab, dass 57% der Funde an sakralen und 43% an profanen Bauwerken gemacht wurden.[12] Da aber die meisten Personen, die diese Funde zusammen tragen, gezielt an Kirchen und sakralen Bauwerken suchen und eine systematische Erhebung einer gesamten Ortschaft zumeist unterbleibt, dürfte der tatsächliche Anteil an profanen Gebäuden höher liegen, vielleicht sogar den der sakralen überschreiten.

Eine weitere Beobachtung kommt hinzu: Rillen und Schabespuren verstecken sich nicht! Sie liegen zumeist an den Außenseiten von Gebäuden an Stellen, die — auch unter Berücksichtigung historischer Bauveränderungen — leicht und annähernd jederzeit für die Öffentlichkeit einsehbar waren und sind. Diese Beobachtung gilt nach derzeitigem Kenntnisstand sowohl für sakrale, als auch für profane Gebäude.

Des Weiteren weisen viele Fundstellen eine Vielzahl oft großer und tiefer Schabespuren auf. Selbst wenn sie in vergleichsweise weichen Sandstein eingebracht wurden, so wird es eine Zeit lang gedauert haben, sie einzutiefen. Betrachtet man sich die Stellen, an denen 20, 30, 40 oder mehr Rillen und Schabespuren nebeneinander zu sehen sind, stellt sich die Frage, wie lange es gedauert haben mag, sie einzuarbeiten. Selbst wenn der Gedanke zugrunde gelegt wird, dass nicht die Rille das Ziel der Aktion war, sondern die Gewinnung von Steinmehl, und dass davon zumeist schon eine kleine Portion ausreichte, so ist es kaum vorstellbar, dass es dafür keine Zeugen gab oder gibt.

Gerade die Tatsache, dass Rillen und Schabespuren massenhaft existieren und zudem quasi öffentlich angefertigt wurden, lässt verwundern, warum keine bislang bekannt geworden Schilderungen

---

11 Leistner 1981, S. 145-180.
12 Scherb 2013, S. 113.

dazu oder darüber vorliegen, warum sie literarisch offensichtlich nicht verarbeitet und kirchenrechtlich oder weltlich nicht sanktioniert wurden. Schließlich handelt es sich bei dem Anbringen derartiger Spuren zumindest nach unserem heutigen Verständnis um Sachbeschädigung.

Auch in Märchen, Legenden, Geschichten oder im „kollektiven Gedächtnis" der mündlichen Überlieferung scheint es keinen Hinweis auf dieses Phänomen zu geben. Daran ändert auch die zumeist von StadtführerInnen geäußerte Behauptung, hier hätten Ritter oder Soldaten ihre Waffen geschärft, nichts.

Eben weil derzeit keine historische Überlieferung bekannt ist, wurde in der Ausgabe 14/1 der Archivnachrichten aus Hessen ein Aufruf veröffentlicht, Hinweise auf Archivalien zu geben, die diese Spuren nennen oder auf sie eingehen.[13]

Schwierig ist deswegen auch eine zeitliche Eingrenzung des Phänomens. Eine exakte Datierung ist bislang nicht möglich. Einzig ein Datum ante-quem kann angegeben werden, weil die Spuren in den seltensten Fällen älter sein können, als das Gebäude, das sie trägt. Hierbei muss aber auch die Frage berücksichtigt werden, ob es sich bei dem jeweiligen Bauteil um eine Spolie oder eine Zweitverwendung handelt. Einige Beispiele weisen darauf hin, dass derartige Spuren auch noch im 20. Jahrhundert eingebracht wurden. Dazu gehört das 1922 eingeweihte Handwerkerdenkmal in Bayreuth, Kulmbacher Straße, das in seinem Sockel mehrere schiffchenförmige Ausschabungen trägt oder der Grabstein des 1812 verstorbenen Prof. Christian Gottlob Heyne auf dem Friedhof unweit des Weendertores in Göttingen, dessen Schabespuren in der Literatur in die Zeit zwischen 1940 und 1955 datiert werden.[14]

Noch ein weiterer Aspekt erscheint wichtig: Von den beiden genannten Ausnahmen abgesehen, fehlt eine systematische Erhebung der Fundstellen in einzelnen Ortschaften oder gar ganzen Regionen. Die überwiegende Sammlungstätigkeit auch des Verfassers beläuft sich auf Zufallsfunde oder gezielte Suche an Kirchen, Rathäusern und gelegentlich Wehranlagen. Um wenigstens diese Funde zu systematisieren wurde 2013 ein Fragebogen entwickelt, der auf der erwähnten Webseite zum Download bereit steht.

Was aber ebenfalls nach wie vor ein Desiderat ist, ist eine wissenschaftliche Auswertung der Funde. Die überwiegende Mehrzahl der Befunde wurden von zumeist sehr ambitionierten Laien zusammen getragen. Sie harren einer systematischen wissenschaftlichen Auswertung, die in der Lage ist, Analogien ebenso aufzuzeigen, wie Zäsuren oder Brüche und dabei den Rahmen einer Master- oder Diplomarbeit zunächst nicht zu überschreiten braucht.

---

13 Scherb 2014, S. 77.
14 Jüneman 1977, S. 29.

Die im Anschluss an den im Rahmen der Tagung gehaltenen Vortrag gemachten Anmerkungen und Beiträge gaben teilweise wichtige Hinweise auf mögliche weitere Forschungsansätze.

So wurde vorgeschlagen, sich nicht so sehr an der Frage aufzuhalten, wer, wann und warum diese Spuren hinterlassen hat, sondern vielmehr der Frage nachzugehen, wie sie heute rezipiert werden. Tatsächlich sind es vor allem StadtführerInnen, die ihre Gäste auf Rillen und Schabespuren hinweisen. So interessant es sein mag, deren Intention möglicher Interpretationen nachzugehen, so spannend bleibt doch auch die Frage nach den historischen Ursachen und Zusammenhängen.

Ebenso interessant und richtig ist der Hinweis, dass bei der Forschung nach der Motivation, Rillen und Schabespuren in Steinen zu hinterlassen, nicht zwangsläufig von einer monokausalen Begründung ausgegangen werden sollte. So seien beispielsweise mögliche regionale Unterschiede ebenso zu berücksichtigen, wie solche der Formen, des Trägermaterials oder des Herstellers. Diese Frage lässt sich problemlos erweitern: Was sollte mit den Rillen und Schabespuren erreicht werden? Stand das Werkzeug im Mittelpunkt des Interesses, mit dem geschabt wurde? War das Schaben selbst Motiv der Handlung? Wollte man Rillen und Schabespuren erzeugen? Wollte man Steinmehl erlangen?

Gerade in diesem Zusammenhang ließ ein weiterer Hinweis aufhorchen. So wird in Rezeptbüchern der Wesermarsch aus der Mitte des 18. Jahrhunderts, die sich gegen das Verzaubern von Milch und Butter wenden, „Abschabsel" als Ingredienz genannt. Sie sollte von Türen, vor allem Küchentüren, aber auch Feuerfängen genommen werden.

Ob sich die manchmal überaus große Zahl an Rissen und Schabespuren durch den Einsatz von Steinstaub als Zauber- und/oder Heilmittel erklären lässt, bedarf ebenfalls einer systematischen Auswertung derartige Rezept- oder Zauberbücher.

Quellen- und Literaturverzeichnis

Internetquellen

Kohlstock, Karl: Wetzzeichen an Kirchen, Grabsteinen, Kreuzen und Profanbauten in Thüringen. In: Zeitschrift des Vereins für Thüringische Geschichte und Altertumskunde NF 30 (1933). Online unter: http://www.suehnekreuz.de/geschichte24.html [10. September 2014].
Kulgemeyer, Juliane: Kirchenstaub heilt Wunden. Die Verwendung von Steinmehl bis in die heutige Zeit. Onlineveröffentlichung www.propstei-johannesberg.de/Kulgemeyer_Kirchenstaub_heilt_Wunden_Vortrag_17_09_2013.pdf [10. September 2014].
http://u01151612502.user.hosting-agency.de/wetzrillen/index.php/Fakten_und_%C3%9Cberlegungen [10. September 2014].

Literatur

Assion, Peter: Geistliche und weltliche Heilkunst in Konkurrenz. Zur Interpretation der Heilslehren in der älteren Medizin- und Mirakelliteratur. In: Bayerisches Jahrbuch für Volkskunde 1976/77, S. 7–23.
Cappel, Hans: Wetzrillen und andere rätselhafte Spuren unter besonderer Berücksichtigung saarpfälzischer Betreffe. In: Saarpfalz. Blätter für Geschichte und Volkskunde 2007, S. 40–51.
Jünemann, Joachim: Rillen und Näpfchen auf sakralen Denkmalen. Nachlese. In: Beiträge zur Geschichte der Pharmazie 31 (1980), Nr. 7, S. 49–54.
Ders.: Rillen und Näpfchen auf sakralen Denkmalen. Steinpulver als Arzneimittel. In: Beiträge zur Geschichte der Pharmazie 29 (1977), Nr. 4, S. 25–31.
Leistner, Armin: Die Wetzrillen und Rundnäpfchen an sakralen und profanen Bauwerken des Coburger Landes. In: Jahrbuch der Coburger Stiftung 26 (1981), S. 145–180.
Scherb, Rainer: Rillen und Näpfchen an historischen Gebäuden an Beispielen der Schwalm. In: Schwälmer Jahrbuch 2013, S. 108–117.
Ders.: Rillen und Näpfchen: Suche nach archivalischen Quellen. In: Archivnachrichten aus Hessen, Heft 14/1 (2014), S. 77.
Sieburg, Dankward: Ausgedienter Steinstaub diente als Heilmittel. In: Jahrbuch des Landkreises Marburg-Biedenkof (1991), S. 141–150.

Gott – Körper – Kult – Reform.
Fernöstliche Spiritualität und kritische Rationalisierungen

Constance Hartung

Gott – Körper – Kult – Reform als Leitbegriffe in den Antworten auf Säkularisierungsprozesse?

Ein Blick auf öffentliche Inszenierung und Präsentation zeigt: Was lange Zeit als esoterisch und Thema exaltierter wissenschaftlicher Beschäftigung galt, ist heute zum Allgemeingut geworden. Ganz selbstverständlich sind bestimmte Haltungen bzw. Körperwahrnehmungen, die ihren Ursprung und ihre Bedeutung in indischer Kultur und Religiosität haben, in unsere Lebenswirklichkeit eingeflossen. Vier Beispiele seien hierfür angeführt:

1. In Managerschulungen werden sie trainiert, Stars der Unterhaltungswelt wie Madonna, Wirtschaftsgrößen wie Bill Gates vertrauen auf ihre positive Wirkung: Mudras und Gesten, in denen Hände, Finger in bestimmter Weise konzentriert und geordnet werden. Selbst die Bundeskanzlerin als christliche Politikerin zeigt sich mit einer solchen Geste, der Hakini-Mudra, ohne dass dem Betrachter bewusst ist, wo der Ursprung der Mudras liegt.[1]
2. Mitte Februar 2014 versammelte sich eine Gruppe von Männer und Frauen in San Francisco. Ihr Ziel war die Konferenz „Wisdom 2.0", auf der sie sich gänzlich anders als in ihrem Alltag präsentierten: Statt Anzügen, Hemden und Kostümen trugen sie legere Kleidung, meditierten, tanzten und konzentrierten sich auf Yoga-Übungen. Thema der Konferenz war eine neue Unternehmenskultur, „die Technologie und Geschäft mit einer Art von Religiosität zu verknüpfen sucht."[2] Die Hauptvertreter dieser Bewegung, deren besonderes Augenmerk auf der „Achtsamkeit" liegt, sind in den für ihre hochbeschleunigte Arbeitsweise bekannten Firmen im Silicon Valley und der Bay Area, in Unternehmen wie Facebook, Google und Co. zu finden.
3. „Search inside yourself"[3] unter diesem Titel läuft seit 2007 ein firmeninternes Meditationsprogramm bei Google. Das Search Inside Yourself program (SIY) ist ein von Google entwickelter zweitägiger Kurs, der über die Rotman School of Management der University

---

1 Vgl. Foto auf http://www.spiegel.de/politik/deutschland/jakob-augstein-was-angela-merkel-jetzt-machen-muss-a-840717.html [7. Januar 2015].
2 Mrozek / Probst 2014.
3 Vgl. https://siyli.org [7. Januar 2015].

of Toronto[4] angeboten wird. Das Trainingsprogramm „Suche in dir selbst" nutzen mehr als 1000 Google-Mitarbeiter. Die Wartelisten sind voll.
4. Längst haben Krankenkassen Yoga für sich entdeckt und bieten immer häufiger auch selbst Kurse an. Yoga ist zu einem integralen Bestandteil medizinischer Vorsorge geworden, finanziert und propagiert in seinen verschiedenen Facetten.[5]

Wäre das vor 40 Jahren so öffentlich möglich gewesen? Wie reagierte die bundesdeutsche Öffentlichkeit in den 1970er und 1980er Jahren auf die Präsenz fernöstlicher Lebenshaltungen und -techniken? Damals galten Männer und Frauen, die Yoga praktizierten, als exotisch, wurden gar in eine Reihe mit Anhängern neuer Religionen gestellt, die sogenannte Sektenbeauftragte „Jugendreligionen"[6] oder „destruktive Kulte"[7] nannten.

Die Diskussion kann und soll hier nicht im Detail nachgezeichnet werden. Allerdings zeigt ein Blick auf damalige Titelblätter, dass vor sogenannten „Sekten" durchaus gewarnt wurde. Man konnte gar nicht genug Schreckensbilder malen: von „Poona – Orgie oder Offenbarung" bis zu den „Geschäfte(n) der Bhagwan-Sekte" war alles vertreten.[8]

Vom verfemten Nischendasein zu einer modischen Art, seinen Körper zu formen, gesund zu halten und zu einer spirituellen oder Geistes-Haltung jenseits verbindlicher Zugehörigkeit zu einer institutionalisierten Religion — wo sind die Anfänge dieser Entwicklung in säkularer Zeit zu finden?

Im Folgenden soll eine Erklärung dieser Anfänge versucht werden, die mit den vier im Titel gewählten Stichworten, Gott – Körper – Kult – Reform, arbeitet. Sie stehen als mögliche Leitbegriffe für die Beschreibung einer Entwicklung im Deutschland des 19. und beginnenden 20. Jahrhunderts, die Antworten auf Säkularisierungsprozesse gibt. Diese Entwicklung kann bis in die Gegenwart weiter verfolgt werden, die ähnliche Phänomene aufweist.

Zu den vier Stichworten, die die Fragestellung fokussieren, stelle ich zunächst ein paar Gegensatzpaare auf. Diese beanspruchen nicht Vollständigkeit, sondern sollen in der Analyse etwas provozieren:

---

4   Vgl. http://www.rotman.utoronto.ca/ProfessionalDevelopment/Executive-Programs/CoursesWorkshops/Programs/SIYLI.aspx [7. Januar 2015].
5   Vgl. z.B. https://www.aok.de/hessen/leistungen-service/gesundheitskurse-hatha-yoga-165170.php; http://www.mhplus-krankenkasse.de/yoga.html; http://www.dak.de/dak/leistungen/Yoga-1098268.html [7. Januar 2015].
6   Begriff vor allem geprägt von einigen „Sektenbeauftragten" der Landeskirchen. Vgl. z.B. Haack 1979.
7   Vgl. Obst 1984.
8   Titel der Spiegelausgaben von 10/1981 bzw. 6/1984. Vgl. http://www.spiegel.de/spiegel/print [7. Januar 2015].

Gott – als Begriff in Bezug auf Transzendenz und als philosophische Größe oder als ganz persönliche Antwort auf Kontingenzerfahrungen.
Körper – als geschenkte, geschaffene Stofflichkeit und Hülle der Seele oder als Objekt, „das es zu bearbeiten und zu optimieren gilt."[9]
Kult – im Sinne eines Kultus (von lateinisch cultus deorum) bzw. einer Herrschaftsrepräsentation oder als Selbstinszenierung und Suche nach neuen Feldern der „Feier des Selbst".
Reform – als die bewusst, gewollt und gewaltlos herbeigeführte Veränderung von sozialen Verhältnissen oder als Strategie der Optimierung des Selbst.

Säkularisierung oder Entkirchlichung: Von was reden wir eigentlich?

Die Debatte um die Säkularisierung[10] der modernen Gesellschaften wird in den Geisteswissenschaften schon seit Jahrzehnten intensiv geführt. Säkularisierung ist ein umfassender Prozess. Neben den rechtlichen und philosophischen Verwendungsweisen des Begriffes steht die sozialwissenschaftliche Verwendung. Hier folge ich der Differenzierung von José Casanova[11]: Er unterscheidet erstens die abnehmende Bedeutung von Religion bzw. religiöser Überzeugungen und Verhaltensformen, zweitens den Rückzug der Religion in die Privatsphäre und drittens die Ablösung gesellschaftlicher, d.h. weltlicher Bereiche von direkter religiöser Normierung.

Mit diesen drei Punkten sind unterschiedliche Prozesse verbunden, die strukturell nicht zwingend zueinander gehören.

Alle diese Prozesse sind im 19. Jahrhundert sehr deutlich wahrzunehmen. Parallel dazu entstand der Bereich einer säkularen Religions- und Glaubensgeschichte,[12] unter den verschiedene Strömungen und Daseinsauffassungen der Moderne gefasst werden können. Gemeinsam ist diesen Strömungen, dass sie als leitende Kulturideen Erlösungshoffnungen und Heilsziele von Menschen in bestimmten gesellschaftlichen Konstellationen formulierten.

---

9   So die britische Psychoanalytikerin Susie Orbach in ihrem Buch „Bodies. Schlachtfelder der Schönheit", in der sie die Philosophie des „body enhancement" beschreibt. Orbach 2012, S. 9.
10 Die Literatur zu dieser Thematik ist sehr umfassend und kann hier nur ausschnitthaft benannt werden. Z.B. Pollack 2003; Graf 2004; Knoblauch 2009. Im religionswissenschaftlichen Bereich z.B. Joas / Wiegandt 2007; Führding / Antes 2013.
11 Vgl. Casanova 1994; ders. 1996.
12 Vgl. z.B. Tenbruck 1976, S. 6 im Anschluss an Eric Voegelin 1996 (1939) und dessen Begriff der politischen Religion. Ausführlich dazu Küenzlen 1997.

Prägend für die Religionsgeschichte Deutschlands im 19. Jahrhundert war eine Entkirchlichung des religiösen Lebens. Die traditionelle Verbindung weltlicher und geistlicher Macht war aufgehoben. Diese Entwicklung hatte im 18. Jahrhundert eingesetzt und wurde durch die Regelungen des Code Civil (u.a. Zivilehe, staatliches Schulwesen bzw. Schulpflicht), die Säkularisation, die Regelungen des Wiener Kongresses und durch die Industrialisierung verstärkt. Der Prozess war zudem auch durch eine verstärkte Urbanisierung, zunehmende Spezialisierung, Technisierung, Professionalisierung und Bürokratisierung gekennzeichnet. Immer stärker fielen religiöse und soziale bzw. gesellschaftliche Lebenswelten auseinander. Der einzelne Mensch hatte sich nun ganz unterschiedlichen Identifikationsgruppen zuzuordnen: als Arbeiter, als Bewohner einer Großstadt, als Glied einer Gemeinde. Nach der Auflösung des Ineinanders von kirchlicher Religion, gesellschaftlicher Moral und staatlichem Handeln, erwuchsen im Zeichen eines weltanschaulich-normativen Pluralismus neue Verbindlichkeiten.

Im Bürgertum wie in den Bildungsschichten fasste eine „außerkirchliche Religiosität"[13] Fuß und es entstanden religiöse Protestbewegungen. Diese „vagierende Religiosität"[14] bildete eine Antwort auf Krisen der Zeit, auf Verunsicherungen durch Modernisierungsprozesse und auf die Zweifel an der hergebrachten Religion.

Den christlichen Kirchen gelang es nicht, die Arbeiterschaft im weiten Maße für sich zu gewinnen. Das Erste Vatikanische Konzil und der Kulturkampf auf katholischer Seite bzw. die lange gemeinsame Zeit von „Thron und Altar" und der Kulturprotestantismus auf protestantischer Seite haben die wachsende Distanz zur Kirche zusätzlich verstärkt. Mit Artikel 137 der Weimarer Reichsverfassung wurde schließlich festgelegt, dass es keine Staatskirche geben sollte. Diese Entwicklungen und Zeiten elementarer Kultur- und Sinnkrisen beförderten die Konjunktur von „Sinnstiftern" und Formulierern neuer spiritueller Deutungsmuster. Was zuvor Halt und Sinn versprach, überzeugte nicht mehr — die Zeit neuer Propheten war gekommen.[15]

Die Jahrhundertwende war also einerseits von einem entschiedenen Fortschrittswillen geprägt, der sich in verstärkter Industrialisierung

---

13 Nipperdey 1983, S. 521; Pöhlmann 1998, S. 39.
14 Nipperdey 1988, S. 124.
15 Thomas Nipperdey formuliert dazu in seiner Analyse der Religiosität um 1900: „Neben diesen säkularen Transzendenzen und Quasi-Religionen gibt es seit der Jahrhundertwende besonders auffällig, eine außerkirchliche Religiosität, jedenfalls im bürgerlichen Milieu: keine Religion eigentlich, aber eine religiöse Gestimmtheit. Ich nenne das: ‚vagierende' Religiosität. Es gibt offenbar ein Bedürfnis nach Religiosität'. [...] Säkulare Religiosität tritt neben den pausbäckigen Atheismus und den resignativen Agnostizismus und die Formen des praktischen säkularen Glaubens. Und, typisch für all die Aufbrüche um 1900, diese Tendenzen, gerichtet gegen etablierte Religion oder Nicht-Religion, reichen von links bis rechts, manchmal auch wunderlich gemischt." Ebd.

und erhöhtem Interesse an Wissenschaft deutlich zeigte. Andererseits entstand das Bedürfnis, auf die Probleme verstärkter Industrialisierung und auf Fragen, die auch die Wissenschaft nicht beantworten konnte, zu antworten. In diesem Spannungsfeld bewegten sich verschiedene geistige Strömungen, die ihre Konzepte ganz unterschiedlich verordneten.

Lässt sich nun aber etwas finden, mit dem all diese Konzepte in einen gemeinsamen Kontext gestellt werden können? Was steht als Ziel am Ende all der Versuche, den Menschen in ein Gleichgewicht von Geschichte, Wissenschaft und Politik zu bringen? Wie muss der Mensch sein, der den Anforderungen durch Wissenschaft und Technik genügt und sich selbst dort gestaltend in seine Aufgabe findet?

Die Suche nach dem „Neuen Menschen": Reformziel oder spirituelle Neuwerdung?

In zahlreichen politischen, religiösen und künstlerischen Konzepten des späten 19. und frühen 20. Jahrhunderts taucht die Chiffre vom „Neuen Menschen" auf.[16] Besonders in den verschiedensten Strömungen der säkularen Religionsgeschichte wurde die Gestaltung des Neuen Menschen zum folgenreichsten und zugleich wirkungsmächtigsten Heilsziel. Diese Vorstellung hat eine ihrer Wurzeln in der christlichen Religionsgeschichte: Im christlichen Verständnis ist der neue Mensch eine Schöpfung Gottes. Er ist „neu" (καινός) und legt den alten Menschen ab. (Kolosser 3,8-10 / Epheser 4,23-24). Allerdings ist das Neuwerden des Menschen nicht die Folge des autonomen Wirkens des Menschen, sondern bleibt Gnade Gottes. Das Neuwerden ist für den Glaubenden in Christus erkennbar und erfahrbar. Es handelt sich hierbei letztlich um eine fortschreitende Heiligung bzw. geistliche Vervollkommnung. Der Neue Mensch ist somit nicht das Ergebnis des Schaffensprozesses des Menschen, sondern ein verheißenes Geschenk. Dabei bleibt stets ein „eschatologischer Vorbehalt" und somit nicht notwendigerweise eine Verwirklichung in der Gegenwart. Bei der Beschreibung des Neuen Menschen in der Moderne bzw. in der säkularen Religionsgeschichte hingegen ging es letztlich um die Realisation im Hier und Jetzt. Der Neue Mensch galt als ein konkretes irdisches Wesen und er ist – zumindest in den meisten Richtungen – durch gesellschaftliches Handeln herstellbar. Dieses neue Wesen lebt in Gemeinschaft neuer

---

16 Exemplarisch seien genannt: In der Literatur z.B. Johannes R. Becher „Der neue Mensch" (Becher 1919) bzw. die Literatur der Expressionisten und ihre Rezeption des neuen Menschen. In der Kunst z.B. Otto Freundlichs Skulptur „Der neue Mensch" aus dem Jahr 1912, die von den Nationalsozialisten 1937 als Titelbild des Ausstellungshefts „Entartete Kunst" gezeigt wurde. Dazu auch: Lepp / Roth / Vogel 1999.

Menschen. Die Hoffnung auf das Neuwerden gilt also für die ganze Menschheit, d.h. ist ganz konkret eine kollektive Vorstellung.[17]

Es können zwei zentrale Kennzeichen für Bewegungen, die sich als Ziel die Gestaltung des Neuen Menschen gesetzt hatten, benannt werden. Es ist zum einen die Entdeckung der Natur, zum anderen die Gestaltung des Körpers.

Mit der Romantik veränderte sich der Blick für die Umwelt: Vom Panorama – dem „Alles sehen" – wird er zum Belvedere – der „schönen Aussicht". Der Blick in die Ferne, in die Natur wandelte sich zu einer bewussten Auseinandersetzung mit der Schönheit der Natur. Und genau da setzten die Überlegungen zur Neugestaltung im 19. Jahrhundert an. Die Natur wurde zur Heilskategorie, wurde zu dem Ort, an dem das wahre Wesen des Menschen sich finden und überhaupt erst bilden kann. Der Weg in die Natur war damit ein Weg der Heilwerdung des Menschen.

Eine der Krankheiten, die man dem Leben in der Stadt, der Enge und der zunehmenden beschleunigten Industriegesellschaft zuordnete, war die Neurasthenie.[18] Sie entwickelte sich im ausgehenden 19. und beginnenden 20. Jahrhundert zur Modekrankheit. Schnelllebigkeit und Hektik sollten als Faktoren ausgeschaltet werden. Das Mittel zur Heilung war das Leben und Bewegen in der Natur.

Deshalb war der Neue Mensch eben nicht der Bürgerliche, nicht der Mensch, der eingeordnet in das vorhandene System unter den existenten urbanen Bedingungen lebte. Er war der Mensch, der sich aus diesen vorgegebenen Strukturen befreien konnte. Ein Beispiel ist die Wandervogelbewegung, die ihren Anfang in den Schülerwanderungen an einem Gymnasium in Berlin-Steglitz nahm. Erklärtes Ziel solcher Bewegungen war es, den Einklang und Gleichklang mit der Natur herzustellen. Das bedeutete zugleich aber eben auch ein neues Verständnis von der Körperlichkeit des Menschen. Dass freie Seelen und freie Körper zusammengehören, wurde deshalb zu einem Grundsatz und der Neue Mensch zeigte sich deshalb „auch in seiner neu gefundenen Körperlichkeit."[19] Die Reformbewegungen in der Wende zum 20. Jahrhundert waren eine Reaktion auf die Leibfeindschaft des Bürgertums, das für die Frauen das Korsett und für beide Geschlechter konventionelle Regeln propagierte. Während die ältere Turnbewegung „der Repräsentant der traditionellen bürgerlichen Gruppen"[20] war, wirkten Freikörperkultur, Nudismus, Tanz und Sportbegeisterung wie ein Freiheitsschlag für den Körper, der sich nun offen zeigen, freier bewegen und vielfältiger ausdrücken durfte. Und noch deutlicher wird die Begründung der Hinwendung zur Bil-

---

17 Vgl. Küenzlen 1997, S. 57.
18 Vgl. Radkau 1998.
19 Küenzlen 1997, S. 164.
20 Wedemeyer-Kolwe 2004, S. 19.

dung des Körpers in den Worten des Reformpädagogen Ludwig Gurlitt (1855–1931):

> „Die deutsche Bildung mit all ihren Verirrungen wird verständlich, wenn man sie als Produkt eines körperlich vernachlässigten Volkes ansieht. [...] Es fehlt uns an Muskel- und Nervenkraft. Unser Blut ist verdickt, unser Kopf benommen, unsere Augen sind trübe. [...] Mit Kartoffel- und Bierbäuchen ist eine wahre Kultur unvereinbar. Ich lasse mir auch nicht gern ästhetische und moralische Vorträge von einem Lehrer halten, der grüne Zähne und schmutzige Nägel und ein Gesicht voller Pickel und Mitesser hat."[21]

Der Körper bildete ein Gestaltungsfeld, so dass der lebensreformerische Körper- und Gesundheitskult bereits religiöse Züge bzw. „deutliche Elemente einer hygienisch-diätetischen Selbsterlösungs-Religion" aufwies. Dabei ging es allerdings weniger um das ewige, sondern um das verlängerte bzw. „gesündere" Leben.[22]

Beides, Naturerlebnis und Körperkultur, forderten Reformen der Lebensführung. Lebensreform – das hieß eine tiefgreifende Umstellung der Lebensweise. Das Panorama der Anhänger und Vertreter war denn auch entsprechend groß: „Vegetarier, Antialkoholiker, Naturheiler, Naturschützer, Wandervögel, Reformpädagogen, Propheten der freien Liebe, der Nacktkultur, der Reformkleidung, des Jugendstils, der östlichen Weisheit, der naturnahen Lebensgemeinschaft fern der Städte"[23] trafen in dieser Bewegung zusammen.

Die zentralen Ordnungskategorien[24] für Leibesübungen, Ernährung und Lebensgestaltung waren Rhythmus, Reinkarnation, Licht und Luft, Kraft und Schönheit und Heilung. Heilwerden im neuzeitlichen Sinne, und das ist diesen Bewegungen gemeinsam, geschah durch das Tun des Menschen. Einer Gottesvorstellung im Sinne eines Gottes, der die Heilung schenkt, bedurfte es in diesen Konzepten eher weniger. Dennoch galt es als erwiesen, dass letztlich Körper und Seele in Gleichklang zu bringen seien. Somit blieb immer auch Spiritualität im spezifisch religiösen Sinn, d.h. die Vorstellung einer geistigen Verbindung zum Transzendenten, ein Thema. Nur griff man hierbei eben nicht mehr nur auf die christlichen Angebote zurück.

Gegen Ende des 19. Jahrhunderts wurden die ersten Reformhäuser gegründet, in denen Produkte für die Anwendung von Naturheilverfahren, vegetarische Lebensmittel und Körperpflegemittel angeboten

---

21 Zit. nach Radkau 2013, S. 18.
22 Vgl. Linse 2007.
23 Radkau 2013, S. 17.
24 Vgl. Wedemeyer-Kolwe 2004, S. 23.

wurden.²⁵ Das im Herbst 1900 von Lebensreformern, unter anderem den Brüdern Gustav Arthur (1879–1958) und Karl Gräser (1875–1920), gegründete Körperkultursanatorium Monte Verità in Ascona avancierte zu einem „Sammelbecken der ‚alternativen' Bewegungen der Jahrhundertwende."²⁶ Als Vorbild fungierte die vegetarische Lebensgemeinschaft und Landkommune des Malers Karl Wilhelm Diefenbach auf dem Himmelhof bei Wien (1897–1899). Schon die Liste der Gäste des Monte Verità macht deutlich, auf welche inhaltliche Richtungen das Konzept hinaus lief: Hier verbanden sich Gegenmodelle zur wilhelminischen Gesellschaft, Urlaubs- und Kunstschaffenszeiten und Lebensstrategien in der sich beschleunigenden Moderne. Was zunächst für eine größere Gesellschaft gedacht war, wurde mehr und mehr zu einer elitären Gemeinschaft. Es war ein Treffpunkt für Künstler verschiedener Genres, für Vegetarier, Anarchisten, Lebensreformer, Pazifisten, Theosophen und für Gründer verschiedener kleiner geistiger Bewegungen sowie für Vorkämpferinnen der Frauenemanzipation.

Viele dieser Bestrebungen, den Körper zu gestalten und gesund zu halten, mündeten in der Gründung von Schulen für Körperkultur. Beispiele aus den ersten drei Jahrzehnten des 20. Jahrhunderts zeigen deutlich, wie unterschiedlich die ideologische Ausrichtung solcher sportiver Zentren sein konnte:

Im Jahre 1901 eröffnete die „Trainierschule für Körperkultur" des Kraftsportlers und Buddhisten Theodor Siebert in Alsleben an der Saale, 1908 die völkische Freikörperkultur-Loge für Aufsteigendes Leben, 1910 (1911) die Dalcroze-Rhythmusschule in Dresden-Hellerau, 1919 die Frauengymnastiksiedlung Schwarzerden in der Rhön, 1913 bis 1919 die Sommerkurse und die Bewegungschöre und Tanzschulen des Tänzers Rudolf von Laban, 1920 die Kraft-Kunst-Schule des Künstlers Sascha Schneider, um 1927 die völkische Runengymnastikschule Runa, 1921²⁷ und 1937 die erste Yoga-Schule von Boris Sacharow. In den Blick zu nehmen sind darüber hinaus auch die privat betriebenen Sportluftbäder des Wilhelminismus, die Bodybuilding- und Fitness-Schulen des Kaiserreiches und der Weimarer Republik, sowie die Vielzahl an privaten Gymnastikschulen.²⁸

Die verschiedenen Gymnastikschulen der Rhythmusbewegungen griffen auf vorhandene Konzepte zurück. Die Rezeption fernöstlicher Atemlehren, lebensreformerischer Ernährungsvorschriften und ästhetischer Körperbetrachtung beeinflussten die Formen von Tanz und

---

25 Als erstes Geschäft in diesem Sinne eröffnete Carl Braun im Jahre 1887 in Berlin die „Gesundheits-Centrale". Der Name Reformhaus kam allerdings erst im Jahre 1900 durch Karl August Heynen für sein Gesundheitsgeschäft „Jungbrunnen" in Wuppertal in Verwendung.
26 Küenzlen 1997, S. 213.
27 So einer seiner Schüler. Vgl. Fuchs 1990, S. 84.
28 Vgl. Wedemeyer-Kolwe 2004, S. 12, 30.

Gymnastik. Weitere Einflüsse stammten aus der Reformpädagogik. Hinzu kamen außerdem Grundsätze der Siedlungsbewegung, z.B. in Hellerau, in den Gymnastiksiedlungen Schwarzerden oder Loheland, nach denen der Mensch nur in freier Umgebung bei Luft und Licht seinen Körper zur natürlichen Entfaltung bringen konnte.

Rhythmus wurde zu einer Metapher und Grundlage der Kulturkonzepte der Rhythmiker. Dahinter stand die Vorstellung von Rhythmus als einer unteilbaren Struktur und eben deshalb keines bewussten Produktes der Zivilisation, sondern als „Prinzip des ursprünglichen Naturrhythmus"[29], der in der Lage ist, die Balance von Körper und Seele herzustellen.

Die Rezeption indischer Religiosität an der Wende vom 19. zum 20. Jahrhundert

Um diese gesunde Balance zu erreichen, griffen zahlreiche Bewegungen der Zeit auf die asiatischen Kulturen und ihre Religiosität zurück. Längst war das Christentum nicht mehr alleiniger religiöser Bezugsrahmen. Es wurde vielmehr als repressiv, lebensfern und reaktionär empfunden. So suchten vor allem die Lebensreformer in den asiatischen Religionen nach neuer Orientierung. Charakteristisch an dieser Neuorientierung war, dass alle Methoden und geistigen Einsichten, die aufgenommen wurden, „der Erhöhung des Ich-Bewusstseins und der Pflege eines verstärkten Individualismus und Subjektivismus im Widerstand gegen die Massengesellschaft" dienen sollten.[30] Diese Rezeption indischer Kultur im Deutschland des 19. Jahrhunderts lässt sich grob in zwei Richtungen einteilen:

Eine Richtung war die philosophisch-literarisch-sprachliche Rezeption. Reisende und romantische Dichter verklärten bereits im 18. und frühen 19. Jahrhundert „das Morgenland" in ihren Werken. Ex oriente lux wurde zum Schlagwort und Indien dabei zum Land der Sehnsucht. Johann Gottfried Herders Interesse an der indischen Religiosität klingt in seinen Schriften deutlich an.[31] Im Jahr 1823 folgte die erste kritische Ausgabe der Bhagavadgītā mit einer lateinischen Übersetzung von August Wilhelm Schlegel. Mit Wilhelm von Humboldt, Friedrich und August Wilhelm Schlegel, Georg Wilhelm Friedrich Hegel, Friedrich Rückert, Friedrich Max Müller, Paul Deussen, Richard Schmidt und Richard Garbe seien nur einige Namen genannt, die sich

---

29　Ebd., S. 105.
30　Linse 1991, S. 345.
31　Seinem Wunsch nach einer deutschen Übersetzung der Bhagavadgītā, die er selbst in der englischen Übersetzung schätzen gelernt hatte, kam Friedrich Majer 1802 nach. Veröffentllicht in Klaproths Asiatischem Magazin.

entweder als Indologen, Linguisten oder als Philosophen mit der indischen, vorrangig literarischen Kultur auseinandersetzten. Vor allem in der zweiten Hälfte des 19. Jahrhunderts setzte daraufhin eine indologische Forschung ein, die Texte und Denken hinduistischer Herkunft einem größeren Leserkreis bekannt machte. Vornehmlich akademisches und philosophisch-ethisches Interesse veranlasste die Zeitgenossen, sich mit dem Buddhismus zu beschäftigen. Vor allem durch Arthur Schopenhauer fand der Buddhismus seinen schnellen Eingang in die deutsche Geistesgeschichte.[32] Der Philosoph ging sogar so weit, die indischen Religionen als Retter des im Untergang begriffenen christlichen Abendlandes einzustufen. Ähnlich wie in der Romantik gab es um die Jahrhundertwende verschiedene Schriftsteller, die sich in ihren Werken Indien widmeten. Von einem „Aufbruch nach Asien"[33] zu Beginn des 20. Jahrhunderts konnte vielfach die Rede sein. Als Beispiele hierfür seien Waldemar Bonsels, Hermann Hesse, Stefan Zweig und Hermann Alexander Graf Keyserling genannt.

Parallel zu dieser ersten Rezeption verlief die zweite Richtung – und zwar die der praktischen Rezeption.

Aufnahme in praktischer Form fand zunächst der Buddhismus. Als erste bekennende Buddhisten in Deutschland können Paul Carus (1852–1919) und Dr. Karl Eugen Neumann (1865–1915) angesehen werden. Sie hatten sich – angeregt von Schopenhauer und durch die Lektüre erster allgemeiner Buddhismus-Darstellungen in den frühen 1880er Jahren – mit den buddhistischen Lehren auseinandergesetzt und waren zu Buddhisten geworden. Der Leipziger Privatgelehrte Dr. Karl Seidenstücker (1876–1936) gründete im Jahr 1903 die erste buddhistische Organisation, den Buddhistischen Missionsverein in Deutschland. Das erste Kloster seiner Art, das „Buddhistische Haus" in Berlin, errichtete der Arzt Paul Dahlke (1865–1928) in den 1920er-Jahren.

Der Freidenker Arthur Pfungst (1864–1912) sah in der Lehre des Buddhismus den Weg einer Erziehung zu eigenverantwortlicher Sittlichkeit vorgezeichnet. Dieses Konzept passte seiner Meinung nach zum Weimarer Kartell, dem 1907 gegründeten Zusammenschluss mehrerer freidenkerischer und freigeistiger Organisationen, deren Vorsitz er innehatte.[34]

Zumeist wird das anlässlich der Weltausstellung 1893 in Chicago organisierte Weltparlament der Religionen[35] als Beginn der organisierten Hindu-Mission im Westen bezeichnet. Svami Vivekananda hatte mit seinen Reden eine große Schar von Bewunderern um sich gesammelt und avancierte gar zum Star des Parlaments. Doch muss die Re-

---

32 Vgl. dazu Zotz 2000.
33 Buchtitel von Günther 1988.
34 Dazu Panesar 2006.
35 Zum Weltparlament Lüddeckens 2002.

zeption hinduistischer Religiosität früher angesetzt werden und vor allem in einer ganz konkreten Form – im Yoga.

Die erste systematische Aufnahme und Umsetzung des indischen Yoga in einer bestimmten Praxis, gemeint ist hier der Rāja-Yoga, erfolgte innerhalb der Theosophischen Gesellschaft ab 1890.[36] Helena Petrovna Blavatsky (1831–1891) sah in der indischen Kultur einen Rest der ursprünglichen Religion. Bereits 1879, vier Jahre nach Gründung der Thesophischen Gesellschaft in New York, waren Blavatsky und Henry Steel Olcott (1832–1907) nach Indien übergesiedelt. Mit dem Wechsel des Hauptquartieres 1882 nach Adyar bei Madraswar war auch eine verstärkte Hinwendung zu den östlichen Weisheitslehren verbunden. 1885 verließ Blavatsky Indien und ließ sich in Elberfeld und Würzburg nieder. Dort arbeitete sie an ihrem Werk über die Grundlagen der Theosophie, „The secret doctrine"[37] von 1888, in das zahlreiche Äußerungen und Darstellungen zum Yoga einflossen. Im Yoga sah sie ein herausragendes Mittel zur geistigen Entwicklung des Menschen. Die einzuübende Selbstdisziplin und regelmäßige Übung, absolute Konzentration, Disziplin des Willens, Einsamkeit, Meditation, die Erlangung der Kontrolle des Prana und damit der Kontrolle des Denkens, des Bewusstseins, der Welt – das waren herausgehobene Stichworte innerhalb der theosophischen Sicht auf den Yoga. Vor dem eher körperorientierten Hatha-Yoga jedoch warnte Blavatsky. Auch Annie Besant (1847–1933)[38], die schon zur zweiten Generation der theosophischen Leitung gehörte, und Franz Hartmann (1838–1912)[39], der wohl bekannteste deutsche Theosoph, verblieben bei dieser ablehnenden Haltung der Hatha-Yoga-Praktiken und fokussierten auf die geistige Ausrichtung des Yoga.[40]

Rudolf Steiners (1861–1925) Lehre lässt – obwohl deutlich geprägt von seiner Zeit in der Theosophischen Gesellschaft – weniger Übereinstimmungen mit der indischen Geisteswelt erkennen. Er modifizierte die Konzepte von Reinkarnation und Karma und griff die yogische Lehre der Chakren auf. Bei ihm finden sich weniger Hinweise auf Yoga. Steiner schätzte allerdings Teilbereiche des traditionellen indischen Yogas, z.B. integrierte er Atemtechniken in das heute als anthroposophisch bezeichnete Weltbild.

---

36 „Die spezifische Rezeption [...] schuf einen ersten Rahmen für den Transfer indischen Yoga-Gutes. Die Theosophen leisteten in der Vermittlung des Yoga sowohl Kontinuität als auch Transformation. Die von ihnen gesetzten Strukturen sind außerdem für die weitere historische Entwicklung relevant." Fuchs 1990, S. 47.
37 Deutscher Titel: Die Geheimlehre, Den Haag o. J. bzw. 1907.
38 Besant 1984.
39 Hartmann o.J.
40 Der Religionswissenschaftler Christian Fuchs spricht deshalb auch von einer „Überformung des indischen Yoga mit christlichen Glaubensinhalten" besonders bei Hartmann, die sich in den Ansätzen von Blavatsky und Besant nur teilweise andeutete. Dazu Fuchs 1990, S. 40.

Mit der Neugeist-Bewegung, die auf das New Thought Movement aus den USA zurückgeht, ist eine weitere Bewegung zu nennen, die sich erklärterweise mit Yoga beschäftigte. Willy Adelmann-Huttula (1879–1924) hat um 1930 mit seiner Schrift „Jeder Deutsche ein Yoga-Praktiker" eine Art Programmschrift verfasst. Große Hochschätzung brachte er den Methoden des geistigen Rāja-Yoga entgegen, da er hierin die „Vereinigung mit dem eigenen Höheren Selbst oder dem Gott in uns"[41] als Grundlage für positives Denken und gesunde Lebensführung sah. Vor Hatha-Yoga warnte er. In ähnlicher Weise versuchten Heinrich Jürgens mit seiner „Deutsche(n) Yoga-Schule" und Karl-Otto Schmidt mit der Übersetzung und Interpretation der Yogasūtras „Die Wissenschaft der Seele – nach dem Yoga-Katechismus des Patanjali"[42] eine Synthese aus abendländischen und yogischen Traditionen. Die Neugeistbewegung hielt flächendeckend Yogakurse ab.

Der Berliner Nervenarzt Johannes Heinrich Schultz (1884–1970) rekurriert bewusst auf Yoga bei seiner Darstellung des von ihm entwickelten Autogenen Trainings. Von dieser Verbindung seiner Technik mit denen des Yoga distanziert er sich allerdings in späteren Jahren wieder.[43]

Einige Übungsformen der Lebensreformbewegungen lehnten sich an Übungsformen und Asanas des Yoga an. Aufnahme fanden vor allem die Konzepte des Vegetarismus und der Atemlehre in den Lebensreformbewegungen und in der Mazdaznan-Lehre. Ein wichtiger Einfluss ging vom bereits erwähnten Monte Verità bei Ascona aus.

Die Mazdaznan-Bewegung wiederum versuchte, durch Schriften und weit gestreutes Informationsmaterial eine breite Schicht der Bevölkerung zu gewinnen. Der Gründer dieser Bewegung, Otoman Zar-Adusht Ha'nish, bürgerlich vermutlich Otto Hanisch (1844–1936), hatte 1890 das erste Zentrum in Chicago errichtet, ab 1907 waren Logen und Gruppen bereits in vielen größeren Städten Deutschlands zu finden. Resonanz hatte Mazdaznan besonders in Kreisen der Lebensreformbewegung und der Körperkulturbewegung. Bestimmte Körperübungen und Sitzhaltungen entstammten eindeutig der Yogalehre. Im Zentrum der Körperlehre stand das Atemsystem. In seinen Veröffentlichungen bezog sich Hanisch direkt auf Yoga.[44] Die Mazdaznanlehre verband die Rassenlehre mit den Prinzipien der Reform der Lebensweise und griff dabei auch auf theosophisches Gedankengut zurück. Reinigung des Körpers sollte dazu führen, die Rassenvermischung zu beseitigen und die angeblich wertvollste Rasse, die arische, wieder zu Reinheit zu bringen. Methoden, um das zu erreichen, waren Hygieneregeln, Reinigungsvorschriften, Ernährungslehre und körperliche Vervollkomm-

---

41 Adelmann-Huttula 1930, S. 8–9.
42 Schmidt 1934.
43 Fuchs 1990, S. 76–78.
44 Vgl. dazu Hanish 1928.

nung. Der gesamte Prozess wurde als „Wiedergeburt" bezeichnet. Auf diese Weise wurde der Begriff der Reinkarnation zwar übernommen, um einen absolut neuen Status zu beschreiben. Aber derart neugefasst muss wohl eher von einer Säkularisierung und Verwissenschaftlichung des Reinkarnationsvorganges gesprochen werden.[45] Letztlich sollte diese „individuelle Höherzüchtung" der Leistungssteigerung, Erhöhung der spirituellen Kräfte und der Identitätsfindung im Diesseits dienen.

Die Beschäftigung mit Yoga beeinflusste auch Tanzlehrerinnen wie Hade Kallmeyer. Sie gründete 1908/09 in Berlin-Schlachtensee ihr „Institut für (harmonische) Körper- und Ausdruckskultur" und übernahm Anregungen für ihren Unterricht dem Yoga, mit dem sie durch ihre Lehrerin Genevieve Stebbins in Kontakt gekommen war.

Theodor Siebert (1866–1961) gründete seine Athletenschule als Trainingsheim für Kraftsportler. Grundlage des zugrundeliegenden Trainingsprogrammes war die Auffassung, Vegetarismus, „Spiritistik", Athletik und Yoga gehörten zusammen.

Im Jahr 1921 hatte der Orden der Okkultisten e. V. eine „okkultistische Volkshochschule" eröffnet, auf dessen Lehrplan auch Yogakurse standen. Vermutlich gründete aber erst Boris Sacharow 1937 die erste Yoga-Schule.[46]

In den ersten beiden Jahrzehnten des 20. Jahrhunderts wurden die ersten Yoga-Lehrbücher veröffentlicht. Die verschiedenen Richtungen der Veröffentlichungen seien an zwei Beispielen aufgezeigt: Max Wilke vertrat in seiner Schrift „Hatha-Yoga – die indische Fakirlehre"[47] die zwei Ebenen der Yoga-Rezeption: die Ebene mit dem Ziel einer religiösen Verwirklichung mittels Yoga und die Ebene einer „profanen" Umsetzung des Yogas. Karl Brandler-Prachts „Lehrbuch zur Entwicklung der okkulten Kräfte"[48] führte einige Yoga-Techniken (Asanas und Pranayama – Körperhaltungen und Atemtechniken) aus und erwähnte außerdem auch das enge Schüler-Lehrer-Verhältnis der indischen Yoga-Tradition. Während Wilke eher eine Anleitung zum Yoga bot, verband Brandler-Pracht yogische Lehren mit westlichen esoterischen Traditionen.

Yoga fand Eingang in Lebensratgeberschriften und wurde immer stärker in die Richtung einer „profanen Anwendbarkeit"[49] transformiert. In der Berliner „Talisman-Bibliothek", die Titel wie „Gedächtniskraft ohne Gedächtniskunst", „In zwei Stunden nicht mehr nervös", „Die Bemeisterung des Todes", „Der Weg zum finanziellen Erfolge" in ihrer Reihe hatte, erschien 1905 die Schrift „Hindu-Hypnotismus".

---

45   Wedemeyer-Kolwe 2004, S. 154.
46   Ob es bereits 1924 eine „Deutsche Yoga-Hochschule" gab, ist eher ungewiss. Es gab in der März-Ausgabe der Zeitschrift „Die Weiße Fahne" eine Anzeige, die sie als ein Projekt des Philosophen Professor Friedrich Weber-Robine in Berlin ankündigte. Hierzu ausführlich Tietke 2011, S. 56–58.
47   Wilke 1921.
48   Brandler-Pracht 1920.
49   Fuchs 1990, S. 60.

Autor war ein Inder namens Vairāgyānanda. In der Schrift „Das Mysterium des Atems" von Fairfax Asturel – erschienen 1919 – wird yogische Atemtechnik als Heilmittel gegen Tuberkulose angepriesen.[50]

Ein weiterer Bereich der Rezeptionsgeschichte ist die „Psychologisierung des Yoga"[51], die sich in einer Reihe von Veröffentlichungen zu Beginn des 20. Jahrhunderts zeigt. Werke wie Otto Stolls „Suggestion und Hypnotismus in der Völkerpsychologie"[52], Richard Garbes „Über den willkürlichen Scheintod indischer Fakirs"[53] und Sigurd Lindquists Dissertation „Die Methoden des Yoga"[54] nutzen Hypnose und Suggestion als Beschreibungskategorien von Yoga.

Veröffentlichungen wie die von Oscar Adolf Hermann Schmitz „Psychoanalyse und Yoga"[55], von Richard Rösel „Die psychologischen Grundlagen der Yogapraxis"[56] und von Jakob Wilhelm Hauer „Der Yoga im Lichte der Psychotherapie"[57] lassen deutlich erkennen, dass zunehmend psychoanalytische und tiefenpsychologische Ansätze bzw. Deutungsmuster aufgenommen werden und sich westliche Psychologie und Medizin intensiver des indischen Yogas annehmen.[58]

Um eine Einordnung der praktischen Rezeption vornehmen zu können, sind hier vielleicht ein paar Stimmen und Einschätzungen des Yogas hilfreich:

Während Willy Adelmann-Huttula sich mit der „Athletik des geistigen Willens"[59] noch eher im geistigen Bereich aufhielt, sah der Schöpfer des literarischen Golem, Gustav Meyrink, im Yoga den „Pfad zum wahren Übermenschentum"[60]. Max Wilke beschrieb die Yogaübungen in seiner Yoga-Schule als „die Sprossen einer Leiter zu Erfolg, Einfluß, Glück und Gesundheit", die „in dieser Beziehung nicht mehr überboten werden"[61] können. Die Rezeption ging so weit, dass sich Hermann Alexander Graf Keyserling in seinem Reisetagebuch eines Philosophen 1913/1919 sogar wundert, dass die „Yoga-Praxis nicht schon längst in den Plan jeder Erziehungsanstalt aufgenommen worden" wurde, da Yoga „unter den Wegen zur Selbstvervollkommnung des obersten Ranges gewiß" erscheine.[62]

---

50 Der Herausgeber der Talisman-Reihe, H. Rothweiler (unter dem Pseudonym Harry W. Bondegger) hatte beide Bücher aus dem Englischen übertragen.
51 Fuchs 1990, S. 70.
52 Stoll 1904.
53 Garbe 1903.
54 Lindquist 1932.
55 Schmitz 1923.
56 Rösel 1928.
57 Hauer 1930.
58 Fuchs 1990, S. 70–75.
59 Adelmann-Huttula 1922, S. 4.
60 Meyrink 1917, Bd. 6, S. 310.
61 Wilke 1921, S. 6.
62 Keyserling 1919, S. 105 und 104.

„Prediger" der Heilsversprechen zu Beginn des 20. Jahrhunderts

Selbstvervollkommnung und Neugestaltung des Menschen – sie gehörten zu den wichtigen Themen in der Geistesgeschichte der Jahrhundertwende. Kultur, Lebensführung, Politik, Religion und Spiritualität sollten immer genau dorthin führen. Um einen Zukunftsstaat[63] der vollkommenen Menschen im Hier und Jetzt zu verwirklichen, hatten sich Menschen in Gruppen zusammengefunden. Zumeist gab es einen Leiter und „Vater" einer Bewegung. Das, was den fernöstlich geprägten Neureligionen der 70er und 80er Jahre des 20. Jahrhunderts vorgeworfen wurde, die Unterordnung unter einen „Guru", hatte es somit schon vorher in diesen Gemeinschaften gegeben.

Natur und Körper – Seele und Seelenfrieden – waren ebenso Schlagworte einer Bewegung von selbsternannten Propheten und Wanderpredigern, die ihren Zenit in den 1920er Jahren erreichen sollte. Es waren sogenannte „Kohlrabiapostel" und „Inflationsheilige". Ein Vorläufer dieser Prediger war der „Naturprophet" Gustav Arthur („Gusto") Gräser, ein Mitbegründer der Siedlung Monte Verità bei Ascona. Zu ihren bekanntesten Vertretern gehörten der selbsternannte „Erlöser der Menschheit" Ludwig Christian Haeusser, der sich mit seinem Haeusser-Bund auch mehrfach (erfolglos) an Wahlen beteiligte, und der „Messias von Thüringen" Friedrich Muck-Lamberty mit seiner Gruppe „Junge Schar". Ferner der „Johannes der Jugend" Max Schulze-Sölde, der „Heiland vom Horeb" Emil Leibold, Theodor Plievier („Aktion Weltwende"), Otto („Christ") Suhr, wie auch der Haeusser-Nachfolger Leonhard Stark.

Während Spiritismus und Okkultismus am Ende des 19. und beginnenden 20. Jahrhunderts Bereiche waren, in denen sich eher das Bürgertum bewegte, hatten die Wanderpropheten ihren Zulauf unter jenen, die materiell nicht sicher gestellt waren. Während Spiritismus und Okkultismus sich eher aus dem öffentlichen Leben zurückzogen, zogen die Inflationsheiligen alle Öffentlichkeit auf sich. Sie „inszenierten ihr Leben als öffentliche Provokation"[64], riefen auf zu einer einfachen unkonventionellen Lebensweise und einer „Reinigung" des Geistes von allen gesellschaftlichen Vorgaben und Ideen. Letztlich aber blieben ihre Botschaften an ihre Person gebunden. Insofern entsprachen sie ganz dem Bild eines Gurus, der seine Jünger auf den Weg der Heiligung bringt. Heil also durch die erwählte Person, in der sich die Heils- und Unheilserwartungen des Fin de Siècle bezeichnenderweise verbanden.

---

63 Der sächsische Naturheilkundler und Sozialutopist Friedrich Eduard Bilz (1842-1922) hat 1904 in seinem Buch „Der Zukunftstaat. Staatseinrichtung im Jahre 2000" ein Modell des glücklichen, naturverbundenen und geistlich reichen Lebens gezeichnet.
64 Linse 1983, S. 24.

Die Wanderapostel oder Inflationsheiligen nahmen die lebensreformerischen Traditionen wie auch die durch Bibelkritik im 19. Jahrhundert aufkommenden Christusbilder auf und bewegten sich in dem so entstandenen Identifikationsmuster. All das war auch ein Ausdruck des Krisengefühls, das die Zeitgenossen erfasst hatte. Revolution, Kriegserleben und Inflation inmitten einer Gesellschaft, die zusätzlich den Anforderungen einer industrialisierten und schnelllebigen Welt zu genügen hatte, führten in den Jahren 1919–1923 und 1929–1933 zur Ausbreitung dieser millenaristischen Strömungen, die in den großen Bereich der religiös-politischen Erneuerungsbewegungen eingeordnet werden können.

Letztlich waren auch sie Modelle, die Antworten geben wollten, welche für die Zeitgenossen mit Wissenschaft, Technik und Fortschritt allein nicht mehr zu klären waren.

Zusammenfassung:
Kritische Rationalisierungen – auf dem Weg ins 21. Jahrhundert?

Wer die Entwicklungen in der deutschen bzw. weitgehend auch in den westeuropäischen Gesellschaften in den Blick nimmt, wird immer wieder auf die Chiffre des Neuen Menschen als Erfolgs- bzw. Heilsziel stoßen. Sie begegnet in religiösen, politischen und künstlerischen Zusammenhängen. Sie wurde in den naturverbundenen, den lebensreformerischen und okkulten Bewegungen genauso stark gemacht wie in politischen Ideologien, wie z.B. des Kommunismus oder Marxismus. Dieser Neue Mensch geriet für Diktatoren und Kriegshetzer ebenso zum Leitbild wie für Revolutionäre, Aufklärer und Humanisten. Und vielleicht war es gerade das Schillernde, das den Reiz immer wie neu ausmachte. Der Neue Mensch in der Moderne war ein Antwortmodell auf Fragen, die sich dem Menschen im Angesicht der Moderne aufdrängten. Es war die Erweiterung des Uomo universale (der Universalmensch – der allseits gebildete Mensch) der Renaissance um die Komponente einer körperlichen Vervollkommnung.[65]

Bewusstsein und Körperlichkeit, Wille und Gefühl oder besser Körper, Geist und Seele wurden in ein verändertes Wechselspiel zueinander gebracht. Alle drei sollten im Gleichgewicht bleiben. Am Ende des 19. Jahrhunderts sahen Vertreter vieler Gruppen in der Religiosität und in den Religionen, die aus Indien kamen, eine Möglichkeit, dieses Gleichgewicht zu schaffen. Buddhismus und Hinduismus mit ihren verschiedenen Schulen erschienen als Religionen, die von Beginn an Körperlichkeit in das je eigene System integrierten und thematisierten.

---

65 „Wiederentdeckung des Körpers", Becker 2006, S. 87.

Und so wundert es auch nicht, dass gerade der Yoga so weite Rezeption fand. Das ist die eine Seite, die andere ist, dass durch Okkultismus und Spiritismus für eine spirituelle Neuorientierung längst ein Boden bereitet war. Um die Wende zum 20. Jahrhundert war eine große Verbreitung von Schriften zum Thema Okkultismus zu beobachten. Eine regelrechte „Flut" esoterischer Veröffentlichungen überschwemmte den Markt. Dabei wurde Yoga als „willkommene Bereicherung des esoterischen ‚Speisezettels'"[66] aufgenommen. Letztlich sammelte sich auf diesem Markt auch eine Richtung, vertreten durch Autoren wie Bondegger, die Yoga dazu nutzen wollten, „das Geistesleben eines anderen [Menschen; Anm. d. V.] völlig [...] zu beherrschen".[67] In Schriften wie denen von Bondegger, die als Ratgeberliteratur erschienen, ist vom religiösen Ziel des Yoga, wie er traditionell verstanden wurde, nichts zu lesen. Die Befreiung des Individuums aus dem Kreislauf der Wiedergeburten – Befreiung aus dem samsara – spielte hier keine Rolle. Vielmehr klingen diese Texte eher wie eine Anleitung zu praktischer Magie. Was also eigentlich ein transzendentes Ziel (was zwar von einem Yogi auch zu Lebzeiten erreicht werden kann) war, wird zu einem immanenten Weg zum Heil im Hier und Jetzt.[68] Als ein Beispiel kann außerdem auch die in westliche Begriffsmuster übertragene Neuinterpretation des Yoga durch Vivekananda genannt werden. Das Ziel des Yoga gewann immer stärker eine weltlich-aktivistische Ausrichtung. Mit Recht hat deshalb der Religionswissenschaftler und Yogalehrer Christian Fuchs[69] darauf hingewiesen, dass die Rezeption des Yoga in der ausgehenden Kaiserzeit zwei Eigenschaften aufwies, die im indischen Ursprungsland so nicht angelegt waren: die Anleitung des Yoga ohne einen Guru bzw. einen persönlichen Lehrer sowie die breite Veröffentlichung der Yoga-Lehren in einem weiteren Publikum. Er spricht in diesem Zusammenhang von einer Profanisierung, Utilisierung und Säkularisierung des Yoga.[70] Hinzu trat die Rezeption als gesundheitliches Wirksystem ganz im Sinne der lebensreformerischen Bewegungen.

Es lässt sich also zusammenfassend feststellen: Theosophische, buddhistische und allgemein „indische" Einflüsse kamen zusammen und wurden in einem breiten Zuhörerkreis in ganz unterschiedlichen Konstellationen aufgenommen. Neuinterpretationen und Verwestlichung indischer Traditionen blieben dabei natürlich nicht aus.

Der Religionssoziologe Thomas Luckmann hat in seinen religionssoziologischen Schriften von „Schrumpfenden Transzendenzen"[71] als Kennzeichen des ausgehenden 20. und beginnenden 21. Jahrhunderts

---

66 Fuchs 2006, S. 168.
67 Bondegger 1905, S. 4.
68 Fuchs 2006, S. 169.
69 Ebd.
70 Ebd., S. 169–170.
71 Luckmann 2002, S. 139–141.

gesprochen. Er beschrieb diesen Vorgang, indem er von einer Verschiebung des Erlebens von den großen (Jenseits, Leben nach dem Tod) hin zu den mittleren und kleinen Transzendenzen ausging. Solche mittleren und kleinen Transzendenzen sind das eigene Ich, die Selbstverwirklichung, die Autonomie.

Thema der meisten Angebote, die Yoga und indische Weltanschauungen zu integrieren versuchten, war die „Selbstverwirklichung" des Einzelnen. Das Ziel war der individuelle Erfolg. Und da zum Selbstbewusstsein zugleich auch Körperbewusstsein gehört, muss auch dieses ausgeprägt werden. Beides dient letzlich dazu, das, was im Menschen angelegt ist, zu aktivieren.

Letztlich ging es also darum, sich in einer sich stärker global ausrichtenden Welt als gesunder, ethisch reflektierter und spiritueller Erdenbürger zu bewegen und die eigene Position entsprechend beschreiben zu können.

„Ich erschaffe mich neu und gewinne dadurch meine neue Sicherheit" – so könnte ein Leitgedanke gefasst werden, der Menschen im Angesicht von Säkularisierung immer wieder neu bewegt hat und bewegt.

Quellen- und Literaturverzeichnis

Internetquellen

https://www.aok.de/hessen/leistungen-service/gesundheitskurse-hatha-yoga-165170.php [7. Januar 2015].
http://www.mhplus-krankenkasse.de/yoga.html [7. Januar 2015].
http://www.dak.de/dak/leistungen/Yoga-1098268.html [7. Januar 2015].
http://www.spiegel.de/spiegel/print/ [7. Januar 2015].
http://www.spiegel.de/politik/deutschland/jakob-augstein-was-angela-merkel-jetzt-machen-muss-a-840717.html [7. Januar 2015].
http://siyli.org [7. Januar 2015].
http://www.rotman.utoronto.ca/ProfessionalDevelopment/Executive-Programs/CoursesWorkshops/Programs/SIYLI.aspx [7. Januar 2015].

Literatur

Adelmann-Huttula, Willy: Jeder Deutsche ein Yoga-Praktiker. Pfullingen 1930.
Asturel, Fairfax: Das Mysterium des Atems. Berlin 1919.
Becher, Johannes R.: Gedichte für ein Volk. Leipzig 1919.
Becker, Frank: Revolution des Körpers – Der Sport in Gesellschaftsentwürfen der klassischen Moderne. In: Gerstner, Alexandra / Könczöl, Barbara / Nentwig, Janina (Hg.): Der Neue Mensch. Utopien, Leitbilder und Reformkonzepte zwischen den Weltkriegen. Frankfurt a.M. 2006, S. 87–104.
Besant, Annie: Raja-Yoga – Der königliche Yoga. München 1984.
Bibel. Nach der Übersetzung Martin Luthers. Stuttgart 1999.
Bilz, Friedrich Eduard: Der Zukunftstaat. Staatseinrichtung im Jahre 2000. Neue Weltanschauung. Jedermann wird ein glückliches und sorgenfreies Dasein gesichert. Leipzig / Radebeul 1904.
Bondegger, Harry W. (Hg.) / Vairāgyānanda: Hindu-Hypnotismus. Berlin 1905.
Brandler-Pracht, Karl: Lehrbuch zur Entwicklung der okkulten Kräfte. 4.-6. Aufl., Leipzig 1920.
Casanova, José: Public Religions in the Modern World. Chicago 1994.
Ders.: Chancen und Gefahren öffentlicher Religion. Ost- und Westeuropa im Vergleich. In: Kallscheuer, Otto (Hg.): Das Europa der Religionen. Frankfurt a.M. 1996, S. 181–210.
Fritzen, Florentine: Gesünder leben. Die Lebensreformbewegung im 20. Jahrhundert. Stuttgart 2006.
Fuchs, Christian: Yoga in Deutschland. Rezeption, Organisation, Typologie. Stuttgart u. a. 1990.
Ders.: Yoga in Deutschland. In: Bergunder, Michael: Westliche Formen des Hinduismus in Deutschland. Halle 2006, S. 163–186.

Führding, Steffen / Antes, Peter (Hg.): Säkularität in religionswissenschaftlicher Perspektive. Göttingen 2013.
Garbe, Richard: Über den willkürlichen Scheintod indischer Fakirs. Berlin 1903.
Graf, Friedrich Wilhelm: Die Wiederkehr der Götter: Religion in der modernen Kultur. München 2004.
Günther, Christiane C.: Aufbruch nach Asien. Kulturelle Fremde in der deutschen Literatur um 1900. München 1988.
Haack, Friedrich-Wilhelm: Jugendreligionen: Ursachen, Trends, Reaktionen. München 1979.
Hanish, Otto Zar Adusht: Mazdaznan – Ernährungs-Lehre. Meditation, Yoga. Bern 1928.
Hartmann, Franz: Radscha Yoga. Hatha Yoga und Tantrika oder Weiße und Schwarze Magie und Hexerei. Calw o.J.
Hauer, Jakob Wilhelm: Der Yoga im Lichte der Psychotherapie. Leipzig 1930.
Joas, Hans / Wiegandt, Klaus (Hg.): Säkularisierung und die Weltreligionen. 2. Aufl., Frankfurt a.M. 2007.
Jürgens, Heinrich: Deutsche Yoga-Schule. Pfullingen 1924.
Keyserling, Graf Hermann: Das Reisetagebuch eines Philosophen. Leipzig 1919.
Knoblauch, Hubert: Populäre Religion: Auf dem Weg in eine spirituelle Gesellschaft. Frankfurt a.M. 2009.
Küenzlen, Gottfried: Der Neue Mensch. Eine Untersuchung zur säkularen Religionsgeschichte der Moderne. Frankfurt a.M. 1997.
Lepp, Nicola / Roth, Martin / Vogel, Klaus (Hg.): Der neue Mensch. Obsessionen des 20. Jahrhunderts. Ostfildern-Ruit 1999.
Lindquist, Sigurd: Die Methoden des Yoga. Lund 1932.
Linse, Ulrich: Barfüßige Propheten. Berlin 1983.
Ders.: Asien als Alternative? Die Alternativkulturen der Weimarer Zeit: Reform des Lebens durch Rückwendung zu asiatischer Religiosität. In: Kippenberg, Hans G. / Luchesi, Brigitte (Hg.): Religionswissenschaft und Kulturkritik. Marburg 1991, S. 325–364.
Ders.: Rezension zu Fritzen, Florentine: Gesünder leben. Die Lebensreformbewegung im 20. Jahrhundert. Stuttgart 2006. In: H-Soz-Kult, 30. März 2007. Online unter: http://www.hsozkult.de/publicationreview/id/rezbuecher-8902. [7. Januar 2015].
Luckmann, Thomas: Schrumpfende Transzendenzen, expandierende Religion? In: Knoblauch, Hubert / Raab, Jürgen / Schnettler, Bernt (Hg.): Thomas Luckmann. Wissen und Gesellschaft. Ausgewählte Aufsätze. Konstanz 2002, S. 139–154.
Lüddeckens, Dorothea: Das Weltparlament der Religionen von 1893. Berlin 2002.
Meyrink, Gustav: Gesammelte Werke. 6 Bde. Leipzig 1913–1917.
Mrozek, Bodo / Probst, Maximilian: Sie sind alle Online. ZEIT Online No. 13 vom 20. März 2014. Online unter: http://www.zeit.de/2014/13/netzkapitalismus-silicon-valley [7. Januar 2015].
Nipperdey, Thomas: Religion im Umbruch. München 1988.
Ders.: Deutsche Geschichte 1800–1866. Bürgerwelt und starker Staat. München 1983.

Ders.: Deutsche Geschichte 1866–1918. Arbeitswelt und Bürgergeist. München 1990.
Ders.: Deutsche Geschichte 1866–1918. Machtstaat vor der Demokratie. München 1992.
Obst, Helmut: Neureligionen, Jugendreligionen, destruktive Kulte. 2. Aufl., Berlin 1984.
Orbach, Susie: Bodies. Schlachtfelder der Schönheit. 2. Aufl., Zürich / Hamburg 2012.
Panesar, Rita: Medien religiöser Sinnstiftung: Der „Volkserzieher", die Zeitschriften des „Deutschen Monistenbundes" und die „Neue Metaphysische Rundschau" 1897-1936. Stuttgart 2006.
Pöhlmann, Matthias: Kampf der Geister. Die Publizistik der „Apologetischen Centrale" (1921–1937). Stuttgart 1998.
Pollack, Detlef: Säkularisierung – ein moderner Mythos? Studien zum religiösen Wandel in Deutschland. Tübingen 2003.
Radkau, Joachim: Das Zeitalter der Nervosität. Deutschland zwischen Bismarck und Hitler. München 1998.
Ders.: Ins Freie, ins Licht. In: Die ZEIT Geschichte. Anders leben. 2/2013, S. 16–21.
Rösel, Richard: Die psychologischen Grundlagen der Yogapraxis. Stuttgart 1928.
Schmidt, Karl-Otto: Die Wissenschaft der Seele – nach dem Yoga-Katechismus des Patanjali. Pfullingen 1934.
Schmitz, Oscar Adolf Hermann: Psychoanalyse und Yoga. Darmstadt 1923.
Stoll, Otto: Suggestion und Hypnotismus in der Völkerpsychologie. 2. Aufl., Leipzig 1904.
Tenbruck, Friedrich: Die Glaubensgeschichte der Moderne. In: Zeitschrift für Politik 23/1 (1976), S. 1–15.
Tietke, Mathias: Yoga im Nationalsozialismus. Konzepte, Kontraste, Konsequenzen. Kiel 2011.
Voegelin, Eric: Die politischen Religionen. Stockholm 1939, Neuauflage München 1996.
Wedemeyer-Kolwe, Bernd: „Der neue Mensch". Körperkultur im Kaiserreich und in der Weimarer Republik. Würzburg 2004.
Wilke, Max: Hatha-Yoga – die indische Fakirlehre. Dresden 1921 (zuerst 1919).
Zotz, Volker: Auf den glückseligen Inseln. Buddhismus in der deutschen Kultur. Berlin 2000.

Religion – (k)ein Kinderspiel?
Anmerkungen zu Religion – Emotion – Spiel[1]

Christel Köhle-Hezinger

Die Erwartung war immer da, jeden Sonntag: Ob es wohl eine Taufe geben würde im Kindergottesdienst, von elf bis zwölf. Stand die Taufkanne auf dem Taufstein, stiegen Freude und Spannung. Beim Taufakt lauerten wir wie die Luchse, wollten das Kind sehen, es schreien hören beim Wässern. Die Taufhandlung, die Worte, der Rahmen – alles war vertraut, weil immer wiederkehrend, mit nur ganz kleinen Varianten bei der Kleidung des Täuflings und den Blumen auf dem Taufkissen, auf Kleid, Schleier und Taufstein. Wicken in Weiß und Rosa fanden wir am schönsten. Auch das Schreien des Täuflings gefiel uns, wir warteten geradezu darauf. Mein eigenes Taufbild liebte ich – es zeigte alle wichtigen und geläufigen Elemente: die Eltern und das Kind im Taufkleid mit Taufhäubchen, Taufkissen und Taufschleier. „Unserer" war aus Tüllspitze, mit gestickten Blümchen. Er stammte aus der Familie meiner fränkischen Großmutter. Sie war das erste von sechzehn Kindern; ob sie alle als Täuflinge darunter lagen, ist unbekannt. Heute gehört er zur Sammlung des Museums „Kirche in Franken" in Bad Windsheim. Das Erinnerungsbild meiner Taufe, aufgenommen bei unserem örtlichen Fotografen, zeigt als Blumenschmuck Christrosen, „wegen des Vornamens und der Jahreszeit", so die Erklärung. „Taufe von Christel Margarete, geb. am 7.11., getauft am 2. Weihnachtsfeiertag – Jesaja 43,1", so die Bildunterschrift auf der ersten Seite meines Kinderalbums. Daraus entwickle ich meine Ausgangsthese:

Das erste Bild: die Taufe als Ankunft und Beginn, und zugleich als Memoria. Kein Bild von Ultraschall, Kreißsaal, Klinikbett oder Babywaage, sondern ein Tauferinnerungsbild als Willkommen, als erster ritueller Auftritt, als Eintritt in die Welt. Das Taufbild war der Bezugspunkt aller unserer kindlichen Taufbilder. Es verband das Wissen aus Gesehenem, Gehörten, Erzählten mit dem Erleben. In der Miniatur eigenen Erlebens bereits lässt sich fassen, was Ritualgeschehen ausmacht. In der Sprache von Liturgie und Ritual birgt es vier Dimensionen, die der Expectatio, Repetitio, Limiatio, Identificatio: von der Erwartung geht der Weg über das Wiedererkennen in der Wiederholung (– was auch über eine Narration, eine Erzählung geschehen kann); eine Begrenzung durch Anfang und Ende ist vorgegeben; diese drei Merkmale bewirken ein Sich-In-Bezug-Setzen des Individuums in Ritual und Ablauf. (Ein Meisterstück solch biografisch-wiederholender Int-

---

1 Im vorliegenden Manuskript wurde die Redeform im Wesentlichen beibehalten und mit Quellen- und Literaturhinweisen ergänzt.

raspection bietet der Theologe Peter Cornehl mit seiner Tauferinnerung im Katalog der Magdeburger Tauf-Ausstellung „Tausend Jahre Taufen in Mitteldeutschland").[2] Diese „Bauteile" haben einen Rahmen, das Ritual, das seit Victor Turner definiert ist durch die Elemente communitas und traditio. Beides, Gemeinschaft und Tradierung (ich verwende bewusst den Begriff des Tradierens anstellen von „Tradition") ist mit dem Erleben und Deuten, mit dem Ritualablauf und seinen Bedeutungen untrennbar verbunden, es ist gleichsam „in eins" verwoben.

A wie Anfang: Mein Eingangsbild war das Zugangsportal, es öffnete den Blick für Exempel und Thesen und damit für das Thema meines Abendvortrags. Es trifft in den Schnittpunkten dieser Tagung die „Sichtbarkeit und Inszenierung, Emotion und Gemeinschaft, Tradition und Innovation". Und es moduliert das (rhetorisch?) gestellte Tagungsthema mit seiner Frage, ob Religion „Reine Glaubenssache" sei, indem es das Thema gleichsam biografisch und ludisch durchspielt. Meine Titel-Frage, ob und wie die Religion ein Kinderspiel sei, führt uns zu dem, was ist – in Religion, in Kirche und Wissenschaft.

Wie kam ich zum Thema? Anstoß und Auslöser dafür, mich mit dem Thema Religion und Spiel interdisziplinär, in einem kulturwissenschaftlichen Horizont zu befassen, lassen sich präzise rekonstruieren nach Anlass, Ort und Zeit. „Die Welt im Kleinen"[3] – so hatte Nina Gockerell eine Ausstellung und Publikation im Jahre 2003 im Bayerischen Nationalmuseum überschrieben, und sie führte im Rahmen einer Volkskunde-Tagung durch die Ausstellung. Ihre Ausführungen vor einer Vitrine mit kleinen Vasae Sacrae aus Diessen am Ammersee, „Miniatur-Altargerät" samt Abbildungen aus Musterbüchern faszinierten mich, weckten viele Fragen. Abends am Biertisch lenkte ich nicht zufällig (es war eine Männerrunde) die Frage auf das in der Ausstellung Gesehene: Ob das denn heute noch üblich sei, das Pfarrer- oder Priesterspiel? Die Antworten sprudelten, ein Füllhorn an farbigen, abenteuerlichen Geschichten überschüttete die naive, freilich protestantische Fragerin. Die Berichte stammten aus den verschiedensten Regionen, Alter und Herkunft der Berichtenden waren breit gestreut. Jeder, so zeigte sich, hatte seine Geschichte – entweder selbst gespielt, gesehen oder gehört. Der Jüngste in der Runde war ein Volkskunde-Student, er stammte aus Niederbayern, war in seiner Kindheit aktiver Priesterspieler und Ministrant (in eben dieser zeitlichen Abfolge) gewesen. Der Älteste in der Runde war ein Kollege, er erzählte die für mich schönste Geschichte: Einer seiner Mitschüler, einer Heimatvertriebenenfamilie entstammend, lebte mit Eltern und Bruder in sehr beengten Verhältnissen, wie es bei den damaligen Einquartierungen üblich war; die Familie hatte eine Wohnküche und ein Schlafzimmer. Dieses war, wie damals ebenfalls üblich, „komplett" eingerichtet und hatte eine ebenfalls zeitübliche Frisier-

---

2 Cornehl 2006, S.80–93.
3 Gockerell 2003.

kommode. Auf ihr, genauer vor dem dreiflügelig-aufklappbaren Spiegel stand auf einer Glasplatte die damals übliche „Kristallgarnitur" mit Schale, Dose, Zerstäuber. Genau diese drei Dinge dienten dem Schulfreund als Altargerät – er zelebrierte mit ihrer Hilfe vor seiner noch im Bett liegenden Familie die tägliche Frühmesse. Erst danach durften Eltern und Bruder aufstehen.

Alle Geschichten beeindruckten mich zutiefst, und sie beschämten und befragten mich zugleich. Wie konnte es sein, dass der „Homo ludens religiosus" bisher ganz spurlos an mir vorübergegangen, in all meinen langen Jahren der Religions-und Konfessionsforschung nie aufgetaucht war?

Meinen Erstsemestern im „Grundkurs Volkskunde" in Jena hätte ich darauf die banale und wenig originelle Antwort gegeben: Man sieht eben nur, was man weiß – hier: was man kennt. Und ich bin evangelisch. Ich kannte aus eigener früher Spielerfahrung, trotz guter kirchlicher Sozialisation, weder das Pfarrer- noch das Priesterspiel. Ich kannte es weder vom Zuschauen und Selberspielen noch vom Erzählen oder Hörensagen. Aber gerade Letzteres erstaunte mich noch mehr. Warum war dies, etwa in biografischen Interviews, in lebensgeschichtlichen Erzählungen nie aufgetaucht? War es vergessen oder, mehr noch, ein Tabu, verschwiegen, und gut verwahrt? Ein Gespräch mit einem Kollegen, der einst im Internat der Benediktiner in Niederaltaich Schüler gewesen war, öffnete mir dafür den Blick: Er wollte oder sollte Priester werden, stattdessen aber wurde er „nur" Philologe. Andere Zeitgenossen mit ähnlich strukturierten Kindheiten, die auch nicht dem vorgezeichneten Priester-Pfad folgten, wurden „Showmaster" auf der Medienbühne: Alfred Biolek, Harald Schmidt, Reinhard Beckmann, Max Raabe sind prominente Beispiele für eine erfolgreiche spätere „Nutzung" von Messdiener-Kindheiten. Damit, so wurde mir klar, verband sich das Religionsspiel auch mit möglicherweise schwierigen Lebensstationen und Fragen. Denn das frühkindliche Priesterspiel daheim war, ob gewollt oder ungewollt, bewusst oder unbewusst ein „Präludium" im wörtlichen Sinne, spielerische Hinführung zum Beruf. Dies galt bis in unsere Zeit herein freilich nur für Knaben, denn nur sie konnten Messdiener sein. Den Mädchen blieb im Sakralbereich nur die dienende und zierende Rolle, wie sie sich etwa als „Primizbraut" in der „Geistlichen Hochzeit" von Primiz und Primiz-Jubiläen reich ausgestalten ließ.[4]

Das Thema ließ mich nicht mehr los. Die nächsten Etappen auf dem Weg zur Konkretisierung verbanden sich mit Jürgen Bärsch und Klaus Raschzok, Kollegen aus der katholischen und evangelischen Theologie: mit ihnen entstand die Idee für eine Tagung und eine Publikation zum Thema „Religion im Spiel".

---

4 Köhle-Hezinger 2002, S. 145–150; dies. 2005, S. 209–220.

Religion und Spiel – kein Thema in der Wissenschaft? Ein schwieriges und leider seltenes, ohne Frage; auch in meinem Fach, der Empirischen Kulturwissenschaft. Ein möglicher methodischer Zugang (freilich nur ein erster, nützlich im Vorfeld der Exploration und der Thesenbildung) bietet sich in jenem ‚freien Assoziieren' nach Sigmund Freud, dem eigenen biografischen „Erinnern als einer archäologischen Spurensuche". Das Eigene dient dabei lediglich als Zugang, als Exemplum.

„Religion spielen" war in meiner Erfahrung, in der Kindheit der 1950er Jahre im protestantisch-südwestdeutschen Milieu, kein Thema. Kindergarten und Kinderkirche waren konfessionell geprägte Orte; freilich Orte des Hörens, der Unterweisung und des Erzählens, fern jeder eigenen Partizipation und Performanz. Schwester Auguste, unsere geliebte Kinderschwester im Diakonissen-Ornat erzählte und zeigte uns biblische Geschichten in bunter Fülle – werktags im „Schüle" mit farbigen Ölwandbildern, sonntags in der Kinderkirche. Wir hörten andächtig zu, liebten ihre dramatische Erzählweise, die klar schied zwischen Gut und Böse, Verdammt und Erwählt, Juden und Christen. Täglich auch wurde gespielt zum Zeitvertreib, drinnen und draußen – aber eben (in Anlehnung an jenen berühmten modernen Werbespruch) „Alles außer Religion"!

Die wahrhaft einzige Ausnahme war das Krippenspiel an Weihnachten, das freilich erst in jener Zeit als etwas Neumodisches, von uns sehr Geliebtes eingeführt wurde. Denn wir Mädchen durften Engel sein, in weißen Leintüchern, von den Müttern zusammengenäht, mit einem Goldstern auf der Stirn. So gewandet sangen wir, aufgereiht auf der Kanzeltreppe stehend, „Ehre sei Gott in der Höhe" im Kanon. Mehr Spiel gab es bei uns nicht im Umfeld von Religion und Kirche. Privatim, daheim und im Garten aber schon. Es waren die Kasualien, die wir gesehen hatten, die wir liebten und deshalb nachspielten. Denn sonntags in der Kinderkirche sahen wir ja die Taufe, weitaus seltener schon auf dem Friedhof Beerdigungen. Und die Tiere im Haus, Hühner und Hasen: sie sahen wir enden, denn sie starben eines gewaltsamen Todes durch den Beilhieb des Großvaters, den wir gebannt beobachteten. Einer freilich, unser weißer Lieblingshase mit roten Augen, starb eines natürlichen Todes. So entging er Beil und Küche, und wir durften ihn auch begraben. Es gab nun (wie für anderes, eines natürlichen Todes verstorbenes Kleingetier) eine richtige „Leich"; wir standen am Grab, nicht wissend, dass Erwachsene uns vom Haus aus beobachteten, denn nur so hat sich die Geschichte tradiert, wiederholt und eingeprägt. Wir sangen am Grab unser Lieblingslied aus dem Kindergarten: „Weil ich Jesu Schäflein bin". Die Liturgie war einfachst, Kostüme und sonstige Requisiten gab es keine – alles war eben protestantisch-nüchtern.

Andere Rollenspiele hatten wir im Repertoire, aber sie waren allesamt rein weltlicher Natur; es waren – in der Reihenfolge ihrer Beliebtheit aufgeführt unter damaligen Originaltiteln – „Vatterles und

Mutterles", „Doktorles", „Verkäuferles". Seltener schon spielten wir Schule, genannt „Lehrerles". Was alltäglich Realität war, brauchte nicht im Spiel variiert und nachgelebt zu werden. Jahreszeitliche Varianten gab es durchaus; bei „Verkäuferles" etwa in der Weihnachtszeit, wenn für den Kaufladen einkaufende Erwachsene als Opfer gesucht wurden. Oder man im Garten Grünzeug verkaufte, oft auch (dies war freilich nicht Spiel nur, sondern gewinnorientierter Ernst) vom Leiterwagen aus vor den Toren unserer örtlichen Maschinenfabrik im Frühsommer Kirschen, im Herbst Zwetschgen abwiegen, eintüten und für Geld verkaufen durften, das Pfund Kirschen oder Zwetschgen für 20 Pfennig. Unser Eifer war anrührend, der Spiel- und Kauferfolg gross. „Versteckerles und Fangerles" waren beliebt, sie gehörten aber zu den Versteck-, nicht zu den Rollenspielen. Eher schon Räuberles, Indianerles, Prinzessin – dies war, bei der Strassenfastnacht etwa, höchst beliebt; und dennoch fast kein Thema bei uns. Wir wollten zwar immer alle gerne Prinzessin (nur die Mädchen, die Buben Cowboy!) sein, durften aber uns nur wenig verkleiden. An der „Fasnet", am Fastnachtsdienstag, und zwar nur am Nachmittag durften mein Bruder als Indianer und ich als Kaspar auf die Straße, weil wir dafür Kostüme aus Amerika bekommen hatten. Mehr aber war es nicht.

Ein Spiel hatte ich bis heute vergessen, es war das spannendste und am meisten gruselige: mit vielen Kindern „Geisterles" spielen, etwa im dunklen Kellergang. Einer war der Täter, der andere packen und würgen musste, alle anderen waren potentielle Opfer. Diesem mit Geschrei und oft auch Tränen verbundenen Spiel setzte in der Regel das Verbot der Erwachsenen ein jähes Ende.

Rollenspiele sind, das lässt sich ohne Übertreibung sagen, ein Teil der Kultur, der Menschheitsgeschichte. Es gab und gibt sie überall, zu allen Zeiten. In allen Kulturen schlüpfen Menschen in die Haut eines anderen, wollen ein anderer sein. Auch die Taufe, meine erstes Beispiel, ist ein Spiel mit festgelegten Rollen, wie es der Begleitband zur Ausstellung über „Alltag und Frömmigkeit am Vorabend der Reformation in Mitteldeutschland" knapp in seinen Wandlungsformen beschrieb:

> „Die Taufe, althochdeutsch toufen für ‚eintauchen', ist das ‚christliche Grundsakrament'...Übereignung des Täuflings an Christus... Eintritt in die Glaubensgemeinschaft der Kirche. Deutlich wurde dies am Wandel der Taufform und des Taufgerätes. War zu Beginn das dreimalige Untertauchen (Immersion) im Wasser üblich, wurde diese Weise seit dem 13. Jh. zunehmend abgelöst durch dreimaliges Übergießen des Kopfes (Infusion) oder (...) dreimaliges Besprengen des Kopfes (Aspersion). Als Behältnis für das Taufwasser wurde zunächst ein Wasserbecken (Piscina) verwendet. Seit dem hohen Mittelalter tritt an dessen Stelle der Taufstein, oft ein kelchartiger Behälter, der auf dem Kirchenfußboden steht. Das Taufbecken war aus Stein oder Metall." [5]

---

5   Kühne 2013, S.47.

Das Taufrecht lag ursprünglich beim Bischof. Mit dem Ausbau des Kirchenwesens konnte der Bischof sein Taufrecht an Pfarrer delegieren, es gab nun „Taufkirchen". Mit Übernahme des Taufrechts durch die Eigenkirchen wurde die Taufe fortan ein Bestandteil des Pfarrrechtes. Martin Luther hat in seinem Taufbüchlein von 1523 folgende Riten erwähnt:

> „Dreimaliges Anhauchen des Täuflings unter die Augen (Exsufflation), Kreuzeszeichen an Stirn und Brust (signatio crucis), Darreichen des Salzes in den Mund (Salz der Reinigung und der Weisheit), Handauflegung und Vaterunser, Bestreichen von Ohren und Nase mit Speichel (apertio auris, Öffnung der Ohren), Absage an den Teufel durch die Paten, dreimaliges Untertauchen (immersio), Salbung durch ein Kreuzeszeichen an der Stirn mit Öl (Chrismation), Auflegen des weißen Kleides (sog. Westerhemd oder -kleid) und Übergabe der Taufkerze."[6]

Das Patenamt brachte ein Laienelement in die Taufe: Paten hatten eine besondere Verantwortung, sie „hoben" das Kind aus der Taufe. Patenschaft galt als „geistliche Verwandtschaft", sie galt kirchenrechtlich im Mittelalter als Ehehindernis. Auch auf die Namensgebung hatten Paten Einfluss, bis sich im Spätmittelalter zunehmend die Heiligennamen als Tagespatrone durchsetzten.

Nach dem Eingangsbeispiel, dem „kleinen Ritual" der Taufe, nun als ein zweites Beispiel das „große Spektakel", das Geistliche Spiel. Es hat eine lange Tradition, große Verbreitung und Vielfalt. Seine Geschichte und deren Wandel beschreibt eindrücklich der Begleitband zur oben genannten Ausstellung „Umsonst ist der Tod. Alltag und Frömmigkeit am Vorabend der Reformation in Mitteldeutschland":

> „Neben der Volkspredigt entwickelte sich das Geistliche Spiel im Laufe des Mittelalters zum zweiten Massenmedium der Zeit. Am Beginn stand die seit dem 10. Jh. nachweisbare, in Mitteldeutschland seit dem 13. Jh. bezeugte, an den Kirchenraum gebundene paraliturgische Osterfeier mit ihrer Darstellung des Leidens, Todes und der Auferstehung Jesu. Als ihre Ursprungsszene darf die von den drei Frauen gelten, die am Grabe vom Engel befragt werden. [...] Daraus entwickelte sich ab dem 13. Jh. das Osterspiel, das zusätzlich Szenen wie den Salbenkauf der drei Frauen, das Versagen der Wächter am Grabe Jesu und dessen Höllenfahrt zeigte (bereits 1227 in Eisenach?). Daneben entstand ein reiches Themen- und Formeninventar Geistlicher Spiele zu anderen Anlässen (Weihnachts-, Heiligen- und Weltgerichtsspiele, szenische Marienklagen, Zehnjungfrauenspiele, Prozessionsspiele u.a.m.) Dargestellt wurde am Palmsonntag der Einzug Jesu in Jerusalem auf dem Palmesel. An Christi Himmelfahrt wurde in der Kirche eine Christusstatue durch ein Loch im Kirchengewölbe in den ‚Himmel' hinaufgezogen und eine Teufelsfigur herabgeworfen, an Pfingsten erschien im gleichen Loch der Heilige Geist in Gestalt einer Taube und es wurde brennendes Stroh herabgeworfen, das die feurigen Zungen des Pfingstgeschehens symbolisierte."[7]

---

6 Ebd.
7 Ebd., S. 269.

Die Beispiele zeigen eine große Vielfalt, die einen weiten Spielbegriff nötig macht. Auch ein Nebeneinander alter und neuer Formen ist zu beobachten, ebenso eine Loslösung der Spielformen von Liturgie und Sakralraum. Das Geistliche Spiel wandert gleichsam hinaus in den Stadtraum. Auf Marktplätzen werden Bühnen errichtet, Kleriker und Laien agieren und organisieren sich in Spielgesellschaften. Die Zuschauerzahlen gingen oft in die Tausende.

> „Von besonderer Bedeutung waren die Prozessionsspiele, bei denen meist in Form lebender Bilder zentrale Szenen der Heilsgeschichte (von Adam und Eva bis zum Jüngsten Gericht) und die Taten bedeutender Heiliger (z.B. St. Georg als Drachentöter) vorgeführt wurden. Gestaltung und Finanzierung der einzelnen Bilder übernahmen in der Regel die Zünfte der Städte; sie stellten auch die Akteure. Prozessionsspiele um Fronleichnam lassen sich in Mitteldeutschland für Dresden (1480), Kamenz (1502), Zerbst (ab 1504), Freiberg (1509, 1516-1524) und Löbau (1521) nachweisen, wobei den Aufführungen auch eine gemeinschaftsstiftende Funktion zukam. […]
> Die Aufführungen sollten die Zuschauer in ihrem Glauben festigen und ihnen ihre eigene Sündhaftigkeit bewusst machen […], um sie zu einem guten Tode hinzuführen. Es überrascht nicht, dass die Reformatoren […] zwar die manchen Spielen beigefügten ‚Narrenpossen' verdammten, aber insgesamt den Wert der Spiele (die wirkmächtiger seien als die Predigt) für die Besserung der Menschen, vor allem der Jugend, betonten. Die Spiele wurden in manchen Städten bis weit in das 16. Jh. fortgesetzt; neben sie trat das biblisch orientierte geistliche Schuldrama der Lutheraner, das sie schließlich ersetzte."[8]

Humanistische Traditionen und jesuitisch-barocke Prachtformen entwickelten sich seit dem 16. Jahrhundert zu einer eigenen, überaus populären Gattung.

Einer der letzten klassischen Humanisten, Johan Huizinga, der 1872 geborene Historiker, hielt im Jahre 1932 seine Rektoratsrede an der Universität Leiden zum Verhältnis Mensch, Kultur und Spiel. Seine These war: „Das Spiel ist älter als die Kultur, und die Kultur selbst hat ihren Ursprung im Spiel": Tiere, Kinder, Künstler spielten schon immer. Sein Spielbegriff war gleichsam ein Gegenentwurf zum Menschenbild jener Zeit. (Ein Jahr später, 1933, hielt in Freiburg im Breisgau Martin Heidegger seine Rektoratsrede über Kampf, Zucht und Germanentum.) Huizinga zog sich 60jährig zurück und schrieb sein Buch „Homo ludens", 1938 erschien es auf Holländisch, 1939 in deutscher Übersetzung.[9] Zugang ist ihm der homo sapiens, der homo faber und der homo ludens, der denkende, schaffende und spielende Mensch. In dieser dreifachen Bestimmung sieht er das Humanum. Spiel ist für ihn eine Primärkategorie menschlichen Lebens, ist Existenz, nicht nur Entlastung und Überschuss. Entscheidend, so Huizinga,

---

8   Ebd.
9   Huizinga 1987.

sei der Witz, die Tollheit im Spiel. Neben der Sprache und dem Mythos sei das Spiel das Ursprünglichere und am tiefsten Gehende, eine nie versiegende Quelle aller Kultur. Das Spiel hat Anfang und Ende, es bietet Anspannung und Entspannung, Spaß und heiligen Ernst; und es hat Regeln – im alltäglichen, gewöhnlichen Leben und im Außergewöhnlichen. Huizinga beschreibt in seinem Buch mittelalterliche Ritter- und Lanzenspiele – und er weiß auch um die Grausamkeit des modernen Krieges, den die Welt zwischen 1914 und 1918 erlebte. 1938, 20 Jahre später, zieht er eine bittere Bilanz. Huizinga, der als Rektor 1933 einen deutschen Nationalsozialisten von der Universität Leiden gewiesen und sich gegen Antisemitismus gewehrt hatte, wird interniert, 1943 werden seine Bücher verboten in den Niederlanden. Eine Emigration lehnt er ab – resigniert stirbt er am 1. Februar 1945, beinahe vergessen. Er hat, so die Philosophin Ursula Pia Jauch, den Zusammenbruch Deutschlands und die Befreiung der Niederlande nicht mehr erlebt – „auch nicht, dass die Menschen wieder zu spielen begannen mitten in den Ruinen, ungeachtet von Hunger und Not." Über Huizingas Leben hat sie als einen Titel gesetzt: Es gälte „Auch für Huizinga: Biografie ist kein Spiel!"[10]

Was definiert sich nach Huizinga als Spiel, was sind seine Kriterien? Die knappste Erklärung lautet: Spiel ist „So tun als ob", definiert durch sieben Aspekte:

1. das freie Handeln, das Vergnügen am Spiel
2. das Bewusstsein, Spiel sei nicht Wirklichkeit, sondern Imagination
3. zeitliche und räumliche Abgeschlossenheit, die vom Alltag trennt
4. Wiederholbarkeit
5. Spiel hat keine materiellen Interessen
6. Spiel trägt sein Ziel „in sich selbst"
7. Spiel ist von Spannung und Freude begleitet.

Legen wir diese Kriterien an das Geistliche Spiel, das Kinderspiel, den Wettstreit, Glücksspiele, Mimikry und Rausch an, so bleibt dennoch die Frage: Was ist, wo beginnt und wo endet das Spiel?

Ethnologen streiten darüber, ob etwa das indonesische Schattentheater Spiel sei oder religiöser Ahnenkult; sie kolportierten auch, dass Indianerkinder kein Spielen kennten, sondern nur ernste Arbeit mit und unter Erwachsenen; und sie verweisen auf indigene Faktoren am Beispiel Samoa: Was anderswo Arbeit heiße, sei hier Spiel, diene der Unterhaltung und der Geselligkeit.

Was heißt dies für komplexe Industriegesellschaften? Was etwa ist die Jagd, die (so ihre Anhänger) Sport und Spiel sei, der Unterhaltung,

---

10   Jauch 2001, S. 69.

dem Status und Erwerb diene? Und was ist Fußball? Die Antwort muss heißen: es kommt stets auf den Standort, die Perspektive an. Es ist Arbeit für die Akteure, und es ist zugleich Spiel für das Publikum in der Arena, für die Menschen vor oder hinter dem Vorhang, auf der Tribüne oder dem Spielfeld. Nicht also die Tätigkeit an sich, sondern das Bewusstsein, der jeweilige Standort definiert das Spiel.

Die Erforschung von Religion, Biografie und Spiel ist für die Kulturwissenschaft ein nicht leichtes, aber lohnendes Feld. Dabei gilt es, gemäß der Aufgabe, die der Kulturforschung stets aufgegeben ist nach Natalie Zemon Davis, stets nach Kontext und Vergleich zu fragen. Beginnen würde ich meine religions- und spielbiografischen Forschungen zum Beispiel bei Pia, einer Schweizer Benediktinerin, Ordensfrau im Kanton Aargau. Sie trat ein ins Kloster mit achtzehn, ihre leibliche Schwester folgte ihr. Beide stammen aus einer Familie mit 13 Kindern, von einem Hof in der Innerschweiz; die Schwestern zeigen mir die Richtung, mit sehnsüchtigem Blick: „Dort hinter Luzern, da liegt unsere Heimat!" Von den 13 Kindern sind fünf in den geistlichen Stand getreten: einer der Brüder ist Priester; zuerst war er Pfarrer im Bistum Chur, nun ist er Spiritual einer Münchner Frauenkongregation. Ein zweiter Bruder ist Klosterbruder in Einsiedeln, eine Schwester ist Ordensfrau in Ingenbohl. Pia selber ist Priorin im Aargauer Kloster, ihre Schwester ist die Hostienbäckerin. Haben alle der 13 als Kinder Religion gespielt? Wer aus dem gesamten Konvent ihres heutigen Klosters hat Religion gespielt? Gab, gibt es zielführende Wege, „Erfolgsquoten", zeitliche, regionale, soziale Unterschiede?

Ohne Frage gibt es solche nach Geschlecht, nach Region und nach Konfession. Dies war zu Beginn des Vortrags bereits unüberhörbar: Als Protestantin ist mir die eigene Seite näher – mein Eingangsbeispiel der „Hasenleich" zeigte es; es war die einzige spielerische Kasualie meiner Kindheit, trotz guter kirchlicher Erziehung.

Umso aufregender waren für mich die wenigen Funde in Mitteldeutschland; es waren Zufallsfunde, nota bene. Etwa ein Schwarz-Weiß-Foto „Pfarrerspiel im Altenburger Land (Loma)"; es zeigt eine Taufe in den 1930er Jahren, in einem Dreigenerationenbild. Der Täufling ist eine Puppe im Taufkleid, gehalten von Ruth, der Kantorentochter, Jahrgang 1928; daneben, als Pfarrer im Talar, die Freundin Erika, als Beffchen dient ihr ein Gardinenrest, als Barett eine Baskenmütze des Vaters, des Dorfschullehrers. Weitere Staffage als „Kindermädchen" bildet eine Freundin mit weißer Schürze, dahinter stehen die leiblichen und Spiel-Großeltern. Im Thüringer Wald, so hörte ich, habe ein Pfarrer auch einmal Taufe gespielt mit Kindern, er habe dabei drei Katzen getauft. Daraufhin sei er vom damaligen Bischof Leich entlassen worden.

Ein anderes, aktuelles Beispiel verdanke ich Pfarrer Martin Krautwurst aus Magdala bei Jena, der 1999 einen Brauch wiederbelebte, der seit 1664 in Jena vergessen war. Seit 1999 werden in der kleinen Ottstedter Dorfkirche, jeweils am 6. Dezember jeden Jahres, drei Kinderbischöfe gewählt auf ein Jahr, sie sind zwischen sechs und zwölf Jahre alt. So auch Emma (6), Lara (9) und Mattea (6), die 2011 stolz Ornat und Stab trugen und in einem Familiengottesdienst ins Amt eingeführt wurden. Öffentlichkeit und Medien nahmen regen Anteil an den Rats-Sitzungen, die sich mit Themen wie „Rechte für Kinder" befassten.

Seit Sebastian Brants „Narrenschiff" von 1494, spätestens aus den Bildern und Allegorien des Mittelalters wissen wir: Spiele gab es für Erwachsene und Kinder, für Mädchen und Knaben, für geistliche und weltliche Spielende. Spielen, auch Spielleidenschaft und Spielsucht waren alltäglich, sie waren ausgeprägt und wurden angeprangert. Und: Spiel war Ritual und Brauch – das Spiel war „in allen Dingen". Das Spiel war höfisch, etwa in der Minne, der Liebeswerbung; es war kirchlich, in der Liturgie, in Musik und Kunst; es war kriegerisch, in Kampf und Ritt; und es war klösterlich, wie neue archäologische Spielkarten-Funde zeigen; auch sind seit dem 12. Jahrhundert Ballspiele hinter Klostermauern belegt. Nonnen, so wissen wir aus neuer Forschung, spielten nicht nur Ball und Karten, sie spielten auch und vor allem „Mutterles". Christoph Kürzeders reiche Ausstellung im Freisinger Diözesanmuseum 2012[11], den „Seelenkindern" gewidmet, beleuchtete die den Novizinnen mitgegebenen „Seelentrösterlein" als genuinen Bestandteil im Kontext der Frauenmystik, die Bilder vom „Himmelsbräutigam", auch im Krippenspiel, vom Krippenbauen und Kindlwiegen, der Kindlreise und Kindsspeisung. Im Spiel verbanden und verbinden sich klösterliches Frauenleben und Mystik, Alltag und Frömmigkeit – bis hin zu jenem anrührenden Beispiel vom „Hauserl", schwäbisch dem „Haushalterle". Unter diesem Namen belegt hat diese Praktik im Leutkircher Frauenkloster der Franziskanerinnen jüngst Manfred Thierer beschrieben[12]. Klosterfrauen aus Mindelheim haben ein „Hauserl" aufbewahrt und nach Freising für die Ausstellung ausgeliehen. Nina Gockerell beschreibt solche Geschichte aus dem Kloster Altenhohenau bei Wasserburg am Inn[13]. Dort war das „Seelenkind" in der Klausur als „Hauserl" unterwegs; mit Gängelbändern versehen, wanderte es nachts von Zelle zu Zelle, um im Kloster „nach dem Rechten zu sehen".

Dem biografisch eingebundenen Spiel entspricht das jahreszyklische von Krippe und Krippenspiel, dem Bohnenkönig an Dreikönig, das Dominik Fugger in einer Monographie beschreibt[14]; von Heiligen Gräbern, Ölbergen und Prozessionen am Palmsonntag, der Karwoche, Ostern und Himmelfahrt. All dies war im besten und ganz wörtlichen Sinne „Teatrum mundi", Weltspiegel und Welttheater.

---

11 Aris / Kürzeder 2012.
12 Thierer 2013, S. 26–28.
13 Gockerell 2012, S. 110–125.
14 Fugger 2007.

Mit dem Ende des Mittelalters bahnt sich Neues an. Brueghels Bild von den Kinderspielen aus dem Jahre 1560 will – neben anderem – trennen, es will durch das Beispiel lehren. Es will erfreuen und nutzen und damit auch bereits zeigen, was in der Folgezeit zunehmend zum Programm wurde: zum Programm der Versittlichung, der Pädagogisierung, der Volksaufklärung. Die kirchliche Aufklärung, das wissen wir aus Quellen, hat nicht nur „das Krippele abgeschafft", wie ein süddeutscher Benediktinermönch im Jahre 1808 stolz vermeldet[15]. Sie hat auch das Heilige Grab, Himmelfahrtsspektakel, die Pfingsttaube, den Blasiussegen und die Benediktion des Agathabrotes ins Visier genommen. Überleben darf nur, jenen Intentionen zur Folge, was nützlich ist: etwa die Kindersegnung, der Segen für Osterspeisen und Kräuterbüschel, nicht aber das Bringen der Holzscheite fürs Osterfeuer oder das der Palmstangen – wegen „Unordnung, Tumult, Aberglauben", so fürchtete man. Entfallen sind damit viele Feiertage und Riten, Christmette und Figuralmusik, Betstunden am Gründonnerstag und Karfreitag, Auferstehungsfeier, Bittgänge, Öschprozessionen und Öschritte, Wallfahrten und Bruderschaften.

Was diesem Rigorismus zu widerstehen und damit zu überleben vermag, wandelt sich: Im 19. Jahrhundert erfahren diese populären religiösen Praktiken eine Domestizierung, Privatisierung und Infantilisierung. Damit „verschwinden" sie nicht selten auch aus den Quellen, als „fromme Praktiken des Volkes". Belege dafür sind private, autobiografische Berichte – und das heißt: wir haben eine subjektiv gefärbte Memoria, sie ist fragmentarisch, auch nostalgisch, und sie ist ideologisch gefärbt.

Der Öffentlichkeit und der Forschung sind diese biografischen Religionsspiele im 19. und 20. Jahrhundert weithin verborgen. Allenfalls auf Befragen hin werden sie assoziiert – wie das von Ulrika Wolf-Knuts erinnerte Kirch-Spiel mit der Schwester; in ihrer skandinavischen Kindheit der fünfziger Jahre, so erzählte sie mir, habe der bunte Deckel des populären Brettspiels „Der Stern Afrikas" ihnen als Altar gedient. In Lebenserinnerungen von Geistlichen stehen Religionsspiele oft für ein frühes Faszinosum und Tremendum. Sie sind damit klare Vorausdeutung und Zeichen für spätere geistliche Wege. Oder auch für nichtgeistliche, andere Wege: Die von Ingeborg Weber-Kellermann unter dem Titel „Was wir gespielt haben" edierten Kindheitserinnerungen liefern dafür reichlich Beispiele[16]: So etwa Hermann Hesses Bibelspiele, die um die Sintflut kreisen und wenig Geistliches erwarten lassen. Marie von Ebner Eschenbach beschreibt Messe-Spiele, ähnlich auch Hermann Sundermann. Ein besonders eigenständiges und kenntnisreiches Religionsspiel sei in Auszügen

---

15 Beck 2003, S. 253–270.
16 Weber-Kellermann 1992.

zitiert. Sein Verfasser ist Heinrich König, 1790 in Fulda geboren, er wurde zum Dichter, nicht aber Geistlicher:

> „Wir wollten ‚Ewigkeit' spielen…Aus den Reisigwällen in der Halle wurden 3 Höhlen als Hölle, Fegfeuer und Himmel hergerichtet und die Gespielen nach meiner Gnadenwahl darin verteilt. Das am jüngsten Maivorabend geweihte Ziegenställchen hatte unter schrägem Dache einen knappen Bodenraum für das tägliche Futter. Jetzt, da es eben leer war, erhoben wir drei ältesten Buben unser liebes Kathrinchen als Maria zu diesem himmlischen Sitz und umgaben sie als Dreifaltigkeit. Während nun die Seligen im Reisighimmel sich mit Jubel und Jauchzen genugtaten, ließen es die Verdammten an überbietendem Heulen und Zähneklappern nicht fehlen, (auch) meckerte die beunruhigte Ziege…Ich als Gottvater schon etwas verdrossen, dass Sohn und Geist die Maria in ihre Mitte genommen und mich beiseite gedrängt hatten, schickte jenen hinab, einige Seelen aus dem Fegfeuer zum Himmel zu erlösen. Nun rückte ich der freundlichen Maria etwas näher. Doch diese dritte Bewegung war zu viel für die Umstände: die halbe Schütte Stroh, auf der wir saßen, rutschte; Maria konnte sich auf diesen goldenen Strahlen unseres Himmels nicht halten und glitt in den Hof hinab. Ihr Wehgeschrei brachte Himmel, Hölle und Fegfeuer in Aufruhr; Selige und Verdammte vermischt umstanden die Gefallene, die sich endlich erhob und mit einer Quetschung am Bein nach Hause hinkte. Über uns andere kam die Ahnung eines Strafgerichts für unser frevelhaftes Spiel, so dass wir kleinlaut davonschlichen."[17]

„Ewigkeit" in dieser Geschichte ist mein Stichwort: „Die Reise in die Ewigkeit" hieß ein populäres Religionsspiel, es war vergnüglich, gesellig, nicht lehrreich-trocken, und dennoch ein wirksames Medium religiöser Erziehung. Die Reise in die Ewigkeit, 1902 in Münster erschienen, war seit 1890 als Brettspiel in vielen Varianten bekannt. Es gab sie katholisch, evangelisch, pietistisch, mit zwei farbigen Feldern: hellblau (i. e. „himmelblau"!) – das waren die guten Tugenden Demut, Gehorsam, Geduld. Und gelb (der Neid!) stand für das Böse, Lüge, Stolz, Zorn. Jede Untugend führte durch das Würfeln rückwärts beziehungsweise zur gerechten Strafe, jede Tugend führte vorwärts, das heißt aufwärts, himmelwärts. Das Feld Nr. 47 war die Hölle, das Feld Nr. 94 das Fegfeuer, das Feld 100 (himmelblau!) war die „Krone der Vergeltung!"[18] Mein Lieblingsbeispiel aus dem 19. Jahrhundert, protestantischer Provenienz, ist das „um 1847" datierte Bild von Johann Peter Hasenclever „Die Pfarrerskinder", das 2013 zur Titelvignette wurde für die im Deutschen Historischen Museum Berlin gezeigte Ausstellung über das Evangelische Pfarrhaus[19]. Es ist eine ironisch-biedermeierliche Familienszene. Arm in Arm im Vordergrund zwei Pfarrerskinder: der Bub als Herr Pfarrer, üppig barock kostümiert, mit Perücke, Beffchen, Silberknöpfen, Stock und Bibel unterm Arm keck

---

17 Zit. nach ebd., S. 204–205.
18 Die Reise in die Ewigkeit – ein kurioses Brettspiel aus der Zeit um 1900 in einer Neuauflage des Diözesanmuseums Freising. Freising 2012.
19 Leben nach Luther. Eine Kulturgeschichte des evangelischen Pfarrhauses. Hrsg. v. Deutschen Historischen Museum. Berlin 2013.

ausschreitend, den Blick nach oben gerichtet. Das Mädchen ebenso üppig gewandet, mit Hut und Schleier, einem Gesangbuch in der Hand, senkt den Blick. Zwischen den Kinderfüssen am Boden ein Spielzeugdörfchen aus Holzklötzen, bestehend aus einer Kirche und acht Häusern, Bäumen und Tieren. Im Hintergrund des mit allen gutbürgerlichen Attributen geschmückten Salons die Eltern am Kaffeetisch, die Kinder fixierend.

Hier, in Hasenclevers Szene von 1837, „spielen" die Kinder noch Religion, verkleidet, „Religion im Pfarrerspiel". Bald aber lernen sie Religion im Spiel.

Eine Generation später, ebenfalls im protestantischen Milieu, finden sich Religion-„Lernspiele" im bürgerlichen Haus; nicht nur im frommen oder gar im Pfarrhaus, so lässt sich aufgrund von Auflagenhöhe und Verbreitung vermuten. Zwei Spiele seien dafür als Beispiele genannt.

Das erste trägt den Titel „Persönlichkeiten des Neuen Testaments. Biblisches Quartettspiel. Zusammengestellt von Albert Wiest. Druck und Verlag der St. Johannis-Druckerei C. Schweickhardt, Lahr-Dinglingen (Baden)". Der von 1896 bis 2010 florierende Johannis-Verlag versorgte das evangelische Haus reichlich. Peter Hahne war einer der letzten Autoren. Das „Bibelquartett" war ein Lernspiel, in heutiger Diktion „religionspädagogisch wertvoll". So formuliert es die Anleitung „Zum Geleit": In „15 Quartetten = 60 Karten (werden) die wichtigsten Persönlichkeiten des Neuen Testaments behandelt: Kaiser, Landpfleger, Priester, Könige, Synagogenvorsteher, Hauptleute, die zwölf Jünger des Herrn, die Apostel und ihre wesentlichen Mitarbeiter, Märtyrer, Freunde und Feinde Jesu usw.". Der Ton erinnert an Kontorsprache, kaum an Spiel. Handhabung und Nutzen des „Spiels" (das damit im oben definierten Sinne kaum mehr ein Spiel ist!) werden präzise begründet:

> „Wertvoll ist für die Teilnehmer, wenn beim Spiel nicht nur der gesamte Inhalt der einzelnen Karten gelesen, sondern auch die angeführten Schriftstellen aufgeschlagen und laut vorgelesen werden. Daran dürfte sich dann eine lebhafte Unterhaltung der Teilnehmer anknüpfen. Der Hauptzweck des Spiels ist der, daß die Beteiligten einen inneren Gewinn und eine Bereicherung ihrer Schriftkenntnis davontragen."

Endet damit unser Thema – im lebensgeschichtlichen Archiv des Erinnerns, im Antiquariat, und bestenfalls im Museumsdepot?

„Meine Kinder sind alle aus der Kirche ausgetreten", und deshalb kam der kleine Spielzeugaltar eines im Jahr 1930 geborenen Mannes jüngst ins Österreichische Museum für Volkskunde. Die erste Schenkung zog eine zweite nach sich – mit 40 Teilen kam nun noch das Zubehör mit Altargerät, Kaseln, Stola. Solche Prozesse der Musealisierung der „frommen Dinge" hat 1995 bereits Christine Aka am Beispiel Telgte beschrieben[20]. Nicht nur in Wien wachsen die Depots der Frömmig-

---

20 Aka 1997, S. 427–437.

keitsrelikte, wenn die Erben sie, im ganz wörtlichen und doppelten, „brauch"-geschichtlichen Sinne sie nicht mehr „brauchen", aber auch nicht wie Müll zu entsorgen, einfach wegzuwerfen wagen.

Die Fragen aber bleiben: an das Thema, an die Kirchen, an die Kulturforschung. Ich kehre zurück zum Anfangsbeispiel Taufe. A wie Alpha, A wie „Alphakurs" – diese Kurse gibt es seit den 1970er Jahren zu buchen, es sind „10 Abende für Anfänger: Religion". Die Idee begann in London unter dem Namen „Alphalive". Religion, so ließe sich daraus folgern, wird den Kirchen damit zum ernsten Lernprogramm für Erwachsene, bestenfalls noch zu einem „Spiel-Event und Individual-Ritual"; egal, ob es um Tod, Hochzeit oder Taufe geht. Alles, so berichtet mir ein „Citypfarrer", wird gefragt, gesucht, erprobt, montiert und collagiert; fast alles wird vermarktet, wenig verweigert. Dies gilt für die neuen, buntgemischten „Ritualanbieter", und es gilt zunehmend auch für den „Haupt-Ritualanbieter Kirche". Trotz einer bundesdeutschen „starken Taufquote von 51,9%" spricht man in den Kirchen von einer „Depression in der Institution", so ein Medienspiegel. Es gibt deshalb Hilfen aller Art, „Faltblätter", „Kasual-Flyer", große Umfragen, Symposien und Sozialforscher unter Vertrag, als Experten, Berater, Auguren für Rat suchende Kirchenleute. Und dennoch, so liest man mit Staunen, lässt heute ein Drittel der Kirchenmitglieder („Tendenz zunehmend") die Kinder nicht mehr taufen. „Keine Sehnsucht nach Taufe", so titelt die Kirchenpresse. Warum? Die Eltern wollen das Taufritual vertagen, ihre Kinder selbst „später" entscheiden lassen, zu einem (oder keinem) selbstgewählten Zeitpunkt. Helfen hier Alphakurse? Lernprogramme? Oder hilft jener lustig-bunte „Taufkoffer", den eine Gemeinde bereits mit angeblich großem Erfolg erprobt?

Bei „Ritual-Lust-Verlust" hilft dies aus meiner Sicht kaum – so wenig wie die Luthersocken Glaubenszweifel beseitigen, wie beim Sterben die 3-D „Miniatur Auferstehung für 8,90 € in einer bedruckten Streichholzschachtel" helfen oder Angst tilgen kann. Aus alten Bauteilen und Baukästen werden scheinbar neue, pfiffige und witzige Alltagsbegleiter, welche die Kirchen per Werbung und Internet massenhaft feilbieten. Sind Rituale Relikte? Führt der vermeintlich neue Weg der Dinge und Rituale zum Erfolg (welchem auch immer) – oder führt er in die nur eine, unvermeidbare Richtung: „Sakral-Profan-Museal?"

Sind die sakralen Dinge und die profanen Dinge, einst im Ritual der Taufe fest eingebunden und tradiert, künftig nur noch museal sichtbar, präsentierbar und erklärbar: Taufgeräte, Taufschalen, Taufkannen, Taufschleier und -kleider, gehäkelt, bestickt, beschriftet? Taufengel, auch jener multifunktionale Engel im Museum „Kirche in Franken" in Bad Windsheim, der dem Pfarrer zugleich als Taufhandtuchhalter diente; Patenbrief und Patendank, Patentaler mit passendem Geldtäschchen, bestickt, dazu spezielle Taufgebäcke... sie allesamt Requisiten eines Brauchs in der Vitrine? Als Memoria privat blieben, in der häuslichen Vitrine und im Fotoalbum, Taufkerze und Taufbilder.

Ist damit auch die Ritualforschung im Kontext von Biografie und Brauch am Ende? Keineswegs. Denn Rituale, so Ulrich Greiner in einem zornigen ZEIT-Kommentar,

> „kann man nicht erfinden [...]. Sie gelten, um mit Odo Marquard zu reden, ‚aufgrund ihrer faktischen Geltung, sie gelten, weil sie schon galten'. Rituale beruhen also auf Tradition, und Tradition beruht auf Dauer. [...] [Das Ritual] steht für die Dauer im Wandel, es verkörpert Beständigkeit. [...] [V]or allem weist es über sich selbst hinaus [...]. Das Moment der Transzendenz, das dem Ritual wesentlich ist, hebt das Individuum aus seiner Zufälligkeit empor und ordnet es ein in eine höhere Ordnung. Damit das geschehen kann, muss der Ablauf feststehen, er muss einer seit langem erprobten und von daher gültigen Form Folge leisten."[21]

Greiner zitiert Hermann Lübbes Satz „‚Tradition gilt nicht wegen ihrer erwiesenen Richtigkeit, sondern wegen der Unmöglichkeit, ohne sie auszukommen.'"[22]

Was heißt das für die „neuen Rituale"? Ihre „synkretistische Vielfalt", die ganz ins zufällige Belieben gestellt ist, mache sie

> „noch nicht zum ‚neuen Ritual'. Viele [...] bedienen sich bei exotischen Religionen und Kulturen. In den Augen mancher Zeitgenossen bilden auch die Weltanschauungen einen Markt, aus dessen Angebot man sich das Passende aussuchen kann. Doch so leicht kommt man nicht davon. Man springt nicht von einer Tradition in die andere, man wechselt nicht die Kultur wie das Hemd." [23]

Rituale, die neuen wie die alten, müssen von uns beobachtet und interpretiert, und sie müssen stets neu gedeutet werden: in ihrem Kontext, im Vergleich und ihren Dimensionen von Erleben und Bedeuten; auch in jenen eingangs benannten Dimensionen der Expectatio, Repetitio, Limitatio, Identificatio, in ihrem jeweiligen komplexen Rahmen von Traditio und Communitas. So gesehen ist Religion heute – nicht nur für Experten – wahrhaft kein Kinderspiel.

21　Die ZEIT, 22. Juni 2014.
22　Ebd.
23　Ebd.

Quellen- und Literaturverzeichnis

Literatur

Aka, Christine: Wegwerfen tabu? Zeichen katholischer Sinnwelten im Säkularisierungsprozeß. In: Brednich, Rolf Wilhelm / Schmitt, Heinz (Hg.): Symbole. Zur Bedeutung der Zeichen in der Kultur. 30. Volkskundekongreß in Karlsruhe 1995. Münster 1997, S. 427–437.

Kühne, Hartmut / Bünz, Enno / Müller, Thomas E. (Hg.): Alltag und Frömmigkeit am Vorabend der Reformation in Mitteldeutschland. Katalog zur Ausstellung „Umsonst ist der Tod". Petersberg 2013.

Beck, Otto: Das Krippele ist abgeschafft... Frömmigkeit am Vorabend der Säkularisation. In: Rudolf, Hans Ulrich / Blatt, Markus (Hg.): Alte Klöster. Neue Herren. Die Säkularisation im deutschen Südwesten 1803. Katalog und Begleitbände der Großen Landesausstellung Baden-Württemberg 2003 in Bad Schussenried, Bd. 2/1. Ostfildern 2003, S. 253–270.

Brückner, Wolfgang: Lutherische Bekenntnisgemälde des 16. bis 18. Jahrhunderts. Die illustrierte Confessio Augustana. Adiaphora. Schriften zur Kunst und Kultur im Protestantismus. Regensburg 2007.

Ders.: Konfessionalisierung über den Katechismusunterricht. Das „Aufbeten" der Kinder bei Jesuiten und Lutheranern. In: Würzburger Diözesan-Geschichtsblätter, 69 (2007), S. 35–48.

Deutsches Hygiene-Museum (Hg.): Spielen. Zwischen Rausch und Regel. Begleitband zur gleichnamigen Ausstellung 2005. Ostfildern 2005.

Die Reise in die Ewigkeit – ein kurioses Brettspiel aus der Zeit um 1900 in einer Neuauflage des Diözesanmuseums Freising. Freising 2012.

Fugger, Dominik: Das Königreich am Dreikönigstag. Eine historisch-empirische Ritualstudie. Paderborn 2007.

Gockerell, Nina (Hg.): Il bambino Gesù. Italienische Jesuskindfiguren aus drei Jahrhunderten. Sammlung Hiky Mayr. Ausstellungskatalog Bayerisches Nationalmuseum. München 1997.

Dies.: Wallfahrten zum Jesuskind. In: Haßlberger, Bernhard / Kürzeder, Christoph (Hg.): Seelenkind. Verehrt. Verwöhnt. Verklärt. Das Jesuskind in Bayerns Frauenklöstern. Begleitband zur gleichnamigen Ausstellung im Diözesanmuseum Freising vom 25. November 2012 bis 10. Februar 2013. Freising 2012, S. 110–125.

Greiner, Ulrich: Eine Idee wird verdünnt. Rituale gelten, weil sie schon galten? – man kann sie nicht erfinden. In: Die ZEIT, 24/2014, 22. Juni 2014.

Haßlberger, Bernhard / Kürzeder, Christoph (Hg.): Seelenkind. Verehrt. Verwöhnt. Verklärt. Das Jesuskind in Bayerns Frauenklöstern. Begleitband zur gleichnamigen Ausstellung im Diözesanmuseum Freising vom 25. November 2012 bis 10. Februar 2013. Freising 2012.

Huizinga, Johan: Homo ludens. Vom Ursprung der Kultur im Spiel. Reinbek 1987.

Jauch, Ursula Pia : Homo ludens – Der Mensch, ein Spieler. Zürich 2001.

Kania, Monika: „Geistliche Hochzeit". Primiz als Heimat-Feier (Veröffentlichungen zur Volkskunde und Kulturgeschichte, Bd. 62). Würzburg 1997.
Köhle-Hezinger, Christel: Kinderpost-Träume. Gedanken zur Ästhetik des Nützlichen en miniature. In: Schweizerisches Archiv für Volkskunde 98 (2002), S. 145–150.
Dies.: Dinge, Orte, Zeiten: Private Jubiläen. In: Paul Münch (Hg.): Jubiläum, Jubiläum... Zur Geschichte öffentlicher und privater Erinnerung. Essen 2005, S. 209–220.
Dies.: „Fromme Dinge"? Aspekte protestantischer Identität. In: Heyl, Andreas von / Kemnitzer, Konstanze Evangelia (Hg.): Modellhaftes Denken in der Praktischen Theologie. Festschrift für Klaus Raschzok. Leipzig 2014, S. 279–287.
Seyderhelm, Bettina (Hg.): Taufengel in Mitteldeutschland. Geflügelte Taufgeräte zwischen Salzwedel und Suhl. Regensburg 2009.
Dies.: Tausend Jahre Taufen in Mitteldeutschland. Katalogbuch zur großen Sonderausstellung im Dom zu Magdeburg 2006. Regensburg 2006.
Stiftung Deutsches Historisches Museum (Hg.): Leben nach Luther. Eine Kulturgeschichte des evangelischen Pfarrhauses. Berlin 2013.
Thierer, Manfred: Das „Haushalterle" des Leutkircher Frauenklosters. In: Im Oberland 2 (2013), S. 26–28.
Thurnwald, Andrea K.: „Kind, du bist uns anvertraut". Geburt und Taufe im Leben fränkischer Familien und Gemeinden. Begleitband zur gleichnamigen Ausstellung 1994 (Schriften und Kataloge des Fränkischen Freilandmuseums Bad Windsheim, Bd. 22). Bad Windsheim 1994.
Turner, Victor: Das Ritual. Struktur und Anti-Struktur. Frankfurt a.M. / New York 1989.
Ders.: Vom Ritual zum Theater. Der Ernst des menschlichen Spiels. New York 1989.
Vogel, Heiner: Bilderbogen, Papiersoldat, Würfelspiel und Lebensrad. Volkstümliche Graphik für Kinder aus fünf Jahrhunderten. Leipzig / Würzburg 1981.
Weber-Kellermann, Ingeborg / Falkenberg, Regine (Hg.): Was wir gespielt haben. Erinnerungen an die Kinderzeit. Frankfurt a.M. / Leipzig 1992.
Wilckens, Leonie von (Bearb.): Spiel. Spiele. Kinderspiel. Begleitheft zur Ausstellung im Germanischen Nationalmuseum Nürnberg 1986. Nürnberg 1985.

„Das Fremde ist nicht komisch, sondern anders"
Wahrnehmung von und Umgang
mit religiöser Differenz in der Schule

Andrea Kreuzer

Anlässlich der Tagung, die diesem Band vorausging, wurde dieser Beitrag in die Rubrik „Kontakt und Konflikt" eingeordnet. Wenige Monate später gingen bei PEGIDA-Demonstrationen in Dresden Menschen gegen eine vermeintliche „Islamisierung des Abendlandes" auf die Straße, Gegendemonstrationen formierten sich und ein islamistisch motivierter Anschlag auf die französische Satirezeitschrift Charlie Hebdo löste Bestürzung und Solidaritätsbekundungen aus – der Themenkomplex Migration, Kultur und Religion hat nach wie vor Relevanz.

Bereits 1996 wurde interkulturelle Bildung und Erziehung seitens der Kultusministerkonferenz als eine Querschnittsaufgabe der Schule betrachtet, vor dem Hintergrund der „kulturellen Pluralisierung unserer Gesellschaft" und den „ausländerfeindlichen Ausschreitungen Anfang der 90er Jahre"[1]. Dieser Beschluss wurde im Jahr 2013 aktualisiert und bestätigt.[2] Nicht zuletzt damit wird interkulturelles Lernen auch zu einer Aufgabe für die Fächer Religion und Ethik. Doch wie sieht interkulturelle Bildung und Erziehung im Schulalltag aus? Welche kulturellen bzw. religiösen Unterschiede nehmen Lehrkräfte wahr und wie gehen sie damit um? Was möchten sie ihren SchülerInnen vermitteln? Diesen Fragen wird im Zuge einer Dissertation nachgegangen, die aktuell am Lehrstuhl für Psychologie der Universität Bayreuth entsteht. Dazu werden qualitative Interviews mit Lehrkräften der entsprechenden Fächer geführt. Hier soll nun ein erster Einblick in den aktuellen Stand der Arbeit gegeben werden. Zunächst werden dazu die Kontexte Schule, Kultur und Religion aus erziehungswissenschaftlicher Perspektive betrachtet. Anschließend werden Fragestellung und Vorgehensweise erläutert und ein Interview exemplarisch vorgestellt, um abschließend eine erste zusammenfassende Charakterisierung zu versuchen. Ausgewählt wurde eine Lehrerin, die sich aufgrund ihres familiären Hintergrundes für ein größeres Islamverständnis einsetzt.

---

1   KMK 2013, S. 2.
2   Vgl. ebd.

Kultur, Schule und Religion – Kontexte

Die Diskurse über Migration und Bildung haben im Laufe der Zeit unterschiedliche Schwerpunktsetzungen erfahren. Eine Überblicksdarstellung findet sich beispielsweise bei Paul Mecheril u.a. 2010, auf die sich die nachfolgenden Ausführungen beziehen:[3] Während die 1960er Jahre als eine Dekade diskursiver Stille beschrieben werden, beginnt in den 1970er Jahren ein Defizitdiskurs. Man konzentrierte sich auf Schwierigkeiten und Defizite der zahlenmäßig zunehmenden „Ausländerkinder" und kreierte ausländerpädagogische Konzepte, vor allem Probleme mit der deutschen Sprache, aber auch „Identitätsprobleme" gerieten ins Blickfeld. In den 1980er Jahren entstand Kritik an dieser Perspektive, die nachfolgende Dekade stand im Zeichen eines Differenzdiskurses. Man beschäftigte sich mit den Kulturen der Migranten, die jetzt als ein bleibender Bestandteil im Bildungssystem gesehen wurden. Es wurden Konzepte zu interkultureller Bildung und Erziehung entwickelt, allerdings verblieb dieser Richtungswechsel vorwiegend auf der akademischen Ebene. Die 1990er Jahre wurden bei Paul Mecheril u.a. als Dekade des Dominanzdiskurses bezeichnet. Rechtsextremistische Angriffe lösten Diskussionen aus, Rassismustheorien wurden in stärkerem Maße als bisher rezipiert. Die Kultusministerkonferenz bezeichnete in dem bereits erwähnten Beschluss aus dem Jahr 1996 interkulturelle Bildung und Erziehung als eine Querschnittsaufgabe der Schule. Als Dekade der Disziplinierung fasst Mecheril die 2000er Jahre zusammen. Hier spielten gesetzliche Änderungen bei der Staatsangehörigkeit eine Rolle, die PISA-Studien nahmen das Schulsystem in den Blick. Ausländerpädagogische Positionen und Diskussionen über sprachliche Defizite wurden gestärkt. Nicht nur Sprache, auch Religion wurde zunehmend in der öffentlichen Diskussion bedeutsam, insbesondere der Islam.

Die Kultusministerkonferenz hat ihren Beschluss „Interkulturelle Bildung und Erziehung in der Schule" aus dem Jahr 1996 im Dezember 2013 noch einmal in einer aktualisierten Fassung veröffentlicht.[4] Er gibt einen Einblick, welche Idealvorstellungen aktuell vorherrschend sind. Um die Bandbreite zu verdeutlichen, hier schlaglichtartig einige dort genannte Aspekte: „Schule nimmt Vielfalt zugleich als Normalität und als Potenzial für alle wahr."[5] „Sie tritt aktiv der Diskriminierung einzelner Personen oder Personengruppen entgegen."[6] Kulturen sollen „als sich verändernde kollektive Orientierungs- und Deutungsmuster"[7]

---

3   Vgl. Mecheril u.a. 2010, S. 56–58; s.a. Billmann-Mahecha / Kölbl 2007, S. 678–679.
4   KMK 2013.
5   Ebd., S. 3.
6   Ebd.
7   Ebd., S. 4.

wahrgenommen werden. Eigene „kulturgebundene Prägungen und Deutungsmuster sowie gegenseitige soziale Zuordnungen und Stereotypisierungen"[8] sind zu reflektieren. SchülerInnen sollen nicht auf „fremdbestimmte Zuschreibungen"[9] festgelegt werden. Die Selbstreflexion soll gefördert werden, beispielsweise durch „Einbeziehung unterschiedlicher Perspektiven bei der Erarbeitung der Unterrichtsinhalte der Fächer."[10] Lehr- und Lernmaterialien sollen daraufhin geprüft werden, ob bzw. inwiefern die „Heterogenität der Schülerinnen und Schüler berücksichtigt ist".[11] Die Schule „schätzt und nutzt Erfahrungen und besondere Kompetenzen aller Schülerinnen und Schüler als Ressourcen für Bildung".[12] „Wertschätzung und Anerkennung der herkunftsbedingten Mehrsprachigkeit"[13] ist ein weiterer Grundsatz. Das gilt auch für die Eltern, sprachliche Voraussetzungen und unterschiedliches Vorwissen in Bezug auf das Schulsystem sollen auch bei ihnen berücksichtigt werden.[14] Interkulturelle Bildung und Erziehung soll als Schulentwicklungsprozess und Querschnittsaufgabe der gesamten Schule verstanden werden.[15]

Damit sind also alle Schulfächer gefragt, auch das Fach Religion. Der Religions- bzw. Ethikunterricht weist jedoch Besonderheiten auf, die an dieser Stelle für das Bundesland Bayern zusammengefasst werden sollen: SchülerInnen, die einer Kirche oder Religionsgemeinschaft angehören, sind grundsätzlich dazu verpflichtet auch am jeweiligen Unterricht teilzunehmen. Die unterrichtenden Lehrkräfte wiederum benötigen eine Bevollmächtigung der jeweiligen Kirche oder Religionsgemeinschaft. Im entsprechenden Schreiben des Kultusministeriums wird explizit darauf hingewiesen, dass Religionslehre und Ethik nicht zur Wahl gestellt sind. Ethik ist lediglich Ersatzunterricht und von denjenigen SchülerInnen zu besuchen, die entweder bekenntnislos sind, vom Religionsunterricht abgemeldet wurden oder für deren Bekenntnis an der betreffenden Schule kein Religionsunterricht existiert.[16] Philosophie/Ethik kann in Bayern nur als zusätzliches Erweiterungsfach studiert werden. Da es nicht genügend Lehrkräfte mit dieser

---

8   Ebd.
9   Ebd., S. 8.
10 Ebd.
11 Ebd.
12 Ebd., S. 3.
13 Ebd., S. 7.
14 Vgl. ebd., S. 9.
15 Vgl. ebd., S. 6.
16 Vgl. Bayerisches Staatsministerium für Unterricht und Kultus: Grundlagen des Religionsunterrichts und der religiösen Erziehung. München 2009. Online unter: https://www.isb.bayern.de/download/10642/kms_zu_grundlagen_des_religionsunterrichts_und_der_religioesen_erziehung_.pdf [15. Januar 2015].

Ausbildung gibt, kann der Unterricht auch fachfremd erteilt werden.[17] An rund 260 Schulen in Bayern wird im Rahmen eines Modellversuchs außerdem Islam-Unterricht in deutscher Sprache angeboten.[18] In den jeweiligen Lehrplänen, hier exemplarisch am Gesamtlehrplan für die Mittelschule[19], finden sich durchgängig Bezüge zum Thema Kultur und andere Religionen: „Die Schüler erweitern und festigen deshalb im Ethikunterricht der Hauptschule auch grundlegende Kenntnisse über wichtige Wertvorstellungen in verschiedenen Kulturen und in den sie prägenden Religionen und Weltanschauungen" (Fachprofil Ethik). „Informationen über andere Weltsichten, Religionen und Kulturen sollen den Schülern einen Zugang eröffnen, der für das Zusammenleben in unserer pluralen Gesellschaft wichtig ist" (Fachprofil Evangelische Religionslehre). „Sie sollen das Bemühen der Christen um die Ökumene kennen lernen und Verständnis für andere Religionen und Kulturen gewinnen" (Fachprofil Katholische Religionslehre). Im Lehrplan für den Islamunterricht ist ebenfalls ein Themenbereich „andere Religionen" vorgesehen, hier „wird der Blick auf die authentische, theologische oder erlebnisbezogene Binnenwahrnehmung von Andersgläubigen gerichtet […]" (Lehrplan zum Modellversuch „Islamischer Unterricht"). Nicht nur aufgrund dieser besonderen Ausgangsbedingungen ist eine Auseinandersetzung mit dem Umgang von Religion und Kultur in der Schule interessant.

Fragestellung und Methodik

Es wurde bereits deutlich, dass interkulturelle Bildung und Erziehung eine Querschnittsaufgabe mit breit gefächerten Vorgaben darstellt. Eine pauschale Antwort, wie man denn in der Schule mit möglichen kulturellen oder religiösen Unterschieden umzugehen habe, ist schwer möglich. Denn „[s]owohl Formen der schulinternen Ungleichbehandlung als auch Formen der Gleichbehandlung können sich im Effekt als Benachteiligung von Migrationsanderen auswirken".[20] Sind Unterschiede bereits gegeben, sei es hinsichtlich vorhandener Sprachkenntnisse, Wissen über das Bildungssystem, Unterstützungsmöglichkeiten

---

17   Vgl. Bayerisches Staatsministerium für Unterricht und Kultus: Ethikunterricht. München 2009. Online unter: https://www.isb.bayern.de/download/10644/kms_ethikunterricht_24_11_2009.pdf [15.Januar 2015].
18   Vgl. Bayerische Staatskanzlei: Pressemitteilung Nr. 139. Bericht aus der Kabinettssitzung. München 2009. Online unter: http://www.bayern.de/wp-content/uploads/2014/05/Pressemitteilung-Nr.-139-vom-20.-Mai-2014.pdf [15. Januar 2015].
19   Staatsinstitut für Schulqualität und Bildungsforschung: Lehrplan Mittelschule. Online unter: https://www.isb.bayern.de/mittelschule/lehrplan/mittelschule/ [15. Januar 2015].
20   Mecheril u.a. 2010, S. 132–133.

etc., so wirkt sich die Gleichbehandlung aller SchülerInnen negativ auf die Chancengleichheit aus. Umgekehrt kann das auch bei Ungleichbehandlung der Fall sein, wenn beispielsweise durch die Betonung des „anders seins", des „nicht Dazugehörens" SchülerInnen diskriminiert werden. Auch kulturelle Deutungen von Problemen können dazu beitragen.[21] Neben Mecheril[22] warnt auch Rudolf Leiprecht[23] vor einer möglichen Kulturalisierung: Damit gemeint ist eine spezielle Verwendung des Begriffs, eine unzulässige Verallgemeinerung, bei der Kultur beispielsweise als unveränderliche und homogene Nationalkultur gesehen wird. Kultur wird als Problem wahrgenommen, als Erklärung für Konflikte herangezogen. Andere Einflussfaktoren, z.B. struktureller oder sozialer Art, werden ausgeblendet. Eine Dichotomie aus „wir" und „den Anderen" wird geschaffen. Kultur wird möglicherweise an Stelle des Begriffs Rasse verwendet, um Hierarchien zu legitimieren, und kann somit eine Form von Rassismus darstellen. Nicht nur im Kontext Schule kann es gewissermaßen ein „zu viel" an Kultur geben. Denn „obwohl auf den Kulturbegriff nicht verzichtet werden kann, gilt es gleichzeitig, auf der Hut zu sein vor Reduktionismen".[24]

Wie bereits beim Überblick über migrationsgesellschaftliche Bildungsdiskurse angedeutet, gewinnt neben dem Begriff Kultur zunehmend auch Religion an Bedeutung. Yasemin Karakaşoğlu stellt 2011 fest: „Das Thema Islam dominiert den Kulturdiskurs in der pädagogischen Praxis dermaßen, dass der Eindruck entstehen könnte, der diffuse Begriff Kultur habe eine Heimat in der Religion, namentlich dem Islam gefunden […]".[25] Muss nach der Kulturalisierung jetzt also vor einer Religionisierung gewarnt werden? Um dieser möglichen Verknüpfung Rechnung zu tragen und alle Antwortmöglichkeiten offen zu lassen, wird im Zuge dieser Arbeit in den Interviews daher stets nach Kultur und/oder Religion gefragt.

Angesichts der Komplexität des Themas und der Vielfalt der normativen Vorgaben stellt sich unweigerlich die Frage: Was kommt davon in der Schule an? Oder volkskundlich fokussiert: Wie stellt sich der schulische Berufsalltag aus Sicht der unterrichtenden Lehrkräfte dar? Nehmen sie kulturelle bzw. religiöse Differenzen wahr? Wie gehen sie damit um? Zu diesem Zweck wurden bislang sieben qualitative Leitfadeninterviews mit Lehrkräften geführt, die an Mittelschulen oder Gymnasien in Bayern Ethik oder Religion unterrichten. Neben evangelischer und katholischer Religionslehre wurde auch der Modellversuch Islamunterricht mit einbezogen. Der Kontakt zu möglichen Inter-

---

21 Vgl. ebd., S. 127–136.
22 Vgl. ebd., S. 84–88.
23 Vgl. Leiprecht 2012, S. 3–7.
24 Ebd., S. 7.
25 Karakaşoğlu 2011, S. 109.

viewpartnerInnen wurde über Personen im beruflichen und privaten Bekanntenkreis hergestellt. Alle Teilnehmenden wurden vorab informiert, dass es um interkulturelles Lernen und interkulturelle Kommunikation in der Schule gehen werde und insbesondere die Rolle der Religion von Interesse sei. Ein Leitfaden diente im Interview als Orientierung und wurde individuell an die Gesprächssituation angepasst. Gefragt wurde auch nach biographischen Bezügen zu anderen Kulturen und Religionen. Im Zentrum standen möglichst detaillierte Schilderungen von konkreten Situationen aus dem Berufsalltag, in denen aus Sicht der Lehrkräfte kulturelle oder religiöse Unterschiede eine Rolle gespielt haben. Gefragt wurde auch danach, was die Lehrkräfte ihren SchülerInnen in diesem Bereich vermitteln möchten und wie sie dabei vorgehen. Man mag kritisieren, dass bei dieser Vorgehensweise eine vorhandene Differenz bereits vorausgesetzt wird, was natürlich bei der Auswertung mitreflektiert werden muss. Es wurde jedoch Wert darauf gelegt, die teilnehmenden Lehrkräfte über das Forschungsthema nicht im Unklaren zu lassen, eine gewisse thematische Vorstrukturierung ist dadurch automatisch gegeben. Das Interviewmaterial bietet jedoch auch unter dieser Prämisse Einblicke in die individuellen Erfahrungen und Einstellungen der interviewten Lehrkräfte. Die Gespräche dauerten jeweils etwa sechzig bis neunzig Minuten, wurden aufgezeichnet, anschließend ohne sprachliche Glättung transkribiert und anonymisiert. Die methodische Vorgehensweise orientiert sich an den Prinzipien der Grounded Theory, wie beispielsweise bei Anselm Strauss und Juliet Corbin[26] anschaulich beschrieben. So wurden die Fälle im Sinne des theoretical samplings gezielt ausgewählt. Datenerhebung und -auswertung sind keine getrennten Schritte, sondern wechseln sich ab. Das Material wird zu Konzepten und Kategorien verdichtet, mit dem Ziel eine datenbasierte Theorie oder Theorieskizze zu entwickeln.[27] Bei der Interpretation werden ergänzend auch Auswertungsschritte der dokumentarischen Methode angewendet.[28] Aus dem vorhandenen Interviewmaterial soll im Folgenden eine Interviewpartnerin exemplarisch vorgestellt werden.

Frau M. – eine Religionspädagogin mit muslimisch-christlichem Familienhintergrund

Frau M. ist evangelisch und Diplom-Religionspädagogin. Zum Zeitpunkt des Interviews ist sie 50 Jahre alt und unterrichtet sowohl an einem Gymnasium als auch an mehreren Grundschulen. Sie ist in einem

---

26 Vgl. Strauss / Corbin 1996.
27 Vgl. Mey / Mruck 2010, S. 614–626.
28 Vgl. Przyborski / Slunecko 2010, S. 627–642; s.a. Kölbl 2006, S. 29–48.

muslimisch-christlichen Elternhaus aufgewachsen und engagiert sich sehr für einen verständnisvolleren Umgang mit dem Islam. Im Vergleich mit anderen Interviews deuten sich erste Kategorien an, anhand derer sich die Interviews grundsätzlich charakterisieren lassen. Diese sollen für Frau M. vorgestellt und anhand von Interviewausschnitten verdeutlicht werden.

In Bezug auf Religion und Kultur in der Schule zeichnet sich Frau M. zunächst durch einen starken persönlichen Bezug zum Thema aus:

> „[…] meine Mutter is ja Deutsche, mei Vater is ja […], Moslem, es war immer so, dass die beiden Elternteile unterschiedliche Ansichten hatten. Also, […], des hat mit Feste feiern, meinem Vater is es sehr schwer gfallen christliche Feste zu feiern, er hat's geduldet, sagen wir mal so, wollte des am Anfang aber <u>nicht</u>, dass wir des machen. ((räuspern)) Ähm. Mit Speisen war's ähnlich, er wollte nicht, dass es Schweinefleisch gibt, mei Mutter hat aber gsacht sie verzichtet da drauf nicht, sie macht des und er hat's dann zuglassen und wir Kinder ham da auch mitgegessen. […] Ja, und dann halt auch so mit diesem, was ein Mädchen zu tun hat und nicht zu tun hat, äh, so mit Freiheit, fortgehen später, Freundschaften schließen, mit Jungs Kontakt haben, anziehen was ma so halt wie ma sich kleidet, des war <u>immer</u> Thema bei uns. Es waren immer zwei unterschiedliche Meinungen eigentlich."

Frau M. war von Kindesbeinen an mit unterschiedlichen Meinungen und Perspektiven zu diversen Alltagsthemen wie Essen, Feste feiern und Genderfragen konfrontiert. Sie nimmt sie wahr, äußert sich aber nicht wertend, sie beurteilt keine Perspektive als richtig oder falsch. Durch ihren persönlichen Bezug und ihr Engagement erfährt man Frau M. im Gespräch als eine Art Expertin, auch wenn es nach eigenen Angaben in ihrem Studium kaum Angebote zu anderen Religionen gab.

Nicht wertend verhält sie sich auch gegenüber Religionen, sie stellt fest: „Ich könnt ma vorstellen, wenn ich da in […] groß gworden wär, vielleicht wär ich Muslima." Frau M. hat eine religiöse Gemeinschaft gesucht und sie aufgrund der Lebensumstände im evangelischen Glauben gefunden, wäre sie im Land ihres Vaters aufgewachsen, wäre sie jetzt vielleicht gläubige Muslimin. Grundsätzlich ist Religiosität für sie ein menschliches Grundbedürfnis:

> „Und ich stell fest, dass die Kinder immer (a) Bedürfnis ham, zu beten, Rituale zu haben, Ansprechpartner Gott, äh was, die Sinnfrage eben zu stellen und die mit Religion beantwortet zu bekommen, ähm, oder ich mein, beantworten kann ma's eh letztendlich nie, aber halt Antworten zu suchen, dann auch über des woher komm ich, was bedeutet mein Sein, wohin führt mein Leben, was kommt nach dem Tod, und des sind alles Fragen, die in Ethik so nicht, also nicht so gestellt, vielleicht wern se gestellt aber sie wern anders gefüllt. Äh und ich denke, dass diese muslimischen Kinder auch ein Anrecht haben auf einen fundierten, guten, islamischen Religionsunterricht wo ma sich mit diesen Fragen auseinandersetzt. Und wenn ich etz seh, wer Ethik hier in Bayern unterrichtet, dann muss i ganz ehrlich sagn, wird's ma manchmal richtig schlecht, weil äh kaum jemand a- ausgebildet is, […]."

Aus diesem Grundbedürfnis heraus entsteht für Frau M. ein gesellschaftlicher Handlungsbedarf, alle Schüler hätten ein Recht auf Religionsunterricht. Die Alternative Ethik ist für sie unter den derzeitigen Umständen kein gleichwertiges Angebot. Frau M. plädiert für einen religiösen Unterricht entsprechend der Religionszugehörigkeit, keine religionskundlichen Informationen. Nicht gläubige Schüler werden nicht speziell thematisiert.

In ihrem eigenen Unterricht baut Frau M. ganze Unterrichtssequenzen zum Thema Islam ein. In der Grundschule ist der rote Faden dieser Einheit die Begegnung zwischen einem christlichen und einem muslimischen Mädchen. Diese freunden sich an:

> „Besuchen sich, und dann sieht halt des deutsche Mädchen den Vater auf einmal beten auf so am Gebetsteppich und findet des komisch und dann ham die beiden Mädels ham dann immer so diese Abmachung es ist nicht komisch, sondern anders, des wird so durchgängig, es is, also meine Schüler am Schluss die können wenn die des Wort komisch hören schreien die scho anders. ((lacht)) Also. Ne, des is mir ganz arch wichtig. Und dann geh mer halt so verschiedene Teile vom Islam durch und äh immer auch in der Reflexion mit dem christlichen Kind."

Frau M. hat ein ganz klares Ziel, was sie in ihrem Unterricht vermitteln möchte. Es wird gebündelt in dem Merksatz, dass das Fremde nicht komisch, sondern anders sei. Dieses Motto wird von den SchülerInnen so verinnerlicht, dass sie es sogar lautstark wiederholen. Die Situation ist nah am Alltag und könnte sich tatsächlich so abspielen. Frau M. schafft im Unterricht fiktive Begegnungen, unabhängig von tatsächlich vorhandenen Begegnungsmöglichkeiten. Dabei vermittelt sie nicht nur Hintergrundwissen über den Islam, sie bahnt auch die Reflexion der eigenen Glaubenspraxis an. Nachdem das christliche Mädchen erfährt, dass sich die Familie ihrer Freundin fünf Mal am Tag Zeit nimmt für ein Gebet, denkt sie im weiteren Verlauf der Sequenz darüber nach, ob man in der eigenen Familie nicht auch das Tischgebet wieder einführen könnte. Frau M. macht die eigene religiöse bzw. kulturelle Prägung in der Auseinandersetzung mit dem Islam bewusst und folgt damit Grundprinzipien interkulturellen Lernens.

Doch warum fiktive Begegnungen? Warum treffen sich die Mädchen in Textform auf einem Arbeitsblatt? Hier spielt nicht nur der nach Religionszugehörigkeit aufgeteilte Unterricht eine Rolle, Frau M. hat hier auch aus einem anderen Grund eine klare Haltung:

> „'s Blöde is halt, dass die muslimischen Kinder nicht äh die Begegnung sein können, weil die selbst oft zu wenig über ihr Religion wissen und auch sehr viele Vorurteile ham, ihrer Religion gegenüber, also, ähm, zum Beispiel, (äh) die Kopftuchfrage des b- wenn i-, wenn die Kinder dann fragen, ja warum muss die n Kopftuch aufsetzen, dann sagen die, ja, des muss sein, des steht im Koran und des is ganz arch wichtig und des stimmt überhaupt net, es steht net im Koran, also des is net so, dass des da so abzuleiten is und es wird ihnen halt manchmal daheim erzählt

und dann können se's net richtig wiedergeben. Deswegen hab ich da aufghört damit, äh, Begegnungen zu schaffen mit muslimischen Kindern, die ich in den Unterricht reinhol. Des mach ich nicht mehr."

In Interviews mit anderen Lehrkräften taucht mehrfach die Idee auf, SchülerInnen in Referaten von „ihren" Ländern bzw. „ihrer" Religion erzählen zu lassen. Frau M. sieht das kritisch. Sie hinterfragt, inwiefern die Schülerinnen und Schüler überhaupt über das nötige Hintergrundwissen verfügen. Hier wird wieder deutlich, dass sich Frau M. als Expertin versteht, da sie glaubt, die Erzählungen der SchülerInnen einordnen zu können. Über diese Sicherheit, das eigene Wissen über den Islam betreffend, verfügen andere interviewte Lehrkräfte nicht. Derartige Referate können auch aus einem anderen Gesichtspunkt heraus kritisch betrachtet werden: Wollen die SchülerInnen überhaupt etwas über den Islam erzählen? Sehen sie sich selbst als Muslime? Oder handelt es sich dabei um Zuschreibungen von außen, die den SchülerInnen deutlich machen, dass sie „anders" sind als ihre Mitschüler? Auch der Aspekt der möglicherweise fremdbestimmten Zuschreibung kann hier aus Schülersicht relevant sein.[29] Ähnlich kritisch wird auch das Prinzip Interkulturelles Frühstück diskutiert: SchülerInnen werden beispielsweise im Rahmen eines interkulturellen Projektes aufgefordert, etwas „Typisches" aus ihren „Heimatländern" für ein gemeinsames Essen mitzubringen. Sie werden als Experten ihrer Herkunftskultur angesprochen und versuchen möglicherweise ein Klischee zu erfüllen, das mit ihrem gelebten Alltag wenig zu tun hat.[30]

Bei Frau M. entsteht diese Problematik nicht, wie ein weiteres Beispiel einer fiktiven Begegnung aus einer Unterrichtssequenz für eine siebte Klasse am Gymnasium zeigt. Hier ist das Grundthema ein zu planender Schullandheimaufenthalt, bei dem die Bedürfnisse der SchülerInnen berücksichtigt werden. So wird beispielsweise der Termin verschoben, damit die Fahrt nicht im Fastenmonat Ramadan stattfindet:

> „Und dann geht's halt weiter, dass dann ähm, also es is, finden's ne andere Woche im Sommer und so, und dann sacht des Mädchen, die Kopftuch trägt in der Klasse, ja, es ist für sie a Problem, dass sie dort äh von Jungs angschaut wird wenn sie's Kopftuch vielleicht runtertun muss irgendwo und so und dann sagen die anderen Mädels, du, etza erklär uns doch amal warum setzt du denn des Ding überhaupt auf. Des is doch unbequem und blöd und so. Und dann versucht die des den Mädchen zu erklären und eins der deutschen Mädchen sacht, ja, ich versteh des auch. Ich mag des auch net ham mit äh bauchfreiem T-Shirt oder Rock so kurz und solche Sachen, ich kann dich da ganz gut verstehen."

Ähnlich wie in interkulturellen Trainingsprogrammen für berufsbedingte Auslandsaufenthalte, liegt hier eine schwierige Situation, eine

---

29   Vgl. Leiprecht 2012, S. 4.
30   Vgl. Mecheril u.a. 2010, S. 86 und Deuble / Konrad / Kölbl 2014.

kritische Interaktionssituation, zu Grunde. Sie sorgt für Irritation, ist aber mit Hintergrundwissen über die jeweilige Kultur bzw. Religion nachvollziehbar, wodurch eine gemeinsame Lösung gefunden werden kann.[31] Hier wird den Jungen in der Klasse durch die Mitschülerinnen das Betreten des Schlafraumes per Türschild verboten. Interessant ist auch, dass das Kopftuch hier als eine Variante unterschiedlicher Freizügigkeit von Kleidung thematisiert wird. Wie differenziert diese Sequenz aufgebaut ist, zeigt sich im weiteren Verlauf:

> „und dann geht's halt über's Essen, dass es dann überlegen, der Küche Bescheid zu geben und dann schreibns an Brief, was sie essen, dann ist auch einer dabei, der hat ne Milchverunt- äh unverträglichkeit und dann schreim se halt der Küche was so an Speisen gewünscht wird und was nicht gegessen werden darf […]."

Hier wird deutlich gemacht, dass nicht nur Muslime besondere Bedürfnisse haben. Es wird auch auf andere Schülerinnen und Schüler gleichermaßen Rücksicht genommen, die beispielsweise bestimmte Nahrungsmittel nicht vertragen. Dadurch wird vermieden, den muslimischen SchülerInnen einen negativen Sonderstatus zuzuschreiben, sie zu „besondern". Auch diese Unterrichtseinheit ist nah am Schulalltag, die SchülerInnen wenden das Gelernte auch tatsächlich an. Frau M. erwähnt im Interview einen Kollegen, dessen Klasse bei der Planung eines Schullandheimaufenthaltes ihren Lehrer auf zu beachtende Punkte hingewiesen hat. Frau M. integriert den Islam in diesem Beispiel als ein „normales" Unterrichtsthema, es handelt sich hier nicht um ein Sonderprojekt außerhalb des regulären Unterrichts.

In einem abschließenden Auszug soll noch einmal deutlich gemacht werden, wie reflektiert und differenziert Frau M. im Interview zwischen unterschiedlichen Perspektiven wechselt. Sie macht zunächst eine Beobachtung:

> „In der Grundschule sch- stell ich des noch viel stärker fest, dass es a sehr große Abkapselung is von den Eltern, türkischer Herkunft hauptsächlich, und den deutschen Eltern. Dass es sehr schwer is, n türkisches Kind zum Kindergeburtstag einzuladen."

Daraufhin sucht sie nach möglichen Ursachen:

> „Und es wundert mich so weil s jetz ja scho die zweite, dritte Generation hier is, dass es immer noch so ein Geklüngel is. (..) Dass es wenig so (aufmacht). Und ich denk mir ganz oft sind auch wir selber Schuld hier, […]."

Sie sieht die Schuld offensichtlich nicht allein bei den Eltern türkischer Herkunft und spricht das auch bei Veranstaltungen deutlich an:

---

31 Vgl. z.B. Thomas 2011, S. 97–124.

„Und dann sag ich immer ja und was tun Sie? Machen Sie auf? Lassen Sie Leut rein? Laden Sie Leute ein, die anders sind, die andere Kulturen, andere Religionen ham? Zeigen Sie Interesse? Gehn Sie auf Leut zu? Und dann is oft großes Schweigen und dann sag ich ja, es is ja einfach so, ma hat hier seine Freunde und seine Familie, ma is gesättigt in den Beziehungen und die anderen die da sind, die würden vielleicht wollen, aber es ist kein keine Öffnung da".

Wenn bei der „einheimischen" Bevölkerung kein Bedarf nach neuen Kontakten besteht, gibt es umgekehrt auch keine Möglichkeit, Kontakte zu knüpfen. Frau M. hat aber auch für die „Gegenseite" Verständnis und zieht Vergleiche mit der eigenen Familie:

„Und des stell ich überall fest. Ma Schwester lebt ja in [...] und die is so, sobald da irgendwelche deutsche Familien hinkommen, dann äh laden die die deutsche Community dort die Deutschen wieder ein und dann sitzen se wieder beinander."

Frau M. begründet derartiges Verhalten nicht etwa mit mangelndem Intergrationswillen ungebildeter Gastarbeiter, sondern beurteilt es als zutiefst menschlich:

„Und es sind intelligente Leute, die ja bewusst auch ins Ausland gegangen sind aus unterschiedlichsten Gründen und trotzdem sitzen die beinander. Und des find ich so, nja ich denk des is so menschlich, dass ma so Seinesgleichen sucht, seinen Hintergrund auch seine Religion sucht, [...]."

Dennoch findet sie dieses Verhalten nicht gut und sieht gesellschaftlichen Handlungsbedarf:

„Aber ich find's fatal, wenn ma jetzt dauerhaft wo lebt und wenig Kontakt hat mit der Ursprungsbevölkerung sag ich jetz amal, also des is fatal, aber ich glaub da müsst ma mehrere Begegnungsmöglichkeiten schaffen. So von selber funktioniert des schlecht."

Insgesamt wird hier noch einmal deutlich, dass Frau M. für beide Perspektiven Verständnis zeigt und keine Seite abwertet.

Zusammenfassende Einordnung

Wie lässt sich die Haltung von Frau M. nun zusammenfassend charakterisieren? Welche Kriterien zur Charakterisierung der Interviews zeichnen sich allgemein ab?

Frau M. zeichnet sich zunächst dadurch aus, dass sie ein klares Ziel formuliert und es sicher umsetzt: „Das Fremde ist nicht komisch, sondern anders." Dieses Motto vermittelt sie in ausführlichen Sequenzen, sie fühlt sich beim Thema Islam fachlich kompetent und sicher. Andere interviewte Lehrkräfte sind unsicherer und möchten beispielsweise nur das besprechen, was sie mit hundertprozentiger Sicherheit wissen. Die unterschiedliche Zielsetzung und Handlungssicherheit ist daher ein charakterisierendes Element.

Frau M. sieht Religiosität als ein Grundbedürfnis des Menschen an, das kontextabhängig ausgeprägt wird. Daher plädiert sie für einen religiös geprägten Religionsunterricht, auch für Muslime. Andere Lehrkräfte können sich auch einen Ethikunterricht im Klassenverband vorstellen. Die grundsätzliche Haltung zum Religionsunterricht ist unterschiedlich.

Frau M. tritt im Interview als glaubwürdige Expertin aus eigener Erfahrung statt durch formale Ausbildung auf. Der persönliche Bezug spielt auch bei anderen Lehrkräften eine besondere Rolle, sei es bei einer Islamlehrkraft mit eigener Migrationserfahrung oder einer Lehrkraft an einer Brennpunktschule mit interkulturellem Training. Im Studium zumindest wurden entsprechende Inhalte kaum thematisiert bzw. sind den interviewten Lehrkräften nicht in Erinnerung geblieben.

Frau M. vermittelt in ihrem Unterricht Wissen über den Islam durch alltagsnahe fiktive Begegnungen. Andere Lehrkräfte setzen andere Unterrichtsmethoden ein, dadurch können die Interviews ebenfalls geordnet werden. So gibt es Lehrkräfte, die auf Referate der SchülerInnen zu Ländern und Religionen setzen, eine andere Lehrerin widmet sich auch im Ethikunterricht schwerpunktmäßig der Sprachförderung durch Lektürearbeit.

Frau M. zeichnet sich durch eine differenzierte Wahrnehmung und einen reflektierten Perspektivwechsel aus, thematisch liegt ihr Schwerpunkt beim Islam. Die Differenziertheit und Reflektiertheit von Zuordnungen in den Interviews ist durchaus unterschiedlich. Während Frau M. auch in Bezug auf Gender sensible Formulierungen verwendet und von Schülerinnen und Schülern spricht, werden bei anderen Lehrkräften beispielsweise Türken und Muslime als synonyme Begriffe verwendet.

Außerdem lassen sich die Interviews dadurch ordnen, ob und welche Grundprinzipien interkulturellen bzw. interreligiösen Lernens angewendet werden. Bei Frau M. wird beispielsweise deutlich, dass Vielfalt als Normalität betrachtet wird, dass das Lernmaterial die Heterogenität der SchülerInnen berücksichtigt und Etikettierungen der Schülerinnen und Schüler von außen vermieden werden. Sie setzt sich für eine gleichberechtigte Teilhabe ein. Andere Lehrkräfte setzen andere Schwerpunkte, beispielsweise bei der fachübergreifenden Sprachförderung.

Unterschiedlich sind auch die wahrgenommenen Probleme, Einflussfaktoren und der gesehene Handlungsbedarf. Frau M. sieht hier die Gesellschaft und den Staat gefordert, beispielsweise bei der Einführung islamischen Religionsunterrichts. Auch die Schulen müssen ihrer Ansicht nach reagieren, beispielsweise hinsichtlich des Essensangebots auf Schulfesten. Andere Lehrkräfte legen z.B. den

Schwerpunkt auf bessere Rahmenbedingungen und Arbeitsmaterial für den Ethikunterricht.

Um der häufig vorhandenen Problemsicht entgegenzuwirken, sollen insbesondere auch positive Aspekte und Erfolgserlebnisse aus den Interviews herausgearbeitet werden. Für Frau M. zeigt sich der Erfolg, wenn das Gelernte im Alltag angewendet wird. Zudem gibt sie konkrete Beispiele, wie der Islam im regulären Religionsunterricht thematisiert werden kann. Eine andere Lehrkraft berichtet beispielsweise nach anfänglichen Unsicherheiten davon, dass die Ethikgruppe ihn gerne auch im nächsten Jahr als Lehrer behalten möchte, ein weiterer Lehrer lernt durch Referate der SchülerInnen selbst noch etwas dazu.

Verallgemeinerbare Aussagen über den Religions- und Ethikunterricht in Bayern lassen sich mit einigen qualitativen Interviews natürlich nicht treffen, aber man erhält einen Einblick in die Bandbreite individueller Erfahrungen, Perspektiven und Herangehensweisen. Lehrkräfte sind unterschiedlich sensibilisiert für kulturelle und religiöse Aspekte, wobei die individuelle Lebens- und Unterrichtserfahrung in den vorliegenden Interviews eine größere Rolle zu spielen scheint als bestimmte Inhalte des Lehramtsstudiums. Empirische Rekonstruktionen können nicht nur wissenschaftliche Funktionen erfüllen, Fallbeispiele können auch Anregungen für die Unterrichtsgestaltung geben und dazu einladen, die Berufspraxis und insbesondere die eigenen Zuschreibungen und Zuordnungen zu reflektieren. Möglicherweise können sie auch einen Beitrag dazu leisten, religiöse und kulturelle Vielfalt als Bildungs- und nicht als Konfliktpotenzial wahrzunehmen.

Quellen- und Literaturverzeichnis:

Quellen

Interview mit Frau M. (Juli 2013).

Internetquellen

Bayerische Staatskanzlei: Pressemitteilung Nr.: 139. Bericht aus der Kabinettssitzung. München 2009. Online unter: http://www.bayern.de/wp-content/uploads/2014/05/Pressemitteilung-Nr.-139-vom-20.-Mai-2014.pdf [15. Januar 2015].
Bayerisches Staatsministerium für Unterricht und Kultus: Ethikunterricht. München 2009. Online unter: https://www.isb.bayern.de/download/10644/kms_ethikunterricht_24_11_2009.pdf [15. Januar 2015].
Bayerisches Staatsministerium für Unterricht und Kultus: Grundlagen des Religionsunterrichts und der religiösen Erziehung. München 2009. Online unter: https://www.isb.bayern.de/download/10642/kms_zu_grundlagen_des_religionsunterrichts_und_der_religioesen_erziehung_.pdf [15. Januar 2015].
Kultusministerkonferenz (KMK): Interkulturelle Bildung und Erziehung in der Schule. Beschluss der Kultusministerkonferenz vom 25.10.1996 i.d.F. vom 05.12.2013. Online unter: http://www.kmk.org/fileadmin/veroeffentlichungen_beschluesse/1996/1996_10_25-Interkulturelle-Bildung.pdf [13. Januar 2015].
Staatsinstitut für Schulqualität und Bildungsforschung: Lehrplan Mittelschule. Online unter: https://www.isb.bayern.de/mittelschule/lehrplan/mittelschule/ [15. Januar 2015].

Literatur

Billmann-Mahecha, Elfriede / Kölbl, Carlos: Bildungseinrichtungen. In: Straub, Jürgen / Weidemann, Arne / Weidemann, Doris (Hg.): Handbuch Interkulturelle Kommunikation und Interkulturelle Kompetenz. Stuttgart 2007, S. 678–687.
Deuble, Lena / Konrad, Lisa / Kölbl, Carlos: Das Prinzip Interkulturelles Frühstück. Empirische Erkundungen im Geschichtsunterricht. In: psychosozial 37 (2014), Heft 2, S. 23–40.
Karakaşoğlu, Yasemin: Diversität der Lebenswelten. In: Holzbrecher, Alfred (Hg.): Interkulturelle Schule. Eine Entwicklungsaufgabe. Schwalbach/Ts 2011, S. 91–116.

Kölbl, Carlos: Zum Nutzen der dokumentarischen Methode für die Hypothesen- und Theoriebildung in der Geschichtsbewusstseinsforschung. In: Günther-Arndt, Hilke / Sauer, Michael (Hg.): Geschichtsdidaktik empirisch: Untersuchungen zum historischen Denken und Lernen. Münster 2006, S. 29–48.

Leiprecht, Rudolf: Sozialisation und Kultur. In: Aus Politik und Zeitgeschichte 62 (49-50/2012), S. 3–7.

Mecheril, Paul u.a.: Migrationspädagogik. Weinheim / Basel 2010.

Mey, Günter / Mruck, Katja: Grounded-Theory-Methodologie. In: Mey, Günter / Mruck, Katja (Hg.): Handbuch Qualitative Forschung in der Psychologie. Wiesbaden 2010, S. 614–626.

Przyborski, Aglaja / Slunecko, Thomas: Dokumentarische Methode. In: Mey, Günter / Mruck, Katja (Hg.): Handbuch Qualitative Forschung in der Psychologie. Wiesbaden 2010, S. 627–642.

Strauss, Anselm / Corbin, Juliet: Grounded Theory: Grundlagen Qualitativer Sozialforschung. Weinheim 1996.

Thomas, Alexander: Das Kulturstandardkonzept. In: Dreyer, Wilfried / Hößler, Ulrich (Hg.): Perspektiven interkultureller Kompetenz. Göttingen 2011, S. 97–124.

Das Phänomen Lady Di zwischen medialer Rezeption und identifikatorischer Aneignung

Annika Risse

Lady Diana Spencer, wurde durch ihre Heirat mit dem englischen Thronfolger in den 1980er Jahre des 20. Jahrhunderts von einer Kindergärtnerin zur Prinzessin. In den 90ern durchschritt sie ein „Tal der Tränen", lernte einen arabischen „Traum-Prinzen" kennen und starb bei einem Autounfall ausgerechnet in Paris, der Stadt der Liebe. Schon zu Lebzeiten erlangte sie Kultstatus, der allerdings erst nach ihrem plötzlichen Tod am 31. August 1997 wirklich aufblühte. Dieser Kult zog weltweit so viele Leute in seinen Bann, wie bisher nur wenige zuvor. Ganz London, ihr Wohnort und der ihrer Kinder, stand in der ersten Septemberwoche des Jahres 1997 still. Vor öffentlich ausgelegten Kondolenzbüchern gab es lange Schlangen, vor den Palästen der königlichen Familie waren die Tore mit Blumen nahezu blockiert. Die ganze Stadt trauerte und mit ihr die Welt. Die Beisetzung war ein mediales Spektakel, das nahezu weltweit live übertragen wurde. Menschenmassen trauerten in dieser Woche im September 1997 wie um den Verlust eines eigenen Familienmitgliedes. Manch Trauernde glaubten, Dianas Nähe spürbar zu erfahren.

Dianas Tod wirkte wie ein Filter auf ihr Image, das der Öffentlichkeit in Zeitschriften, Zeitungen und Fernsehbeiträgen präsentiert wurde. Natürlich endete der Kult nicht mit ihrer Bestattung, denn noch immer gibt es Diana-Verehrer. Der Mythos um Diana diente ihnen nicht nur als Gesprächsstoff, sondern drückte sich auch in diversen Formen der Verehrung aus.

Mythos Diana – Diana-Mythos

Ereignisse wie 9/11, die Ermordung von John F. Kennedy, aber auch der Unfalltod von Lady Diana, gehören alle zu einer bestimmten Art von Geschehnissen, „Psychologists talk of flashbulb memory."[1] Dies sind Ereignisse, bei denen jeder Zeitzeuge noch weiß, wo er war, als er beispielsweise von Dianas Tod erfuhr. Solche Ereignisse können jeweilige Generationen prägen. Im deutschen ist der Begriff noch nicht etabliert und würde in Übersetzung „Blitzlichterinnerungen" bedeuten. Der Tod einer Frau, die weder in der Politik, noch in irgendeiner Wissenschaft, noch sonst wo wirklich außerordentlich war, außer vielleicht

---

1 Harrison 2007, S. 137.

in ihrer Präsenz in der Presse, wird so zu den größten Ereignissen des 20. Jahrhunderts gezählt.

Das Leben Dianas stand, seitdem sie als mögliche Ehefrau für Prinz Charles in Frage kam, unter nahezu permanenter Beobachtung der Medien. Zu Beginn stellte sie die moderne Märchenprinzessin[2] dar, schüchtern, unschuldig und liebenswert. Nach dem Aschenputtel-Prinzip war sie laut den Medien eine Kindergärtnerin, ihre adelige Herkunft fand dabei oft nur am Rande Erwähnung. Wichtiger war, dass sie königliche Thronfolgerin werden sollte. Mit ihrer Hochzeit wurde der angebliche Traum eines jeden Mädchens verkauft und Diana avancierte zum Liebling der britischen und internationalen Presse, besonders aber der Fotografen. Natürlich wurde auch Kritik an der angeblich meist fotografierten Frau der Welt laut, denn das Bild, das vor allem die Regenbogenpresse von ihr zeichnete, war durchaus ambivalent. Sie wurde nicht nur als glückliche Schöne karikiert, sondern ebenso auch als „Dummchen". Als die Ehekrise mit Prinz Charles bekannt wurde, kam das Image der „Gekränkten" und der „Einsamen" hinzu. Diana bot einer breiten Schicht von Menschen, zumeist Frauen, einen Nährboden der Identifikation. Die negativen und tragischen Seiten ihres Lebens, etwa ihre Bulimieerkrankung, oder die Tatsache, dass sie ein Scheidungskind war, wurden, gleichauf zu den positiven Facetten ihrer Persönlichkeit, als Symbole und Zeichen der Zeit gesehen.[3] Eine Projektion des Lebens ihrer Fans bzw. ihrer Verehrer auf ihres war damit durch eine medial inszenierte vielschichtige Gegensätzlichkeit Dianas grundsätzlich möglich. Auch wenn sie schon zu Lebzeiten Trägerin von allerlei Mythen war, erst durch ihren plötzlichen Tod wurde sie selbst zum Mythos. Bilder und Figuren bzw. Images, die sie vorher meist ungewollt vermittelte, wurden nun zu etwas Ganzem, etwas Eigenständigem, etwas Kongruentem arrangiert. Dieses Arrangement ist der Diana-Mythos!

Ein Mythos legitimiert und zeigt gesellschaftliche Strukturen auf.[4] Für Miriam Meckel zeichnet den Mythos Diana „ein Gefühl der kollektiven Identifikation, der Gemeinschaftlichkeit in Betroffenheit" aus.[5] Georg Seeßlen sieht im „Diana-Mythos eine leere Projektionsfläche, einen blond polierten Spiegel für jedes aktuelle emotionale Selbst Design".[6] Aufgrund der Willkür, dass nicht eine bestimmte Aussage im Zentrum steht, befindet sich für Seeßlen im Zentrum des Mythos das Nichts. Doch erst durch diese Facettenvielfalt konnte der Mythos Diana zu dem werden, was er ist, nämlich eine emotional aufgeladene Projektionsfläche diverser Inhalte.

---

2 Überzeichnet findet sich Dianas Geschichte auch als „Märchen" wieder. Vgl. Menasse / Menasse 1997.
3 Vgl. Schmitter 1999, S. 68–73.
4 Vgl. Vogel 1999, S. 4.
5 Meckel 1999, S. 38.
6 Seeßlen 1998, S. 33.

Fernsehberichterstattungen

Die Nachricht ihres Todes erreichte die Öffentlichkeit an einem Sonntagmorgen, so wurde sie fast ausschließlich über das Fernsehen vermittelt. Für die Zeitungen kam die Nachricht zu dieser Tageszeit zu spät. Direkte Reaktionen der Fernsehzuschauer wurden in erster Linie daheim, mit der Familie geteilt. Hier könnte sich ein möglicher Ansatzpunkt befinden, weshalb Diana in der Folge so familiär betrachtet und die Nachricht ihres Todes so emotional gehandhabt wurde.

Im Sinne der bewegten und bewegenden Bilder wurde besonders in der Woche nach ihrem Tod das Programm vieler Sender kurzfristig umgestellt. Nun sah man nicht mehr den gewohnten Abendfilm, sondern einen Film, eine Reportage, einen Dokumentarfilm über Diana. Vor-Ort-Berichterstatter, die die Umstände ihres Todes in Frankreich, die Trauernden auf der ganzen Welt und die Beerdigung begleiteten, waren aus dem Fernsehen nicht mehr wegzudenken. Sowohl der alltägliche Rhythmus der Sender, als auch der Rezipienten wurde so durchbrochen. Während die privaten Sender hauptsächlich die Umstände des Unfalls zeigten, konzentrierten sich die öffentlich-rechtlichen mehr auf die Reaktionen in der Öffentlichkeit.[7]

> „Sondersendungen oder -ausgaben, Talkshows, ‚Extras' allerorts: Prominenz und Schicksal der Diana Spencer wurden über Nacht auf eine ungeahnte Umlaufbahn medialer Transzendenz befördert: ‚Now you belong to heaven, and the stars spell out your name.'"[8]

Zur visuellen Repräsentation für Diana gehörten nun Bilder von Trauernden. Berichterstattungen zeigten Bilder von weinenden Menschen, es gab Kamerafahrten über den Blumenteppich vor dem Kensington Palace und Nahaufnahmen von flackernden Kerzen in der Dunkelheit. Durch das Fernsehen wurde mitgelitten, im Schwenk über Blumenmeere und trauernde Menschen in London und Paris konnte live teilgenommen werden. Paul Virilio bezeichnet Diana als eine Kunsterscheinung zur Befriedigung der Scheinbedürfnisse der millionenfach mitleidenden Bevölkerung.[9] Diana als medial erschaffenes Produkt zu sehen, welches als Luxusgut jedem angeboten werden kann, ist zwar ein Ansatz einer Erklärung für das Phänomen Diana, aber kein Grund für die Emotionalität, die stattfand.

Doch neben den durch die Medien angebotenen Handlungsmustern sollte nicht übersehen werden, dass „im substantiell Guten der Lady Diana [...] sich eine Struktur [verbirgt], die das Massenphäno-

---

7 Kamps 1999, S. 81–84.
8 Ebd., S. 68.
9 Virilio 1997, S. 220.

men des Trauerns erklärt."[10] Der Mythos Diana, so pluralistisch und individuell er erscheint, trägt in seinem Medientext etwas implizit Persönliches mit sich, welches ein Massenphänomen auslösen konnte, das Gesten der Trauerbekundung mit sich zog. Genauer bedeutet das, dass nicht nur jeder Dianas Leben kannte – zumindest das in den Medien dargestellte – auch ihre angeblichen Gefühle und Absichten standen in allen Zeitschriften. Wem könnte also mehr Empathie zukommen als ihr?

In Hinsicht auf Trauerprozesse wird immer wieder auf reinigende Effekte hingewiesen. Hierbei spielen individuelle körperliche Erfahrungen in Momenten des Bewusstwerdens von Trauer eine wichtige Rolle. „Wenn wir ihren Tod betrauern, betrauern wir den unseren".[11] Es fand somit eine Katharsis statt. Indem man um Diana trauerte, bewältigte man seinen eigenen Schmerz. Bezeichnenderweise sank in den vier Wochen nach ihrem Tod in England die Selbstmordrate um 17% im Vergleich zu den vier Jahren zuvor in dieser Jahreszeit.[12] Nicht selten wurde die Trauer um Diana auch in Verbindung mit einem Todesfall in der eigenen Familie gesetzt.

> „Naja, sagen wir mal so, überwunden in dem Sinne… Man denkt immer dran, das ist ganz klar. Aber sagen wir mal so, die Anfangsphase, das dauert ein paar Jahre, das dauert schon. Bei mir kommt noch dazu… sind 20 Jahre her… da ist mein Vater auch gestorben. Ich habe da einfach so verschiedene Sachen selbst, im persönlichen Umkreis erlebt, das kam dann wieder alles zusammen. Da habe ich das dann vielleicht auch mehr… intensiver erlebt. Ich weiß es nicht, aber ich denke, das hängt schon zusammen."[13]

Zeitungsberichterstattungen[14]

Zu Lebzeiten besaß Diana eine Vielfalt an Images, die die Medien bildeten. Diana als Helfende war eines der beliebtesten Bild- und Textmotive. Diana partizipierte angeblich an so vielen Leben, dass sich das „Starimage" immer weiter von der realen Person entfernte. Ihre vorbildhafte und mütterliche, zutrauliche Art ist das Grundmotiv. Doch die Frage ist: lässt sich dies wirklich als Apotheose sehen, oder ist doch nur eine mediale Verklärung post mortem im Spiel?

---

10 Muth Gießen 1999, S. 134.
11 Ignatieff 1997, S. 57.
12 The University of Oxford Centre for Suicide Research: Effect of death of Diana, Princess of Wales on suicide and deliberate self harm, 2000 zitiert nach Harrison 2007, S. 151.
13 Interview mit Frau T. vom 03.01.2012, Zeit: 00:36:44.
14 Die Zeitschriftenartikel wurden aus der Privatsammlung T. entnommen.

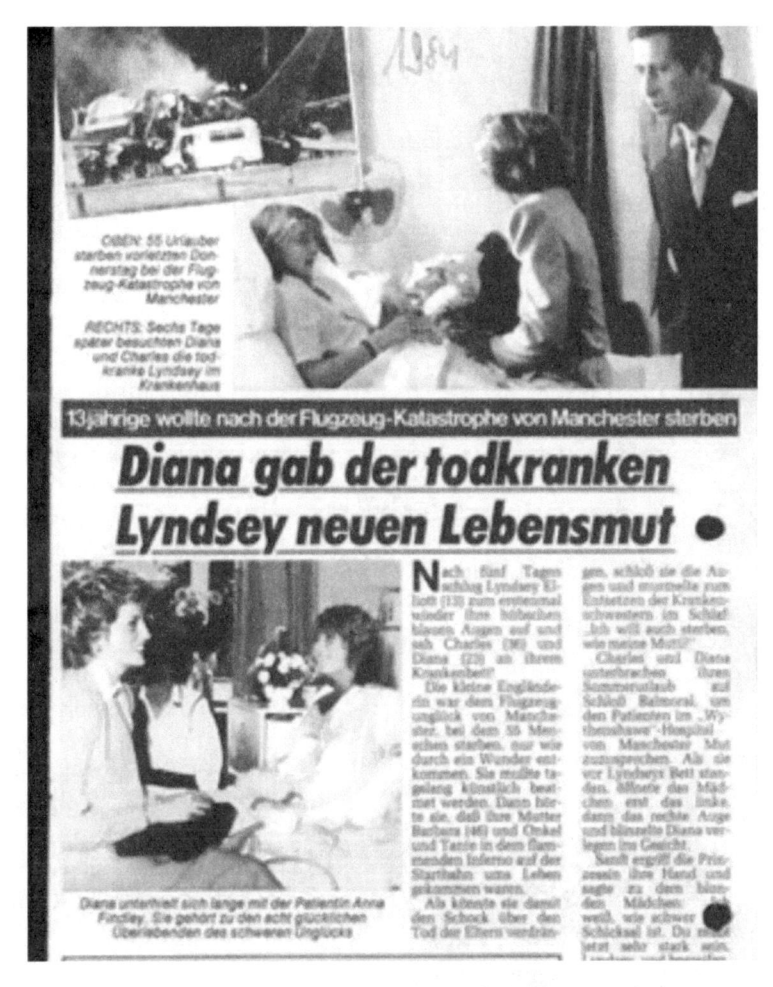

*Abb. 1: Artikel eines Krankenhausbesuchs von Diana.
Das Neue o. Nr. (1984), S. 3.*[15]

Im oben stehenden Artikel geht es um ein Mädchen, das einen Flugzeugabsturz überlebte, jedoch nicht mehr weiter leben wollte, weil ihre Mutter bei dem Unglück starb. Durch den Besuch von Diana fand sie wieder neuen Mut. Diese anscheinend lebensbejahende Kraft geht in der Beschreibung nur von Diana aus, ihr Ehemann spielt entsprechend nur eine zweitrangige Rolle. Diana wird hier schon zu Lebzeiten quasi mit heilenden Kräften ausgestattet. Ihre königliche Aufgabe der Repräsentanz wird nicht als Pflichterfüllung, sondern

---

15 Die Jahreszahl konnte nur durch die Handschriftliche Markierung am Kopf des Artikels ausgemacht werden. Nebenbei ist das Alter von Diana als 23 im Text vermerkt, somit ist 1984 auch als korrekte Jahresangabe zu werten.

Abb. 2: Artikel von Diana auf einem Wohltätigkeitsball. Das Neue o. Nr. (30.11.1991), o. S..

als guter Wille und Dienst an der Nächstenliebe interpretiert. Im Text werden Diana auch heilende und tröstende Worte in den Mund gelegt wie: „Ich weiß, wie schwer dein Schicksal ist. Du mußt jetzt sehr stark sein, Lyndsey, und begreifen, daß das Leben weitergeht!"[16] Diana kennt offenbar das Leiden des Mädchens und hilft ihr mittels ihrer Worte – ein durchaus biblisches Motiv, das in seiner medialen Aufbereitung stark an Matthäus 25, 36: „Ich bin krank gewesen, und ihr habt mich besucht" erinnert.

Ein Artikel aus „Das Neue" von 1991 handelt von der Begegnung eines Talkmasters mit Diana, dessen Frau an Grippe litt, der aber dennoch an einer Gala teilnahm. Angeblich forderte Diana den Talkmaster mehrfach auf, seiner kranken Frau beizustehen und erst als die Prinzessin sich ihrerseits verabschieden wollte, um ihm Gelegenheit zu geben, nach Hause zurückzukehren, lenkte er ein; nicht ohne das Blumenbouquet der Prinzessin mit besten Genesungswünschen für die Gattin als Dreingabe zu erhalten. Das Besondere an diesem Artikel ist, dass Diana sogar explizit als Samariterin betitelt wird – ein abermals eindeutig biblischer Bezug auf ein bekanntes Narrativ.

---

16   Die 13jährige wollte nach der Flugzeug-Katastrophe von Manchester sterben. Diana gab der todkranken Lyndsey neuen Lebensmut. In: Das Neue o. Nr. (1984), S. 3.

Die Texte der beiden aufgezeigten Artikel, gibt den Überschriften und den Bildern zwar ihre Geschichte doch auch ohne Text bleibt die Aussagekraft bestehen. In Abb. 1 gibt die Überschrift den Inhalt der wundersamen Heilung vor und die Bilder zeigen Diana sitzend auf dem Bett des verletzten Mädchens, also in direktem Kontakt. In Abb. 2 sieht man ein Foto, rechts unten, auf dem im Vordergrund Diana und ihr Sohn Harry zu sehen sind. Sie trägt in ihrer linken Hand Blumen und hält ihre rechte, wie zum Schutz über ihren Sohn. Die in der Überschrift zu findende Formulierung „Prinzessin als Samariterin" interpretiert das Bild und lenkt damit den Leser.

Allgemein lässt sich aus Überschriften in Zeitungen und Zeitschriften natürlich einiges erkennen. Noch zu Lebzeiten Dianas gab es alleine in der FAZ[17] folgende Nachrichten: „Prinzessin übernimmt neue Aufgaben für das Rote Kreuz";[18] „Prinzessin Diana beteiligt sich an der Rettung eines Obdachlosen";[19] „Prinzessin Diana besucht Opfer von Landminen in Angola";[20] „Der Prinzessin alte Kleider. Versteigerung in New York bringt Lady Diana Geld für wohltätige Zwecke".[21]

Diese Zeitschriftenartikel sollen keine durchwegs positive Beurteilung Dianas durch die Presse beweisen oder herausstellen. Vielmehr legen sie den Schluss nahe, dass ein bestimmtes religiöses Vokabular schon vor ihrem Tod mit ihr in Verbindung gebracht wurde, und zwar hauptsächlich aufgrund ihrer karitativen Einsätze, seien diese nun finanzieller Art oder einfach nur durch körperliche Präsenz an bestimmten Orten. Nach ihrem Tod wurde sie nicht nur durch das Karitative, sondern auch durch die ihr zugeschriebene Empathie charakterisiert, was retrospektiv maßlos und bis hin zur Charakterisierung als „Gottesmensch"[22] bemüht wurde. Dabei aber ist die Klaviatur, auf der mit Übereinstimmungen mit biblischen Erzählungen oder Personen zu spielen ist, nur allzu leicht nachzuvollziehen.

In der „BILD" vom ersten September 1997 stehen Ausschnitte aus Dianas letztem Interview, mit der einprägsamen Überschrift: „Wer in Not ist und mich ruft, dem eile ich zur Hilfe". Darin wird die Prinzessin wie folgt zitiert:

---

17   Die FAZ wurde exemplarisch für den informierenden Zeitungsmarkt herangezogen, da diese Nachrichten zumeist von der deutschen Presse Agentur (dpa) stammen, kann man sie in ähnlicher Form auch in anderen Wochen oder Tageszeitungen wiederfinden.
18   Prinzessin übernimmt neue Aufgaben für das Rote Kreuz. In: FAZ, 06. Mai 1994, S. 7.
19   Prinzessin Diana beteiligt sich an der Rettung eines Obdachlosen. In: FAZ, 20. Mai 1994, S. 10.
20   Prinzessin Diana besucht Opfer von Landminen in Angola. In: FAZ, 14. Januar 1997, S. 8.
21   Der Prinzessin alte Kleider. Versteigerung in New York bringt Lady Diana Geld für wohltätige Zwecke. In: FAZ, 27. Juni 1997, S. 12.
22   Lutterbach 2008, S. 107.

„'Mein Vater hat mich gelehrt, alle Leute gleich zu behandeln. Das habe ich immer getan. [...] Nichts macht mich glücklicher als der Versuch, den Ärmsten der Gesellschaft zu helfen. Das ist mein Ziel und künftig ein wichtiger Teil meines Lebens. Wer in Not ist und mich ruft, dem eile ich zu Hilfe.'"[23]

Unweigerlich erinnert dies, an eine Textstelle der Bibel: „rufe mich an in der Not, so will ich dich erretten, und du sollst mich preisen."[24] Der Artikel selber unterstützt das Image, einer das „Tiefste", „Geheimste" und „Persönlichste" offenbarenden Diana: sie bewegt Millionen von Menschen und stellt sich mutig gegen ihre Widersacher, um den Armen zu helfen und diese genauso wie die „Leute ganz oben" zu behandeln. Fremde Kinder behandelt sie wie ihre eigenen. In „Das Neue" vom 13. Dezember 1997, findet sich eine Geschichte von einem kleinen Jungen, den Diana „wie ihren eigenen Sohn" liebte.[25] Womit abermals in Ausdruck und Intention eine Nähe zu biblischen Formulierungen festgestellt werden kann.

Aber auch andere Zeitungen und Zeitschriften stellen ihren religiösen Charakter heraus. So schrieb die FAZ am 2. September 1997: „Wer wird sie nun berühren? Lady Diana und ihr Einsatz für Kranke, Alte und Kinder".[26] Die Anspielung zu Passagen über Christi Umgang mit Aussätzigen[27] in der Bibel ist augenfällig. Auf der Titelseite der Zeitschrift „Neue Welt" vom 10. September 1997 ist zu lesen, dass Mutter Teresa nun „Mit Diana im Himmel vereint" sei.[28] Die „Neue Welt" bezeichnet sie in ihrer Ausgabe vom 3. September 1997, gleich durchgehend als Engel und auch das Kreuz als Symbol des Leidens und der Trauer ist auf fast jeder Seite wiederzufinden.[29] Als Engel wird Diana auch in der „Freizeit Revue" Nr. 38, auf dem Titelblatt bezeichnet,[30] sowie in „Das Neue" vom 3. September 1997.[31]

---

23   Dianas letztes Interview. Wer in Not ist und mich ruft, dem eile ich zu Hilfe. In: BILD, 01. September 1997, S. 3.
24   Psalm 50, 15.
25   Unvergessene Diana. Der kleine kranke Junge, den die Prinzessin liebte wie ihren eigenen Sohn. In: Das Neue 52 (1997), S. 4–5.
26   Schutz 1997, S. 12.
27   Der Begriff wird auch explizit verwendet, vgl. MacArthur London 1997, S. 9.
28   Prinzessin Diana. Am offenen Grab erfüllte sich ihr letzter Wille. Ihre guten Taten leben weiter. In: Neue Welt 38 (1997), Titelblatt, S. 2–7.
29   Neue Welt 37 (1997), S. 2–12.
30   Prinzessin Diana. Abschied von einem Engel. In: Freizeit Revue 38 (1997), Titelblatt, S. 2–3.
31   Sie war der Engel der Armen, Kranken und Schutzlosen. In: Das Neue 37 (1997), S.12–13. Aber auch in einer extra Ausgabe vor Dianas Tod von „Das neue Blatt" wurde Diana als Engel betitelt. Das bedeutet, dass sie nicht erst seit ihrem Tod eine religiöse Rolle innehatte. Vgl. Der Engel der armen Seelen. In: Das Neue Blatt 1 (1996), S. 28.

Nicht zuletzt wurde Diana als Figur in eine neapolitanische Krippe gesetzt. Für die Leserschaft der Zeitschrift „Echo der Frau", in der der Artikel erschien, kann das als explizit religiös gewertet werden. Der Titel des Artikels „Jetzt wird sie als Heilige verehrt" gibt die Formen und Handlungen der Verehrung vor. Jedoch besteht eine Krippe in Neapel meist aus weit mehr Figuren als Hirten und der Heiligen Familie. Diana ist hier nur als Neuling und Assistenzfigur im Krippenpersonal einer neapolitanischen Krippenszene zu verstehen.

Abb. 3: Diana als Krippenfigur in einer neapolitanischen Krippe. Echo der Frau o. Nr. (1998), S. 8.

Innerhalb der einzelnen religiös erscheinenden Darstellungen gibt es nur geringe Variationen. Allesamt sind sie entweder mit einer karitativen Konnotation versehen, aus ihrem Kontext entwendet oder durch geschickte Bildbearbeitung und passenden Text mit einer quasi-religiösen Bedeutung belegt worden. Das aber heißt, dass die Darstellungen entweder sinntheoretisch einen religiösen Hintergrund haben oder als Symbol für einen solchen umgenutzt werden.

Diana-Erscheinungen

Die BILD vom 5. September 1997 berichtet über eine Massenerscheinung: Diana wurde in einem Portrait König Charles I., welches im St. James Palace hängt, gesichtet.

> „Da – am Rand des Bildes eine Spiegelung. Ein Gesicht, ein huschendes Lächeln. Diana? Kann das sein? Schreie gellen durch die Räume. Alle starrten das Bild an. Zeugen melden sich: David Bennet (32), Restaurator aus Winchester: ‚Oben rechts im Gemälde war Di. Es sah aus wie dieses berühmte Foto, auf dem sie die Hände faltet und den Kopf drauflegt. Ich erzähle keinen Unsinn.' […] Eine Frau brach in Tränen aus, sagte: ‚Die guckte über die linke Schulter des Porträts. Sie trug ein rotes Kleid.' Leanne Buckerfield (56), Hausfrau aus Staines: ‚Ja wir haben Di gesehen. So klar wie ein heller Tag. Sie hatte auch ihre Krone auf.' […] Die Prinzessin wird schon jetzt wie eine Heilige verehrt."[32]

---

32 Banik 1997, S. 14.

Das beschriebene Erlebnis wurde, der bisherigen Trauer entsprechend, religiös kontextualisiert. Dass sie „jetzt schon wie eine Heilige verehrt" wird, scheint als Tatsache dem Bericht voraus zu gehen. Jedoch erscheint allen ein anderes Diana-Bild – von einem Vogue-Titelblatt (der Restaurator) bis hin zu einem Gala-Auftritt (rotes Kleid) und zuletzt eines mit Krone.

Abb. 4: Freizeit Revue o. Nr. 3.12.1997, o. S.

Die „Freizeit Revue" vom 3. Dezember 1997 schreibt: „Diese Frau behauptet: Ich sprach mit Diana im Jenseits [...] Sibylle Pohlig aus einem kleinen hessischen Ort versucht mit ihrem Pendel, Botschaften der toten Prinzessin zu entschlüsseln".[33]

Die „Neue Welt"[34] gestaltete gleich ihr Titelblatt entsprechend und erzählte auf zwei Seiten von Frauen, denen Diana erschien. Conny Stage aus Seattle wurde angeblich von Diana vor einem Autounfall gewarnt und somit gerettet. Diana warnte Michelle Lacourt aus Nizza vor einem Hausbrand: „Ohne Diana wäre mein Baby gestorben." Jane Woodhouse aus Liverpool sah Diana im Traum. „Sie sagte mir, daß ich nichts zu befürchten hätte." Durch diese Erscheinung konnte sie nach eigenen Schilderungen eine kritische Brustoperation überstehen.

---

33 Diese Frau behauptet: Ich spreche mit Diana im Jenseits. In: Freizeit Revue 50 (1997), S. 6–7.
34 Prinzessin Diana. Geheimnisvolle Botschaften aus dem Jenseits. Die mysteriösen Fälle - Erklärungen vom Experten. In: Neue Welt 43 (1997), Titelblatt, S. 8–9.

Diana nimmt in diesen Erzählungen eine Schutzfunktion ein[35] und die Wortwahl erinnert stark an eine himmlische, fast göttliche Erscheinung bzw. Epiphanie. Im Medientext Diana lässt sich alles wiederfinden, wenn man nur danach sucht,[36] selbst gewisse Strukturen hagiographischer Texte sind keine Seltenheit.

Arnold Angenendt zufolge wird die Person der Hagiographie dadurch bestimmt, dass sie „mit reichen Gaben des Körpers und des Geistes ausgestattet"[37] ist. Heiterkeit ohne Ausgelassenheit, und eine Präsenz, die zugleich würdevoll aber auch demütig und einfach ist. Die Darstellungen der demütigen vielleicht auch eher an Devotion erinnernden Kopfhaltung Dianas ist hier wohl am einprägsamsten. Noch dazu werden ihr im Umgang mit Kranken die warmherzigsten Worte in den Mund gelegt. Das rundum harmonische Heiligenbild von Angenendt trifft somit auf die Berichte über Diana zu. Die Orientierung an einer solchen Gestalt ist spezifisch, sowohl für den Kult als auch für die jeweiligen Texte. Wenn nach André Jolles die Legende eine sich selbst generierende Erzählform ist,[38] ist die fließende Übernahme der Eigenschaften von Funktion und Struktur in profane Kulte leichter zu verstehen.

Und: „Zeitschriften, als spezifische Form der Medienkommunikation verstanden, versprechen in ihrer grundlegenden Orientierung an den Interessen ihrer Leser, wissenschaftlich als Indikator kulturell bedeutsamer Phänomene gelesen werden zu können."[39]

Zeitschrifteninhalte als Sinngeber

Dass Zeitschriften sinnstiftende Angebote enthalten, ist nicht zu bezweifeln. Nach Dietrich Sattler wären die Artikel und Bilder um und über Lady Di in die von ihm bezeichnete Kategorie „Betroffenheit" einzuordnen und damit als religiös charakterisiert.[40] Allerdings ist es notwendig, genauer hinzusehen. Voraussetzung ist nämlich die Unterscheidung zwischen strukturellen, funktionellen (was nach expliziten und impliziten Elementen zu trennen ist) und substanziellen Erscheinungen von Religiösem in diesen Zeitschriftenartikeln.

---

35 Vgl. Jes. 43, 1 und 2: „Fürchte dich nicht, denn ich hab dich erlöst; ich habe dich bei deinem Namen gerufen: du bist mein. Wenn du durch Wasser gehst, will ich bei dir sein, daß dich die Ströme nicht ersäufen sollen; und wenn du ins Feuer gehst, sollst du nicht brennen, und die Flamme soll dich nicht versengen."
36 So geht auch Karin Hermann in ihrer Arbeit aufgrund eines abweichenden Mythosbegriffs davon aus, im Medientext dominiere das Bild der Gefangenen. Vgl. Hermann 2006.
37 Angenendt 2007, S. 139.
38 Ebd.
39 Friedrichs / Vogt 1996, S. 11.
40 Sattler 1982, S. 9–12.

Substanzielles, aus Sicht der christlich geprägten Religion, taucht im Falle Dianas weniger auf.[41] Die einzigen Bezüge auf Gott sind, wenn von Diana als in den Himmel Aufgestiegene berichtet wird. Aber selbst dann ist nicht von „Gott" die Rede, im Mittelpunkt steht stets Diana. Wenn jedoch der Begriff des Substanziellen in eine säkulare Religiosität diffundiert, könnte man die Substanz um die „um das Individuum kreisende Lebensproblematik[...]"[42] erweitern. Aber auch so ist das substanziell Religiöse im Falle Dianas nur schemenhaft zu finden, im Gegensatz zum funktionell Religiösen.

Medien übernahmen nicht nur eine Tröstungsfunktion aufgrund ihres Todes, sondern sie gaben Diana auf längere Sicht und beginnend mit dem ersten Erscheinen in den Medien eine Vorbildfunktion. Eben durch diese „Nähe", d.h. den guten Umgang mit Kindern und Kranken explizit und ihre allgemeinen karitativen Engagements implizit, hatte Diana eine Orientierungsfunktion. Diese Funktion geht fließend in strukturelle Elemente über: „Religiöses deutet sich strukturell in der medialen Konstruktion elementarer Krisenbearbeitung an."[43] Religiöse Strukturen aber lassen sich dann finden, wenn Regelprinzipien des sozialen Umgangs gezeigt werden. Darin sind Orientierungsvorgaben wie Sprech- oder Handlungsanleitungen enthalten.

> „Innerhalb des spezifisch religiösen Handlungs- und Lebensbereichs produzieren sprachstrukturelle Einheiten wie Symbole auf der semantischen Ebene, Mythen auf der grammatischen Ebene ihnen analoge Handlungsabläufe".[44]

Zeitschriften können freilich mehr als nur Informationen vermitteln,[45] sie bieten ebenfalls Chancen zur religiösen Orientierung. Die Auswahl und die Kombination verschiedenster Möglichkeiten, bei denen Zeitschriften nur einen kleinen Teil bilden, bleibt jedoch dem Rezipienten überlassen. Hier wird auch der Begriff der „Patch-Work Religiosität" immer evidenter. „Modernität vervielfacht Wahlmöglichkeiten und reduziert gleichzeitig den Umfang dessen, was als Schicksal oder Bestimmung erfahren wird."[46] Allgemeine Tendenzen der Entchristlichung, in denen religiöse Orientierungen nicht mehr vorgeschrieben werden,

---

41 Substanziell bedeutet in diesem Fall das Reden von und über „Gott".
42 Daiber 1996, S. 62.
43 Friedrichs / Vogt 1996, S. 37.
44 Daiber 1996, S. 63.
45 Friedrichs / Vogt 1996, S. 26.
46 Berger 1980, S. 43–44.

unterstützen diese Abläufe.⁴⁷ Angesichts der Vielfalt von Angeboten, trifft der Empfänger seine Auswahl frei. Doch was dabei übersehen werden kann ist, „dass es nicht nur die Möglichkeit zur Wahl, sondern den Zwang dazu gibt. [...] Religiöse Deutungsperspektiven werden weniger durch vorgegebene Muster, sondern durch individuelle Wahl gewonnen. Spiritualität und Religion gibt es nur noch im Plural."⁴⁸ Medien wie auch Rezipienten festigten nicht nur den Medientext Diana, sondern etablierten so ihren Kult.

Faszination Diana – Wo ein Teil ist, da ist sie ganz

Diana als Medientext bildet durch die ästhetisch mediale Präsenz und ihr karitatives Image, eine Projektionsfläche für Viele und Vieles. Es ist möglich auf diese Weise an ihrem Leben teil zu haben und eine Beziehung aufzubauen, wenn auch nur para-sozial. Ein Beispiel ist hierfür Frau T., ehemalige Krankenschwesterhelferin, Mittsechzigerin und seit über 30 Jahren begeisterte Sammlerin von Diana-Artikeln. Neben ihrer beeindruckenden Sammlung erzählte sie in einem von mehreren Interviews auch vom Tag, als die Hochzeit von Charles und Diana im Fernsehen übertragen wurde. Sie kaufte für die Übertragung der Hochzeit nicht nur schnellstens einen neuen Fernseher, als der alte kurz zuvor kaputt ging, sie verzichtete auch nach einer Nachtschicht trotz Müdigkeit auf ihren Schlaf, um diesem Ereignis in Dianas Leben beizuwohnen.⁴⁹ Auch die Geburt von Dianas Sohn William, wühlte sie emotional auf:

> „...wie der William geboren ist. Da bin ich früh... ich wusste ja, es ist ja so, der Zeitpunkt ist da... fahr früh heim, in Grombühl hinten rüber, voll in eine Polizeikontrolle rein. Wenn die zu mir gesagt hätten, ich wäre 100 gefahren, hätte ich es auch geglaubt. So abwesend war ich, weil die Nachricht kam, der königliche Prinz ist da [...]. Ich war total abgetreten [...]. Und da habe ich lauter so Erlebnisse einfach gehabt, im Zusammenhang mit Diana."⁵⁰

Die Nachricht vom Tod Dianas war dementsprechend einer der schlimmsten Momente für Frau T.:

---

47 „Der Umbruch von der bürgerlichen Industriegesellschaft zur entfalteten Moderne geht einher mit einschneidenden Prozessen der De-Institutionalisierung christlicher Religion. Die-Institutionalisierung bedeutet, dass es der etablierten, institutionell verfassten, christlichen Religion nicht mehr in gleicher Weise gelingt, religiöse Orientierungen, Empfindungen und Verhaltensweisen in ein institutionell festgelegtes und vorgegebenes Muster zu binden wie bisher." Gabriel 1992, S. 146.
48 Hempelmann 2004, S. 5.
49 Da der alte Fernseher während der Übertragung ausfiel, organisierte sie sofort einen neuen. Interview mit Frau T. vom 03.01.2012, Zeit: 00:04:55.
50 Interview mit Frau T. vom 03.01.2012, Zeit: 00:05:45.

> „Und wie sie gestorben ist, da hatte ich auch wieder Nachtdienst früh, es war Sonntag früh. Mein Mann war am Campingplatz, der war gar nicht da. Und da krieg ich früh um halb neun, bekomm ich von einem Camper Freund [...] einen Anruf: Was sagst du zu deiner Diana? Sag ich: Wieso was ist denn? Sagt sie: Diana ist doch tot. [befangenes Lachen und reibt sich die Arme] Wenn ich nur daran denk, läuft es mir jetzt noch die Gänsehaut rauf und runter. Und, sage ich: Was, wo, wie? Und, ne. Sagt sie: Sie hat doch einen Unfall gehabt. Und ich sofort den Fernseher eingeschalten, meinen Mann angerufen am Campingplatz. Ich hab so geheult, ich habe so geheult, der hatte gemeint, in der Familie ist irgendwas. Ich hab nur gesagt: Meine Diana ist tot. Meine Diana ist tot. Ich konnte es also noch überhaupt nicht begreifen. Wobei ich es heute noch... wobei es schon so lange wieder her ist, aber trotzdem heute noch... ja gut, es kommt vielleicht auch, weil ich mich auch damit befasse. Es ist nicht so, dass ich jetzt nur das einmal gelesen habe. Aber so die ganzen Zeitungen was... ich habe ja zum Teil zehn, zwölf Zeitungen in der Woche gekauft, weil ja doch wieder... da stand ein bisschen was anderes... es war im Endeffekt das gleiche, aber das... und dann die Bilder und so alles drum herum. Das war also... das ist wahnsinnig gewesen. Und für mich war jeder in der Nachbarschaft... jeder hat gewusst... mein Mann wurde angesprochen: wie geht es denn deiner Frau? So auf die Art."[51]

Man merkt schnell, dass der Tod von Diana bei Frau T. mehr war als eine kurzfristige emotionale Erschütterung. Er war ein Einschnitt in ihr Privatleben. Diana erscheint hier als am Leben teilnehmende Person, oder um es genauer zu sagen, Diana spielt eine prägende Rolle in ihrem Leben. Diana ist Familienmitglied, ist Freundin, ist lebensnahe Person.

Neben dieser (dennoch einseitig empfundenen) Nähe zur Prinzessin, war Diana darüber hinaus eindeutig ein Vorbild. Diesem Vorbild konnte auf unterschiedlichste Art und Weise nachgeeifert werden. Frau T. trägt beispielsweise nun schon seit vielen Jahren die Frisur von Diana. Einen Ring, den Frau T. von ihrem Mann zum Hochzeitstag geschenkt bekam, trägt sie nach eigener Aussage täglich, genauso wie anderen Schmuck, der dem Dianas nachempfunden wurde. Aber nicht nur äußerlich ist Diana eine Leitfigur, auch in der Gesinnung wird ihrem Image nachgeeifert. So war meine Interviewpartnerin längere Zeit Vorsitzende eines Fördervereins:

> „Wir haben ja damals ein... wie soll ich sagen... so ähnlich wie einen Förderverein gegründet, Lady Diana Förderverein. Und das hat sich aber dann wieder zerschlagen, warum weiß ich heute noch nicht. Also da ist irgendwie... das ist eine Firma von Norddeutschland gewesen, ich glaub, die haben vielleicht einen anderen Zweck mit gehabt. Die war dann auch da, und hat bei mir mal verschiedene... Und dann habe ich ein eigenes Briefpapier gehabt und so weiter, also es war wirklich interessant und so weiter. Und irgendwann habe ich von denen nichts mehr gehört. Und dann habe ich mich erkundigt. Das war sogar eingetragen und alles. Und dann habe ich gesagt, ich mache da nicht mehr mit, ich lasse mich nicht

---

51 Interview mit Frau T. vom 03.01.2012, Zeit: 00:05:58-00:06:55.

> ausnutzen, und dann habe ich gesagt, nein, Schluss. Und dann hat sich das im Laufe der Zeit so zerschlagen. Dann habe ich in der ‚Frau mit Herz' einmal inseriert, dass ich Sachen suche, und Leute suche die... Und ich weiß ich war damals auf Kur, habe meine Adresse sogar angegeben. Ich habe unheimlich viel Post auf der Kur gekriegt, und dadurch habe ich mit Leuten auch Kontakt gehabt. Ich hab weit über 100 Adressen gehabt, wo ich also immer im Laufe der Zeit..."[52]

Diese Institutionalisierung zeigt eine gemeinschaftsbildende Komponente auf. Ob diese Fördervereine als Institutionalisierung der säkularen Religiosität zu betrachten sind, kann wieder nur mit Hilfe eines funktionalistischen Religionsbegriffes gedeutet werden. Nur ein offenes Verständnis von Religion lässt es zu, veräußerlichte Handlungen, die in ihrer Funktion und oft auch Struktur religionsgleich sind, als religiös zu deuten. Der gute „Zweck" im Hinterkopf der Handelnden spielt hierbei die prägende Rolle. Da Diana nicht mehr helfen konnte, sah sich meine Sammlerin in der Pflicht. Und so setzte sie sich auch vielfältig für den guten Zweck ein:

> „Da habe ich... und zwar habe ich jedes Mal immer... um wieder auf das Karitative zu kommen. Wenn ich heimgefahren bin, dann habe ich im Bus gesammelt für einen sozialen Zweck. Und habe das Geld der Krebshilfe gegeben in Würzburg, der Krebskinderhilfe gespendet. Und dann habe ich einmal, [...] einen ganz bitterbösen Brief bekommen. Ich würde das Geld für mich verwenden, und so weiter und so fort. Wahnsinnig, nicht. Und ich habe es ja jedes Mal bestätigen lassen, und so weiter."[53]

Der gute Zweck verkörpert, was Diana für sie ausmachte. In gewisser Weise sind diese wohltätigen Aktionen – dogmatisch ausgedrückt – der Versuch, eine „Diana-Botschaft" im Sinne des karitativen Handelns der Prinzessin zu verbreiten. Eine Botschaft „für einen guten Zweck", welche aus den Zeitschriftenartikeln ins Auge springt. So sammelt Frau T. Diana-Gedenkartikel und umgibt sich mit Dingen, die Diana für sie verkörpern oder in Verbindung mit ihr stehen, denn: „Indem wir uns mit bestimmten Objekten umgeben, hoffen wir, an dem teilzuhaben, was sie repräsentieren".[54] Die Unzahl an Sammlungsobjekten von Frau T. steht somit für einen karitativen Lebensweg, dem sie in Anlehnung an das Engagement Dianas nachzueifern versucht. Doch jemandem zu folgen bzw. nachzueifern ist nicht gleichbedeutend mit Selbstaufgabe, es steckt auch immer ein Stück Selbstfindung bzw. Selbstdefinierung darin.

---

52   Interview mit Frau T. vom 03.01.2012, Zeit: 00:02:24.
53   Interview mit Frau T. vom 03.01.2012, Zeit: 00:43:37-00:44:19.
54   Bloom 2004, S. 253.

Fazit

Es ist offensichtlich, dass es sich nicht um eine Erscheinung von Religion im säkularen Gewand handelt. Diana ist als eine Medienfigur zu betrachten, deren Mythos und Image mit Hilfe von Zitaten aus religiösen Bereichen aufgebaut wurde und dies nicht erst nach ihrem Tod. Allerdings wurde jedoch erst durch ihren Tod das Bild der säkularen, medialen Heiligenfigur Diana möglich. Der von Beginn an konstruierte Mythos „Diana" gebar darüber hinaus besonders starke Orientierungs- und Vorbildfunktionen.

Der Kult um Diana und die Ereignisse in den Wochen nach ihrem Tod haben dementsprechend ältere Wurzeln. Das Repertoire der Ausdrucksmittel bei Personenverehrungen besitzt ein bestimmtes Vokabular, welches schon immer starke religiöse Ausformungen annehmen konnte. Durch Pluralisierung und Individualisierung legt das Individuum (in der Trauer um Diana) mit Hilfe der religiös gefestigten Handlungsmuster eine besondere Form der Kontingenzbewältigung an den Tag. Nicht Diana wird betrauert, wenn überhaupt nur ihr Image und dies maximal oberflächlich. Die Handlungen der Trauernden konnten durch die mediale Berichterstattung nachvollzogen und nachgeahmt werden. Die Medien gaben demnach den Trauernden ein Repertoire an verschiedenen Handlungsmustern, die ad libitum zur Bewältigung der eigenen Trauer herangezogen werden konnten. Die vom plötzlichen Tod Dianas getroffenen Menschen betrauerten somit letztlich sich selbst. Die mediale Spiegelung Dianas half den Trauernden, Dinge aus ihrer eigenen Vergangenheit oder Zukunft zu verarbeiten. Sie wurde als Vorbild angeeignet und verinnerlicht, nicht nur im Sammeln sondern auch im alltäglichen Leben.

Quellen- und Literaturverzeichnis

Quellen

Banik, Katja: Diana-Visionen. Den ersten erschien schon ihr Geist. In: BILD, 05. September 1997, S. 14.
Der Engel der armen Seelen. In: Das Neue Blatt 1 (1996), S. 28.
Der Prinzessin alte Kleider. Versteigerung in New York bringt Lady Diana Geld für wohltätige Zwecke. In: FAZ, 27. Juni 1997, S. 12.
Dianas letztes Interview. Wer in Not ist und mich ruft, dem eile ich zu Hilfe. In: BILD, 01. September 1997, S. 3.
Die 13jährige wollte nach der Flugzeug-Katastrophe von Manchester sterben. Diana gab der todkranken Lyndsey neuen Lebensmut. In: Das Neue o. Nr. (1984), S. 3.
Diese Frau behauptet: Ich spreche mit Diana im Jenseits. In: Freizeit Revue 50 (1997), hier S. 6–7.
Interview mit Frau T. vom 03. Januar 2012.
Neue Welt 37 (1997), S. 2–12.
Prinzessin Diana. Abschied von einem Engel. In: Freizeit Revue 38, (1997), Titelblatt, S. 2–3.
Prinzessin Diana. Am offenen Grab erfüllte sich ihr letzter Wille. Ihre guten Taten leben weiter. In: Neue Welt 38 (1997), Titelblatt, S. 2–7.
Prinzessin Diana besucht Opfer von Landminen in Angola. In: FAZ, 14. Januar 1997, S. 8.
Prinzessin Diana beteiligt sich an der Rettung eines Obdachlosen. In: FAZ, 20. Mai 1994, S. 10.
Prinzessin Diana. Geheimnisvolle Botschaften aus dem Jenseits. Die mysteriösen Fälle Erklärungen vom Experten. In: Neue Welt 43 (1997), Titelblatt, S. 8–9.
Prinzessin übernimmt neue Aufgaben für das Rote Kreuz. In: FAZ, 06. Mai 1994, S. 7.
Sie war der Engel der Armen, Kranken und Schutzlosen. In: Das Neue 37 (1997), S.12–13.
Unvergessene Diana. Der kleine kranke Junge, den die Prinzessin liebte wie ihren eigenen Sohn. In: Das Neue 52 (1997), S. 4–5.

Literatur

Angenendt, Arnold: Heilige und Reliquien. Die Geschichte ihres Kultes vom frühen Christentum bis zur Gegenwart. Hamburg ²2007.
Berger, Peter L.: Der Zwang zur Häresie. Religion in der pluralistischen Gesellschaft. Frankfurt a.M. 1980.
Bloom, Philipp: Sammelwunder, Sammelwahn. Szenen aus der Geschichte einer Leidenschaft. Frankfurt a.M. 2004.

Daiber, Karl-Fritz: Diffundierende Religion – religionstheoretische Aspekte im Vorfeld und aus der Rückschau. In: Friedrichs, Lutz / Vogt, Michael (Hg.): Sichtbares und Unsichtbares. Facetten von Religion in deutschen Zeitschriften (Religion in der Gesellschaft, Bd. 3). Würzburg 1996, S. 47–67.

Harrison, Ted: Diana. The Making of a Saint. How the death of a princess led to the birth of a cult. London 2007.

Hempelmann, Reinhard: Religion und Religiosität in der modernen Gesellschaft. In: EZW-Texte 179 (2004), S. 3–11.

Friedrichs, Lutz / Vogt, Michael: Einleitung: Religion und Printmedien. In: Friedrichs, Lutz / Vogt, Michael (Hg.): Sichtbares und Unsichtbares. Facetten von Religion in deutschen Zeitschriften (Religion in der Gesellschaft, Bd. 3). Würzburg 1996, S. 11–44.

Gabriel, Karl: Christentum zwischen Tradition und Postmoderne. Freiburg / Basel / Wien 1992.

Hermann, Karin: Die Gefangene. Figurenkonstruktion von Prinzessin Diana in den Publikumszeitschriften Neue Post, Bunte und Stern 1980-1997. Hildesheim 2006.

Ignatieff, Michael: Die symbolische Leere und der Tod. In: Die ZEIT, 12. September 1997, S. 57–58.

Kamps, Klaus: Routine, Inszenierung, Märchenerzählung. Fernsehnachrichten und der Tod der „Queen of Hearts". In: Meckel, Miriam u.a. (Hg.): Medien-Mythos? Die Inszenierung von Prominenz und Schicksal am Beispiel von Diana Spencer. Opladen / Wiesbaden 1999, S. 52–98.

Lutterbach, Hubertus: Tot und heilig? Personenkult um „Gottesmenschen" in Mittelalter und Gegenwart. Darmstadt 2008.

Meckel, Miriam: Tod auf dem Boulevard. Ethik und Kommerz in der Mediengesellschaft. In: Meckel, Miriam u.a. (Hg.): Medien-Mythos? Die Inszenierung von Prominenz und Schicksal am Beispiel von Diana Spencer. Opladen / Wiesbaden 1999, S. 11–52.

MacArthur, Brian: Requiem. Memories and Tributes. London 1997.

Menasse, Elisabeth / Menasse, Eva / Menasse, Robert: Die letzte Märchenprinzessin. Frankfurt a.M. ³1997.

Muth, Cornelia: Auf der Suche nach latenten Sinnstrukturen in der Persönlichkeit Lady Dianas und ihrem Einfluß auf die Entstehung einer modernen Massengemeinschaft. Gleichzeitig der Versuch einer Anwendung des Enneagramms. In: Berghahn, Sabine / Koch-Baumgarten, Sigrid (Hg.): Mythos Diana – von der Princess of Wales zur Queen of Hearts. Gießen 1999, S. 133–148.

Sattler, Dietrich: Welche Religion kommt in den Medien vor? In: Kirchenamt der EKD (Hg.): Religion – Kirche – Öffentlichkeit. Erwägungen über Religion ohne Kirche oder Kirche ohne Religion. Hannover 1982, S. 9–12.

Schutz, Bettina: Wer wird sie nun berühren? Lady Diana und ihr Einsatz für Kranke, Alte und Kinder. In: FAZ 02. September 1997, S. 12.

Schmitter, Elke: Scheitern als Erfolg: Die Paradoxien der Lady Diana. In: Berghahn, Sabine / Koch-Baumgarten, Sigrid (Hg.): Mythos Diana. Von der Princess of Wales zur Queen of Hearts. Gießen 1999, S. 67–81.

Seeßlen, Georg: Absolut nichts. Wie der Meta-Mythos das Private öffentlich macht und umgekehrt, Religion und Politik frißt und am Ende schlauerweise nichts zu sagen hat. In: Wieland, Rayk (Hg.): The Neurose of England. Massen, Medien, Mythen nach dem Tod von Lady Di. Hamburg 1998, S. 17–42.

Virilio, Paul: Der Paparazzo, das sind wir. In: Der Spiegel 37 (1997), S. 220.

Vogel, Sandra: Mythenbildung durch Medien: Lady Diana – Ein Exempel des neuen Mythos. Erlangen / Nürnberg 1999.

Zu Fuß auf dem Weg nach Mariazell
Pilgern als Gesellschaftskritik

Barbara Sieferle

Seit den 1980er Jahren steigt in Europa die Zahl der FußpilgerInnen immer weiter an. PilgerInnen gehen beispielsweise nach Rom in Italien, Altötting in Deutschland, Santiago de Compostela in Spanien oder nach Mariazell in Österreich.[1] Genauso erfreut sich das Thema Pilgern in der Öffentlichkeit großer Beliebtheit. Neben Reportagen und Dokumentationen widmen sich Spielfilme im Kino und Fernsehen dem Pilgern.[2] Büchereien haben eigene Bereiche zum Thema Pilgern eingerichtet, in denen sich Pilgerreiseführer, -wegplaner und -tagebücher finden.[3] Sportartikelhersteller haben Pilgerrucksäcke auf den Markt gebracht, die durch „Gewicht-, Trage- und Bedienkomfort"[4] insbesondere für lange Pilgerwanderungen geeignet sind. Beanspruchte Pilgerfüße erfahren Linderung durch Salben und Öle.[5] Neben kirchlichen Organisationen bieten touristische Unternehmen Pilgerwanderungen zu den verschiedensten Zielen an.[6] Und in Pilgerforen im Internet diskutieren PilgerInnen über die besten Pilgerrouten, tauschen Tipps über Ausrüstung und Reiseplanung aus und schreiben über die Erlebnisse ihrer Pilgerwanderungen.[7] Auch in der Europäischen Ethnologie ist das

---

1   Es soll hier genügen auf die jährlich steigende Zahl der PilgerInnen zu verweisen, die zu Fuß zum Grab des Heiligen Jakobus nach Santiago de Compostela in Spanien gehen. Während im Jahr 2004 insgesamt 180.000 PilgerInnen in Santiago de Compostela ankamen und 87 % davon zu Fuß gingen, kamen 2014 bereits 230.000 PilgerInnen an, wovon 95 % den Weg zu Fuß zurücklegten. Vgl. Pilgerbüro Santiago. Wenn ich im Folgenden vom Pilgern und Wallfahren spreche, beziehe ich mich auf Reisen zu heiligen Orten, die gemäß der christlichen Kirche als Pilgerorte anerkannt sind. Es sei hier ergänzend darauf hingewiesen, dass viele Menschen auch sogenannte säkulare Pilgerorte aufsuchen. Exemplarisch genannt sei hier das Pilgern zum Grab von Jim Morrison in Paris. Vgl. Margry 2008. Für eine Debatte um die Bedeutung säkularer Pilgerorte und den Unterschieden und Gemeinsamkeiten zwischen religiösen und säkularen Pilgerorten vgl. z.B. Coleman / Eade 2004.
2   Für Dokumentationen vgl. „Walking the Camino. Six Ways to Santiago" sowie „Der Weg der Pilgerin. Unterwegs nach Santiago de Compostela". Für Fernseh- und Kinofilme vgl. „Brüder III – Auf dem Jakobsweg", „The Way" sowie „Saint-Jacques...Le Mecque".
3   Vgl. z.B. für Reiseführer Käfer / Käfer 2009 sowie Rosenheimer 2014. Für vorgefertigte Pilgertagebücher vgl. Gasperi 2008, arsEdition 2010 sowie Tourismusverband Mariazell 2013. Für autobiographische Reisebeschreibungen vgl. z.B. Berghammer 2011.
4   Kern 2010.
5   Für Pilgeröl vgl. Bioturm 2010 und für Pilgersalben vgl. Apotheke und Drogerie zur Gnadenmutter 2011.
6   Für eine Übersicht über Pilgerwanderungen, die von Pfarreien aus der Steiermark/Österreich nach Mariazell angeboten werden, vgl. Katholische Kirche Steiermark. Für Pilgerwanderungen nach Mariazell, die von touristischen Organisationen angeboten werden, vgl. Via Sacra.
7   Vgl. z.B. Pilger Community.

Pilgern ein Thema. Es gehört zu den klassischen Themenfeldern der europäisch-ethnologischen Religionsforschung.[8] Daher überrascht es umso mehr, dass es bisher nur wenige europäisch-ethnologische Studien gibt, die sich mit dem Gehen des Pilgerweges befassen.[9] Denn hierauf liegt, nimmt man Reiseführer zur Hand, schaut Dokumentationen oder liest Einträge in Pilgerforen, die Aufmerksamkeit des öffentlichen Diskurses über das Pilgern. Die Mehrheit der europäisch-ethnologischen Abhandlungen über das Pilgern befasst sich entweder mit der begrifflichen Abgrenzung von Wallfahrt und Pilgerschaft, konzentriert sich auf Votivwesen und Mirakelbücher am Wallfahrtsort oder auf die historische Entwicklung eines spezifischen Pilgerortes.[10] Eine intensive wissenschaftliche Auseinandersetzung mit dem Phänomen Pilgern fehlt bisher wie Dagmar Hänel feststellt und, so möchte ich ergänzen, insbesondere die Auseinandersetzung mit dem gegenwärtigen Pilgern und dem sozialen Handeln von PilgerInnen entlang des Pilgerweges.[11]

Die gesellschaftliche Brisanz des Themas Pilgern aufgreifend, auf die Martin Scharfe bereits in den 1980er Jahren hinwies[12], und an der Forschungslücke europäisch-ethnologischer Pilgerforschung ansetzend, befasse ich mich im Folgenden aus einer ethnografischen Perspektive mit dem gegenwärtigen Pilgern zum Wallfahrtsort Mariazell in Österreich. Ich fokussiere mich dabei auf das Gehen des Pilgerweges und insbesondere auf die im Gehen des Weges enthaltene Gesellschaftskritik. Auf diese Dimension des Pilgerns wurde ich während meiner Feldforschungsaufenthalte auf den Pilgerwegen nach Mariazell aufmerksam.[13] Dazu werde ich erstens meine analytische Perspektive auf das Pilgern sowie die daraus folgende methodische Herangehensweise an das Pilgern nach Mariazell erläutern. Zweitens werde ich einen ethnografischen Einblick in das Gehen des Pilgerweges nach Mariazell geben, um daran anknüpfend drittens und letztens herauszustellen, inwiefern das Gehen des Pilgerweges als Gesellschaftskritik

---

8 Für einen Überblick über die bisherige europäisch-ethnologische Pilgerforschung vgl. Hänel 2004.
9 Als Ausnahmen sind hier die folgenden Arbeiten zu nennen: Brückner 1984; Eberhart 2007; Hänel 2004; Scharfe / Schmolze / Schubert 1985.
10 Hänel 2004, S. 112. Die Begriffe Wallfahrt und Pilgern werden von mir in diesem Artikel synonym verwendet. Dies entspricht dem alltäglichen Sprachgebrauch der meisten PilgerInnen, die zu Fuß zum katholischen Wallfahrtsort Mariazell unterwegs sind. Abgrenzungen und Unterscheidungen der Begriffe, wie sie von einzelnen PilgerInnen vorgenommen werden, sind für das Thema dieses Artikels zu vernachlässigen.
11 Hänel 2004, S. 112.
12 Vgl. Scharfe 1985, S. 11.
13 Im Sommer 2013 sowie 2014 führte ich Feldforschung auf den Pilgerwegen nach Mariazell sowie im Pilgerort Mariazell durch. Diese bildet die Grundlage meiner Dissertation, in der ich mich mit der Körperlichkeit des Pilgerns befasse und die ich im Fachbereich Europäische Ethnologie am Institut für Geschichtswissenschaften und Europäische Ethnologie an der Universität Innsbruck bearbeite.

verstanden werden kann. Ich werde aufzeigen, dass sich die von den PilgerInnen im Vollzug des Pilgerns geäußerte Kritik auf drei Aspekte der gegenwärtigen Gesellschaft richtet: auf die Schnelllebigkeit des Alltags, auf die zunehmende Technisierung des Alltags sowie auf die Konsumorientierung der heutigen Gesellschaft.

Pilgern nach Mariazell:
Analytische Perspektive und methodische Herangehensweise

Über eine Million Menschen besuchen jährlich den katholischen Wallfahrtsort Mariazell in Österreich.[14] Die Mehrheit reist mit Auto, Bahn und Bus an, aber einige legen den Weg nach Mariazell im Rahmen einer Pilgerwanderung zu Fuß zurück.[15] Organisierte Fußwallfahrten nach Mariazell, wie sie in Österreich von katholischen Pfarreien, touristischen Organisationen oder freiberuflichen PilgerbegleiterInnen angeboten werden, erfreuen sich großer Beliebtheit und in den Sommermonaten, der Pilgerhauptsaison in Mariazell, kommen täglich mehrere Fußpilgergruppen dort an.[16] Während auf dem Camino in Spanien, dem Pilgerweg zum Grab des Heiligen Jakobus in Santiago de Compostela, vorwiegend Einzelreisende unterwegs sind[17], ist die Mehrheit der Mariazeller PilgerInnen, wie sich mir während meiner Feldforschungsaufenthalte auf den Pilgerwegen nach Mariazell zeigte, in Gruppen unterwegs. Größe und Zusammensetzung der Pilgergruppen variieren dabei stark. Gruppen, die aus fünf PilgerInnen bestehen, gehen den Weg nach Mariazell genauso wie dreißigköpfige Gruppen. Frauen sind ebenso unterwegs wie Männer und von Jugendlichen bis Senioren sind alle Altersgruppen vertreten; je nach Gruppe in unterschiedlicher Zusammensetzung. Genau wie für die PilgerInnen auf dem Jakobsweg in Spanien ist für die PilgerInnen, die auf einem der vielen Wege, die aus allen Himmelsrichtungen nach Mariazell führen,

---

14 Zur Wallfahrtsgeschichte Mariazells vgl. Eberhart 1996.
15 Statistiken über die Anzahl der FußpilgerInnen nach Mariazell gibt es nicht. Laut Wallfahrtsbüro Mariazell besuchen jährlich über eine Million Menschen den Ort. Die Anzahl der FußpilgerInnen ist unklar. Der Wallfahrtskalender Mariazell zeigt, dass in den Sommermonaten, der Pilgerhauptsaison, täglich mehrere Fußpilgergruppen im Ort eintreffen und im Anliegenbuch, welches in der Mariazeller Basilika ausliegt, finden sich täglich neue Einträge von FußpilgerInnen. Vgl. Wallfahrtskirche Basilika Mariazell. Meine Aufenthalte in Mariazell zeigten, dass FußpilgerInnen das tägliche Leben, Repräsentationen und Imaginationen von Mariazell als Wallfahrtsort prägen und daher von entscheidender Bedeutung für den Pilgerort sind, auch wenn sie zahlenmäßig eine kleine Gruppe darstellen. Gleiches stellen Gertrud Schubert, Martin Schmolze und Martin Scharfe für die FußwallfahrerInnen in Altötting fest. Vgl. Schubert / Schmolze / Scharfe 1985, S. 230–231.
16 Wallfahrtskirche Basilika Mariazell.
17 Haab 1998, S. 13.

das Gehen des Weges zu Fuß von großer Bedeutung.[18] „Der Weg ist enorm wichtig", erzählt mir die Pilgerin Katharina, „Das Gehen nach Mariazell ist für mich der Kern des Pilgerns. Ohne den Weg zu Fuß ist es für mich kein Pilgern."[19] Und der Pilger Michael erklärt mir: „Das eine geht ohne das andere nicht. Mariazell als Ziel – nicht nur das ist wichtig."[20] Für ihn gehören der Weg und insbesondere das Gehen zu Fuß zum Pilgern dazu und sind für ihn sogar „wichtiger als in Mariazell zu sein".[21] Das Gehen des Weges, wie Katharina und Michael hier exemplarisch verdeutlichen, ist für PilgerInnen nach Mariazell ein zentraler Bestandteil des Pilgerns. Es kann daher nicht, wie Nancy Frey für Marienwallfahrtsorte im Allgemeinen konstatiert, davon ausgegangen werden, dass für PilgerInnen allein der Aufenthalt im Pilgerort Mariazell von Bedeutung ist.[22] Die europäisch-ethnologische Pilgerforschung hat sich bisher vor allem auf das Ziel von Pilgerwanderungen konzentriert, indem sie religiöse Praktiken, Votive und Mirakelbücher am Pilgerort analysierte.[23] Doch der Bedeutung, die PilgerInnen dem Gehen des Weges zu Fuß zukommen lassen, muss ebenso Rechnung getragen werden, gehört es doch für PilgerInnen nach Mariazell genauso zum Pilgern dazu wie der Aufenthalt im Pilgerort selbst.

Immer wieder hörte ich in Gesprächen unter PilgerInnen, in Ansprachen von Pfarrern oder PilgerbegleiterInnen, dass FußpilgerInnen „eine Leistung vollbringen"[24], „aktiv sind"[25] und „etwas tun"[26], indem sie zu Fuß nach Mariazell kommen. Das Pilgern wird damit als Aktivität, als Tun und Leistung beschrieben und es stellt sich mir daran anknüpfend aus analytischer Perspektive die Frage, was beim Pilgern zu Fuß genau getan wird, wie Pilgern vollzogen wird und was für Bedeutungen PilgerInnen dem Gehen zukommen lassen. Damit steht für mich der praktische Vollzug des Pilgerns, das heißt das konkrete Tun der PilgerInnen, im Zentrum des Interesses. Ein analytischer Fokus, den Karl Hörning und Julia Reuter als doing culture beschreiben und den ich hier auch einnehme:

> „Doing culture sieht Kultur in ihrem praktischen Vollzug. Es bezeichnet ein Programm, das den praktischen Einsatz statt die vorgefertigten kognitiven Bedeutungs- und Sinnstrukturen von Kultur analysiert. Es zielt auf die Pragmatik von Kultur; auf Praxiszusammenhänge, in die das Kulturelle unweigerlich verwickelt ist, in denen es zum Ausdruck

---

18   Für die Bedeutung des Gehens zu Fuß auf dem Camino vgl. Frey 1998 sowie Haab 1998.
19   Feldnotizen vom 20. September 2013. Die Namen aller PilgerInnen wurden von mir in diesem Artikel anonymisiert.
20   Feldnotizen vom 11. Juni 2014.
21   Feldnotizen vom 11. Juni 2014.
22   Vgl. Frey 1998, S. 7.
23   Hänel 2004, S. 112.
24   Feldnotizen vom 10. Juli 2013.
25   Feldnotizen vom 7. Mai 2013.
26   Feldnotizen vom 3. September 2014.

kommt, seine Verfestigungen und seinen Wandel erfährt. Die praktischen Verhältnisse des sozialen Lebens lassen Kultur erst zu ihrer Wirkung gelangen. Damit treten Fragen nach der praktischen Hereinnahme, des konkreten Vollzugs und der Reproduktion von Kultur, aber auch Fragen nach ihrer ungleichen Verteilung und Handhabung in den Vordergrund."[27]

Für die europäisch-ethnologische Religionsforschung heißt dies, Religiosität nicht mit Glaubensinhalten gleichzusetzen, sondern genauso das, was religiöse Akteure tun, wenn sie religiös Handeln, mit zu berücksichtigen.[28] Auf die Bedeutung religiösen Tuns weist auch Martin Scharfe hin, wenn er feststellt, dass der Mensch ein Homo Faber ist, der seine Welt mit Kopf und Hand schafft und dass die Ausführung religiöser Handlungen für soziale Akteure oftmals wichtiger ist als ihr religiöses Glaubenssystem.[29] Als Themenfeld der europäisch-ethnologischen Religionsforschung kommt das Pilgern daher zunächst als religiöses Tun in den Blick. Doch empirische Studien des gegenwärtigen Pilgerns weisen darauf hin, dass Pilgern nicht ausschließlich als religiöse Praxis betrachtet werden kann.[30] Vielmehr wird es je nach PilgerIn und Pilgergruppe unterschiedlich durchgeführt: eben auch als religiöse, spirituelle, sportliche oder touristische Praxis, als Gemeinschafts- oder Naturerlebnis oder als Ausbruch aus dem Alltag.[31] Die unterschiedlichen Ausprägungen des Pilgerns, wie sie in der wissenschaftlichen Literatur beschrieben werden, zeigten sich mir auch während meiner Feldforschung auf den Pilgerwegen nach Mariazell und ich wurde während meiner eigenen Teilnahme an verschiedenen Gruppenpilgerwanderungen insbesondere auf die Dimension der Gesellschaftskritik aufmerksam. Dies ist keine rein verbal-sprachlich geübte, sondern vielmehr eine im Tun der PilgerInnen enthaltene Kritik. Denn die Vollzugswirklichkeit des Pilgerns erschöpft sich nicht in verbal-sprachlichen Bedeutungs- und Sinnzuschreibungen an das Pilgern, wie sie in Gesprächen und Interviews erfragt werden können, sondern enthält darüber hinaus auch das, was PilgerInnen während des Gehens genau tun und wie sie es tun.[32] Im Vollzug des Pilgerns sind Bedeutungen vorhanden, die abseits von (verbaler) Sprache stehen.[33] Hierauf weist auch der Pilger Fabian während unseres gemeinsamen Gehens nach Mariazell hin: „Wenn mich Leute fragen, warum ich mir das antue, warum ich pil-

---

27 Hörning / Reuter 2004, S. 10.
28 Meredith McGuire spricht dementsprechend von lived religion. Aus der Perspektive der lived religion geht es um die Analyse von Religiosität, wie sie von sozialen Akteuren gelebt wird. Das heißt, es geht um die Analyse dessen, was religiöse Akteure tun, sagen und fühlen, wie sie interagieren und kommunizieren. Vgl. McGuire 2008, S. 12.
29 Scharfe 2004, S. 107.
30 Vgl. z.B. Gamper / Reuter 2012.
31 Gamper / Reuter 2012, S. 224–228; sowie Rückl 1985, S. 169.
32 Hillebrandt 2012, S. 33.
33 Vgl. Bloch 1991, S. 192.

gere, dann kann ich keine Antwort darauf geben. Du musst es einfach tun, um zu wissen, warum du es tust. Man muss es spüren; da finde ich keine Worte dafür."[34] Und genauso konstatiert Nancy Frey, dass für PilgerInnen das Wie des Pilgerns oftmals wichtiger als das Warum ist.[35] In den Sommermonaten 2013 sowie 2014 habe ich daher mehrere organisierte Gruppenpilgerwanderungen nach Mariazell begleitet und in der Zeit zwischen den Pilgerwanderungen in einer Pilgerherberge in Mariazell gelebt. Teilnehmende Beobachtungen und das damit einhergehende Miterleben des Pilgerns bilden die Grundlage dieses Artikels. Nur so war es mir möglich, die Vollzugswirklichkeit des Pilgerns empirisch zu erfassen und analytisch zu betrachten.

Ethnografische Einblicke in das Pilgern nach Mariazell

Für PilgerInnen, die nach Mariazell unterwegs sind, steht das Gehen zu Fuß im Zentrum:[36] Es dominiert nicht nur die Tage, sondern wird darüber hinaus von den PilgerInnen als zentrales und oftmals wichtigstes Element ihrer Pilgerreise angesehen.[37] Bereits die Begriffe Fußwallfahrt und Pilgerwanderung weisen durch die Hervorhebung der Füße und der begrifflichen Benennung des Pilgerns als eine Wanderung auf die Bedeutung der körperlichen Aktivität hin. Dies zeigt sich auch in der Zeit, die PilgerInnen täglich für das Gehen des Weges aufwenden und in der Strecke, die sie dabei zurücklegen. Die meisten Pilgergruppen beginnen ihre tägliche Etappe morgens zwischen 6.30 und 7.30 und kommen erst am späten Nachmittag oder Abend zwischen 18 und 20 Uhr in ihrer Herberge an. Eine fünftägige Pilgerwanderung, die ich im Sommer 2014 von Graz nach Mariazell begleitete, legte am ersten Tag 35 Kilometer, an den drei folgenden Tagen jeweils 25 Kilometer und am letzten Tag 20 Kilometer zurück.[38]

Das Gehen nach Mariazell wird von den TeilnehmerInnen als ein ausdauerndes und anstrengendes Gehen wahrgenommen und bereits am zweiten Tag der Pilgerwanderung haben viele Blasen an den Füßen oder Scheuerwunden an Hüfte oder Schulter, etwa durch einen nicht

---

34 Feldnotizen vom 17. August 2014.
35 Frey 1998, S. 91–92.
36 Die im Folgenden vorgenommene Beschreibung des Vollzugs des Pilgerns beruht auf achtmonatiger Feldforschung, während der ich sieben mehrtägige Pilgerwanderungen und fünf eintägige Pilgerwanderungen nach Mariazell begleitete. Beschreibungen konkreter Situationen und die Wiedergabe von Gesprächen werden anhand von Feldnotizen belegt. Alle unbelegten Aussagen beruhen auf weiterführenden, zusammenfassenden und vergleichenden Analysen meiner Feldnotizen.
37 Gleiches konstatieren Martin Scharfe, Martin Schmolze und Gertrud Schubert in ihrer ethnografischen Studie zum Pilgern nach Tuntenhausen und Altötting. Vgl. Scharfe / Schmolze / Schubert 1985, S. 79.
38 Feldnotizen vom 22. August 2014.

richtig sitzenden Rucksack. Über die Blasen, Wunden und die Anstrengungen sowie Erschöpfungszustände während des Gehens wird oft und viel gesprochen. Einige wenige müssen die Pilgerwanderung vorzeitig abbrechen, weil ihre Schmerzen so stark sind, dass sie nicht mehr weitergehen können. Dies ist jedoch sehr selten der Fall. Vielmehr wollen es alle unbedingt bis nach Mariazell schaffen. Der Pilger Lukas beispielsweise bekam bereits am ersten Tag eine blutige Verse, die ihm im Laufe der nächsten Tage große Schmerzen bereitete. Ab dem dritten Tag konnte er nur noch humpelnd gehen, die Schmerzen wären für ihn ansonsten unerträglich gewesen. Die Pilgerwanderung vorzeitig abzubrechen oder Teilstrecken mit Taxi oder Bus zurückzulegen kam für ihn jedoch nicht in Frage, denn dies wertete er als Schwäche. Und genau wie Lukas wollen es alle PilgerInnen aus eigener Körperkraft bis nach Mariazell schaffen.[39]

Der Weg nach Mariazell wird von den FußpilgerInnen außerdem als eine Herausforderung betrachtet, die sie an ihre Leistungsgrenzen stoßen lässt. Genau das macht das Pilgern aus, erzählt mir die Pilgerbegleiterin Anna nach einer langen, nicht enden wollenden Wegstrecke, deren Asphalt jeden Schritt anstrengend machte und unsere Fußsohlen brennen ließ.[40] PilgerInnen gehen weiter, auch wenn sie völlig erschöpft sind, sie holen noch das Letzte aus sich heraus und überwinden sich selbst, erklärt sie mir weiter, und zwar bei Regen und Kälte mit durchnässten Kleidern oder bei brennender Sonne und Hitze.[41] „Gegangen wird bei jedem Wetter"[42], so steht es auch in der Pilgerinformationsbroschüre einer Wiener Pfarrei. Weiterhin wird darin Ausdauerfähigkeit gefordert und es wird betont, dass der erste Tag der Pilgerwanderung sehr anstrengend sei und dass der Rucksack die ganze Zeit über selbst getragen werden müsse.[43] Hinweise, die das Vorhaben bereits im Vorfeld zu einer Herausforderung werden lassen. Die Frage, ob man es schafft, ob man letztendlich in Mariazell ankommt, gehört für viele zum Pilgern dazu und jeder Tag wird damit zu einer Herausforderung.[44]

PilgerInnen lassen ihren Füßen während der Pilgerwanderung eine besonders hohe Aufmerksamkeit zukommen. „Und, wie geht es deinen Füßen?"[45] oder „Hast du (bereits) Blasen an den Füßen?"[46] sind häufig gestellte Fragen während Pilgerwanderungen. Die besten Tech-

---

39 Feldnotizen vom 10. Juli 2013.
40 Feldnotizen vom 7. Juli 2013.
41 Feldnotizen vom 7. Juli 2013.
42 Feldnotizen vom 10. September 2014.
43 Feldnotizen vom 10. September 2014.
44 Gleiches stellt Rosenberger aus theologischer Perspektive für das Pilgern im Allgemeinen fest. Vgl. Rosenberger 2005, S. 87.
45 Feldnotizen vom 5. Mai 2013.
46 Feldnotizen vom 7. Mai 2013.

niken des Verarztens von Blasen werden genauso diskutiert wie die Frage nach den geeignetsten Wanderschuhen und -socken. Darüber hinaus pflegen die meisten PilgerInnen ihre Füße während der Pilgerwanderung, um Druckstellen und Blasen abzumildern oder deren Entstehung zu verzögern. Die Pilgerin Margot hat während einer viertägigen Pilgerwanderung von Graz nach Mariazell beispielsweise drei verschiedene Salben dabei, mit denen sie sich abends in der Herberge die Füße eincremen kann.[47] Und der Pilgerbegleiter Dieter beginnt bereits drei Wochen vor der Pilgerwanderung, sich die Füße einzusalben, um Blasen vorzubeugen.[48] Einige cremen sich auch morgens vor Beginn des Gehens die Füße ein, um diese geschmeidiger und dadurch weniger anfällig für Blasen zu machen. Genauso haben einige, wenn auch wenige, PilgerInnen neben Wanderschuhen, die sie für Wanderpfade und rutschige An- und Abstiege nutzen, noch Jogging- oder Turnschuhe dabei, mit denen sie lange Asphaltstrecken und Forststraßen gehen, um so ihre Füße durch die für Asphaltstraßen zu harten Wanderschuhe zu schonen.

Der Weg nach Mariazell zeichnet sich außerdem dadurch aus, dass PilgerInnen während der Pilgerwanderung ihr Gepäck selbst tragen. Kleidung und Toilettenartikel, Pflaster und Medikamente, Wegproviant und Wasser, Geldtasche, Regenschutz und (falls notwendig) Schlafsack werden im Rucksack auf dem Rücken transportiert. Pilgerinformationsbroschüren geben meist Packlisten oder Empfehlungen, was mitgenommen werden sollte. Immer wird darauf hingewiesen, dass man nicht zu viel einpacken soll. Da der Rucksack über mehrere Tage hinweg selbst getragen werden muss, wird angeraten seine Ausrüstung auf das Wesentliche zu reduzieren. Der Pilger Michael stellt sogar das Tragen des eigenen Rucksacks als essenzielles Kriterium des Pilgerns heraus. PilgerInnen, die ihr Gepäck von einem Begleitfahrzeug transportieren lassen, sind für ihn nicht als PilgerInnen zu betrachten.[49] Die im Vorfeld aller Pilgerwanderungen herausgegebenen Anleitungen, wie die TeilnehmerInnen ihren Rucksack zu packen haben und wie viel Gepäck sie mitnehmen sollen, verdeutlichen die Außeralltäglichkeit sowohl des Gehens zu Fuß als auch des Tragens seines

---

47 Feldnotizen vom 22. August 2014.
48 Feldnotizen vom 22. August 2014. Diesen Rat gaben mir verschiedene PilgerInnen im Sommer 2013. Während meiner zweiten Feldforschungsphase im Sommer 2014 rieb ich mir einige Wochen vor jeder Wanderung auch meine Füße ein. Ich selbst war im Sommer 2014 damit zu einer Pilgerin mit Geherfahrung geworden, die das praktische Wissen der Wund- und Blasenvermeidung anwandte und weitergab, denn auch ich nahm an den Diskussionen um die beste Blasen- und Wundversorgung teil.
49 Feldnotizen vom 12. Juni 2014. Hier zeigen sich unterschiedliche Definitionen und Wahrnehmungen des Pilgerns. Je nach PilgerIn und -gruppe wird TeilnehmerInnen, die ihr Gepäck in einem Begleitfahrzeug transportieren lassen sowie Auto-, Bahn- und BuspilgerInnen der Pilgerstatus abgesprochen.

eigenen Gepäcks. Gerade am ersten Tag wird die Größe des Rucksacks kommentiert und die Pilgernden fragen sich gegenseitig, wie schwer ihr Rucksack ist. Viele haben ihn zuhause gewogen und sprechen über die Schwierigkeiten des Packens, während dessen sie ständig zwischen der Schwere des Rucksacks und den Dingen, die sie gerne einpacken würden, abwägen mussten. Auf dem Pilgerweg nach, aber insbesondere bei der Ankunft und beim weiteren Aufenthalt in Mariazell kommt dem Rucksack zusätzlich zu seiner Funktion als Gepäckstück eine symbolische Bedeutung zu. Er dient als Zeichen der Fußpilgerschaft, als Symbol der anstrengenden Reise und der erbrachten Leistung.[50] Viele TeilnehmerInnen behalten den Rucksack nach Ankunft in Mariazell weiter auf und legen ihn dort für den Aufenthalt nicht in den dafür bereitgestellten Schließfächern im Pilgerzentrum der Basilika ab. Genauso wichtig sind Rucksäcke für das Gruppenbild, das die meisten PilgerInnen vor den Toren der Mariazeller Basilika machen und als Andenken aufbewahren. Denn wie der Pilger Martin stellvertretend formuliert: „Der Rucksack ist wichtig. Er hat die letzten Tage zu mir gehört und jetzt muss er auch mit aufs Bild. Man muss doch zeigen, was man die letzten Tage mit sich herumgeschleppt hat."[51]

Das Gehen zu Fuß dominiert die Tage der Pilgerwanderung, wie bisher deutlich geworden sein sollte. Genauso gehören jedoch auch die Pausen entlang des Weges, die das Gehen für kurze Zeit unterbrechen, dazu. Nach ein bis zwei Stunden, manchmal auch nach etwas längerer Zeit, machen viele halt, um zu Trinken und zu Essen, um eine kurze Andacht zu halten, um die Landschaft zu genießen oder die richtige Weggabelung zu erkennen und einzuschlagen. In den gemeinsamen Pausen werden Jacken im Rucksack verstaut, Regencapes hervorgeholt, Schnürsenkel neu gebunden oder Blasenpflaster gewechselt – alles, um sich auf die erneute Phase des Gehens vorzubereiten. Essens- und Trinkpausen werden entweder auf Baumstämmen, Wiesen oder Bänken entlang des Weges gemacht oder es wird in Gaststätten und Almhütten, die oftmals auf vorbeiziehende Pilgergruppen eingestellt sind, eingekehrt. Diese meist im Voraus festgelegten Haltepunkte bilden Zwischenetappen des Tages. Sie dienen den PilgerInnen als zeitliche Orientierung und lassen die Wegstrecke des Tages und der Pilgerwanderung insgesamt überschaubarer werden. Und natürlich

---

50 Der Rucksack ist gleichermaßen ein Symbol der Wandernden, die ebenfalls in der Region Mariazell unterwegs sind. Eine genaue Abgrenzung zwischen Pilger- und Wanderschaft ist nicht immer möglich. Einige bezeichnen sich sowohl als PilgerIn als auch als Wandernde. Andere grenzen sich durch religiöse Symboliken wie Pilgerkreuze oder Jakobsmuscheln von Wandernden ab. Wiederum andere sehen die täglich absolvierten Wegstrecken, die damit einhergehende Anstrengung und die Überwindung von Erschöpfungszuständen als Abgrenzungskriterium gegenüber Wandernden an.
51 Feldnotizen vom 12. August 2013.

stellen sie auch eine kurzzeitige Erholung vom anstrengenden Gehen zu Fuß dar und werden von den PilgerInnen genutzt, um sich auszuruhen und neue Energie für die noch anstehenden Kilometer zu tanken.

„Ich bin jeden Abend froh anzukommen", erklärt mir die Pilgerin Anna und lässt sich erschöpft auf ihren Schlafplatz im Bettenlager einer Almhütte fallen.[52] Genauso geht es der Mehrheit der PilgerInnen auf ihrem Weg nach Mariazell. Die Art der abendlichen Unterkunft kann dabei stark variieren. Die Pilgergruppen schlafen in Matratzenlagern, Zimmern mit Stockbetten, Mehrbett- oder Doppelzimmern, in Hotels, Jugendherbergen, Almhütten oder Turnhallen.[53] Nach der Ankunft in der Herberge ziehen die PilgerInnen zunächst ihre Wanderschuhe aus, duschen und wechseln ihre Kleidung und danach findet sich die Pilgergruppe zum gemeinsamen Abendessen zusammen. Bald gehen die PilgerInnen nach und nach zu Bett, denn es stehen ein früher Aufbruch und erneut ein anstrengender Tag bevor.

Auch wenn das Gehen des Weges für viele PilgerInnen den zentralen Aspekt des Pilgerns darstellt, gehört die Ankunft in Mariazell doch auch dazu. Diese bildet den Abschluss des Gehens und für die PilgerInnen ist sie der Beweis ihrer eigenen Leistungsfähigkeit. „Wir haben es geschafft", ruft der Pilger Martin kurz vor dem Mariazeller Ortseingang und die Pilgerinnen Simone und Kathrin umarmen sich nach Ankunft in Mariazell vor Freude.[54] Alle haben es mit ihren eigenen Füßen bis nach Mariazell geschafft, ohne auf motorisierte Hilfsmittel wie Auto oder Bus zurückgreifen zu müssen.

Das Gehen zu Fuß: Pilgern als Gesellschaftskritik

Das Gehen zu Fuß wird von den PilgerInnen als eine der Auto-, Bahn- oder Busfahrt entgegengesetzte Reiseform praktiziert und steht damit in Opposition zu anderen Mobilitäten.[55] PilgerInnen nehmen sich Zeit für den Weg nach Mariazell, indem sie über vier bis sechs Tage eine Strecke gehen, die mit dem Auto in zwei Stunden zurückgelegt werden könnte. Der Pilgerbegleiter Dieter beispielsweise erzählt mir: „Gehen tut so viel, es ist viel schneller als Autofahren."[56] Er führt weiter aus, dass das Gehen ihm ermöglicht, zu sich selbst zu finden, Gedanken nachzu-

---

52 Feldnotizen vom 12. August 2013.
53 Je nach Organisationsinstanz und Herbergsangebot entlang des Pilgerweges sind die Unterkünfte sehr unterschiedlich. Für den starken Einfluss von Organisationsinstanzen auf den Ablauf einer Pilgerwanderung und den Vollzug des Pilgerns vgl. Paul 1985.
54 Feldnotizen vom 12. August 2013 und 20. September 2013.
55 Vgl. Giersch 1984, S. 262.
56 Feldnotizen vom 23. August 2014.

gehen, sich zu entspannen und zu erholen. Dies alles ist für ihn im Auto nicht möglich, da ihn dort der Druck der schnellen Fortbewegung vom Denken abhält, wie er weiter ausführt.[57] Auch in seinem Alltag ist er regelmäßig fußläufig unterwegs. So macht er jeden Abend einen mindestens einstündigen Spaziergang; vor einigen Jahren ging er zu Fuß über vier Monate hinweg von Wien bis nach Santiago de Compostela in Spanien. Auch die Pausen entlang des Weges sind für Dieter ein Mittel sich zu entspannen, indem er sie als Zeit der „inneren Einkehr"[58] nutzt. Dieter ist es wichtig, sich auch Zeit für Pausen zu nehmen; nicht nur entlang des Pilgerweges, sondern auch in seinem Alltag. So setzen wir uns alle am zweiten Tag unserer Pilgerwanderung, die wir in Wien gestartet haben, auf eine von der Sonne beschienene, grüne Wiese entlang unseres Weges. In der Ferne sind bewirtschaftete Felder zu sehen und hinter uns erstreckt sich der nahegelegene Wald, durch den wir gerade gewandert sind. Dieter setzt sich auf einen Baumstamm und betrachtet die Landschaft, schweigend isst er einen Apfel. Der Pilger Fabian streckt sich auf der Wiese aus und schaut in den Himmel hinauf. Nach kurzer Zeit fordert er mich auf, mich ebenso hinzulegen, denn er will mir eine Spinne zeigen, die er die letzten Minuten bei ihrem Netzbau beobachtet hat. Dies macht er nicht jeden Tag, erzählt er mir. Denn, so fährt er nachdenklich fort, wer beobachtet überhaupt jemals Spinnen beim Weben ihrer Netze? Er genießt diese Ruhepause, in der er die Zeit findet, die ihn umgebende Natur zu betrachten. Zeit, die er in seinem Alltag nicht hat. Seine Tage verbringt er, wie er mir erzählt, im Auto, denn er ist als Vertreter täglich in ganz Österreich unterwegs und über lange Phasen des Tages sieht er nur die graue Autobahn.[59] Genau wie der Pilgerbegleiter Dieter dies für das Gehen zu Fuß macht, kontrastiert der Pilger Fabian die auf den Pilgerwanderungen eingelegten Pausen mit dem Fortbewegungsmittel Auto. Beide sehen sie die Nutzung des Autos in ihrem Alltag als negative Praxis an, der sie während dieser Pilgerwanderung zumindest zeitweise entkommen können. Das von ihnen und auch von vielen anderen PilgerInnen als eine langsame Fortbewegung praktizierte Gehen und die ausgedehnten Pausen entlang des Weges weisen auf eine Kritik an der Schnelllebigkeit der heutigen Gesellschaft hin. Das Auto steht dabei als ein Symbol für die von den PilgerInnen wahrgenommene Schnelllebigkeit ihres Alltags, von der sie sich durch die Wahl der langsamen Fortbewegung zu Fuß und des bewussten Einlegens langer Ruhepausen abgrenzen. Von Bedeutung ist dabei die Freiwilligkeit, mit der sich die PilgerInnen dem Gehen zu Fuß zuwenden. Diese ist in der heutigen Zeit kein Muss. Vielmehr ist es die historisch entstandene Freiheit, den Weg nach Mariazell zu

---

57 Feldnotizen vom 23. August 2014.
58 Feldnotizen vom 23. August 2014.
59 Feldnotizen vom 17. August 2014.

Fuß zurückzulegen, die das Pilgern und das Gehen zu Fuß im Allgemeinen zu einem besonderen Erlebnis machen.[60] Erst dadurch ist es für die PilgerInnen überhaupt möglich, das Gehen zu Fuß als Kritik an der Schnelllebigkeit des Alltags zu vollziehen.

In der Zurückweisung des Automobils als Fortbewegungsmittel und der Fokussierung auf das Gehen zeigt sich des Weiteren eine Skepsis gegenüber einer omnipräsenten Technisierung der Welt. Zu Fuß unterwegs zu sein, wird dem motorisierten und technisierten Alltagsleben entgegengesetzt. Anstrengende Wegetappen werden ausdrücklich nicht mit dem Taxi oder Bus zurückgelegt, genauso wenig werden Sessellifte genutzt, um Berge zu überwinden. Vielmehr wollen die PilgerInnen den gesamten Weg ohne Hilfsmittel und ausschließlich mit ihren eigenen Füßen zurücklegen. Was Nancy Frey für PilgerInnen auf dem Jakobsweg in Spanien feststellt, gilt auch für PilgerInnen auf ihrem Weg nach Mariazell:

> „On the Camino pilgrims give feet a power and importance not recognized in daily life (…). Feet are authentic. (…) It is not the 100 pair of shoes that count but the feel inside the shoes. It is the feet that carry one through the journey and connect one to what is perceived to be real – however that may be defined. The feet take one to the source, to the authentic, to the self, to the origins of the pilgrimage."[61]

Darüber hinaus lassen viele PilgerInnen ihr Handy zuhause oder schalten es zumindest tagsüber aus. So erzählt mir die Pilgerin Margot, dass sie ihr Handy nicht mitgenommen hat, weil sie es in ihrem Alltag ständig benutzt und sie beim Pilgern „nicht von Technik abhängig"[62] sein will. Und der Pilger Tobias spricht von seinem Handy als einem Hilfsmittel, das er bei Wanderungen oftmals als Navigationshilfe nutzt, auf diese Pilgerwanderung jedoch nicht mitgenommen hat, weil es ihn auf seinem Weg nach Mariazell nicht zu sehr einnehmen soll. Vielmehr möchte er erfahren, wie es ist, mehrere Tage ohne Handy auszukommen.[63] Außerdem sind einige PilgerInnen mit einem hölzernen Wanderstock unterwegs, der von ihnen als natürliche Gehhilfe betrachtet und Aluminium- oder Carbonwanderstöcken entgegengesetzt wird.[64]

---

60 Vgl. Brückner 1984, S. 185.
61 Frey 1998, S. 113–114.
62 Feldnotizen vom 22. August 2014.
63 Feldnotizen vom 5. Mai 2013.
64 Auch wenn dies nicht eigentliches Thema dieses Artikels ist, möchte ich darauf hinweisen, dass PilgerInnen, auch wenn sie dies durchaus anders wahrnehmen, stark auf technische Hilfsmittel zurückgreifen. Es handelt sich hierbei um sogenannte Alltagstechnologien, deren Gebrauch so selbstverständlich erfolgt, dass sie nicht als solche betrachtet werden. Wanderstöcke und -schuhe, Wanderkleidung, Sonnen- und Regenschutz sind Hilfsmittel, die die Praxis des Pilgerns stark beeinflussen. Vgl. Michael 2000, S. 107. PilgerInnen, die mit gekauften Wanderstöcken unterwegs sind, nehmen diese meist nicht als technische Hilfsmittel wahr, während PilgerInnen, die Holzstöcke nutzen, dies anders sehen.

Die Pilgerin Claudia beispielsweise hat ihren Stock bei einem Spaziergang im Wald gefunden und nimmt ihn seither bei jeder Pilgerwanderung mit. „Er fühlt sich so gut an in meiner Hand", sagt sie und erklärt weiter, dass der Stock für sie ein Mittel ist, durch das sie mit dem Weg auf dem sie geht verbunden wird – eine Verbindung, die ein Stock aus Aluminium bei ihr nicht herstellen könnte, wie sie betont. Der Holzstock gehört für sie zum Pilgern dazu und auch zuhause legt sie am Wochenende oftmals längere Strecken zu Fuß mit ihrem hölzernen Stock zurück.[65] Der Pilger Tobias wiederum hat seinen Holzstock vor einigen Jahren von einem Freund geschenkt bekommen und er nimmt ihn seither auf alle seine Wanderungen mit. Er bedeutet ihm sehr viel, wie er betont, denn er ist ein Einzelstück, den es kein zweites Mal auf dieser Welt gibt.[66] Auch hier findet sich die Zurückweisung gekaufter Wanderstöcke, denn diese sind für Tobias keine Einzelstücke und damit nichts Besonderes. Durch das Zurücklegen des Pilgerweges ohne gekaufte Wanderstöcke, ohne Handy und ohne Zuhilfenahme motorisierter Fortbewegungsmittel wird das Gehen zu Fuß von den PilgerInnen als natürliche, authentische und beste Art der menschlichen Fortbewegung konzipiert und praktiziert.

Für den Pilger Tobias ist die Pilgerwanderung außerdem eine Phase, in der er sich seines alltäglichen „Luxuslebens"[67], wie er es nennt, bewusst wird. Er benötigt keinen teuren Wanderstock. Ein Holzstock, der kein Geld kostet, gibt ihm bei steilen Bergab- oder Berganstiegen genauso Halt und Sicherheit. Ein Holzstock erleichtert auch das ausdauernde Gehen über den Tag hinweg, wie er mir erklärt. Darüber hinaus kommt er auf die Bedeutung des Rucksacks während der Pilgerwanderung zu sprechen und geht der Frage nach, welche Dinge für diese Pilgerwanderung und im Leben insgesamt notwendig sind. Welche Dinge sind wirklich wichtig und welche sind Luxus? Worauf kann man verzichten und worauf nicht? Was heißt es, sich auf das Wesentliche zu beschränken? Allein durch die Beschäftigung mit diesen Fragen beim Packen des Rucksacks wurde er sich seines „privilegierten Lebens"[68] bewusst. Tobias nimmt die gegenwärtige Gesellschaft als konsumorientiert wahr und kritisiert dies während der Pilgerwanderung in der Art und Weise, wie er das Pilgern vollzieht: als Reduktion auf das Wesentliche. Diese Kritik findet sich bei vielen PilgerInnen und sie zeigt sich außerdem noch in weiteren Praktiken, die während dem Gehen des Pilgerweges ausgeführt werden. So werden Unterkünfte gewählt, die die PilgerInnen als einfach und funktional beschreiben. Übernachtet wird meist in Schlaflagern und nicht in Hotelzimmern.

---

65 Feldnotizen vom 3. September 2013.
66 Feldnotizen vom 6. Mai 2013.
67 Feldnotizen vom 6. Mai 2013.
68 Feldnotizen vom 6. Mai 2013.

Das abendliche Duschen unter kaltem Wasser, weil auf der Almhütte nicht genügend heißes Wasser für alle PilgerInnen zur Verfügung steht, gehört ebenso dazu wie der Verzehr des eigenen Proviants und der Verzicht auf den Besuch von Gasthäusern entlang des Pilgerweges. Das Pilgern ist damit, und der Pilger Tobias steht hier als exemplarisches Beispiel, eine Reduktion auf das Wesentliche, eine einfache und das heißt für PilgerInnen konsumfreie Praxis.[69]

Abschließende Betrachtungen

Zusammengefasst kritisieren die PilgerInnen im Gehen nach Mariazell erstens die Schnelllebigkeit und zweitens die zunehmende Technisierung des Alltags sowie drittens die Konsumorientierung der heutigen Gesellschaft. PilgerInnen, die zu Fuß auf dem Weg nach Mariazell sind, vollziehen das Pilgern als eine Praxis, die dem Alltag der meisten Menschen in der heutigen Gesellschaft entgegenzustehen scheint: als entschleunigte, authentische und einfache Praxis. Gerade der analytische Fokus auf den Vollzug des Pilgerns lässt, wie ich in diesem Artikel versucht habe zu zeigen, die gesellschaftskritischen Aspekte des Pilgerns in den Vordergrund rücken. Victor und Edith Turner wiesen bereits in den 1970er Jahren darauf hin, dass Pilgern eine implizite Kritik am gesellschaftlichen Lebensstil darstellen kann und dies trifft auch auf das heutige Pilgern nach Mariazell zu.[70] Pilgern ist daher nicht ausschließlich Beten mit den Füßen, sondern auch soziale Kommunikation, indem PilgerInnen in der Art und Weise des Gehens entlang des Weges spezifische Werte ausdrücken.[71] Dabei schließen sich Religiosität und Gesellschaftskritik keineswegs aus.[72] Vielmehr zeigt die Darstellung der gesellschaftskritischen Aspekte des Pilgerns, dass das Pilgern nicht auf Religiosität reduziert werden darf. Für die europäisch-ethnologische Pilgerforschung gilt, was Anja Schöne und Helmut Groschwitz für die europäisch-ethnologische Religionsforschung im Allgemeinen einfordern. Der Blick auf das Pilgern (auf Religiosität) sollte erweitert werden, denn nur so kann dem nachgegangen werden, was Pilgern (was Religion) aus Sicht der PilgerInnen ist.[73] Und so können unterschiedli-

---

69 Gleiches stellt Haab für PilgerInnen fest, die auf dem Jakobsweg in Spanien unterwegs sind. Vgl. Haab 1998, S. 133.
70 Turner 2011 (1978), S. 38.
71 Frey 1998, S. 220.
72 Fragen nach dem Zusammenhang zwischen Religiosität und Gesellschaftskritik können im Rahmen dieses Artikels nicht beantwortet werden. Empirische Beobachtungen auf den Pilgerwegen nach Mariazell legen jedoch nahe, dass insbesondere PilgerInnen, die gemäß Hubert Knoblauch als spirituell zu charakterisieren sind, das Pilgern als Gesellschaftskritik praktizieren. Vgl. Knoblauch 2010.
73 Vgl. Schöne / Groschwitz 2014, S. 12.

che Dimensionen des Pilgerns, die über die Charakterisierung des Pilgerns als religiöse Praxis hinausgehen, erkannt werden und es können die Pluralität und Mehrdeutigkeit des Pilgerns berücksichtigt werden.

Quellen- und Literaturverzeichnis

Internetquellen

Apotheke und Drogerie zur Gnadenmutter: Mariazeller Pilgercreme. Online unter: http://www.apotheke-mariazell.at/topsellers/mariazeller-pilgercreme.html [27. Januar 2015].
Bioturm: Martin Evers' Pilgeröl. 7 Kräuter, 7 Öle und eine wahre Geschichte. 2010. Online unter: http://www.bioturm.de/.cms/447-1 [27. Januar 2015].
Katholische Kirche Steiermark: Wallfahrts- und Pilgerangebote steirischer Pfarren 2015. Online unter: http://www.katholische-kirche-steiermark.at/glauben-feiern/wallfahrten?d=wallfahrts-und-pilgerangebote-steirischer-pfarren-2015#.VMNzGkfz2So [27. Januar 2015].
Kern, Susanne: Pilgern light statt Pilgerleid. Online unter: http://www.tatonka.com/files/pdf/ausruestungstipps/Ausruestungsliste_Pilger.pdf [27. Januar 2015].
Pilger Community: Diskussionsforum. Online unter: http://pilgern.at/ [27. Januar 2015].
Pilgerbüro Santiago: Statistiken. 2014. Online unter: http://peregrinossantiago.es/esp/servicios-al-peregrino/informes-estadisticos/ [27. Januar 2015].
Schauer, Karl: Warum Menschen nach Mariazell pilgern. 2011. Online unter: http://www.basilika-mariazell.at/site/de/wallfahrt/spiritualitaet/article/384.html [27. Januar 2015].
Via Sacra: Geführte Pilgerwanderungen. Online unter: http://www.viasacra.at/d/default.asp?id=73923 [27. Januar 2015].
Wallfahrtskirche Basilika Mariazell: Wallfahrtskalender. Online unter: http://www.mariazell.at/extern/0basilika.php [27. Januar 2015].

Filmquellen

Dadelsen, Bernhard von: Der Weg der Pilgerin. Unterwegs nach Santiago de Compostela. Deutschland 2014.
Estevez, Emilio: The Way. USA, Spanien 2010.
Murnberger, Wolfgang: Brüder III – Auf dem Jakobsweg. Österreich 2006.
Serreau, Coline. Saint-Jacques…Le Mecque. Frankreich 2005.
Smith, Lydia: Walking the Camino. Six ways to Santiago. USA 2014.

Literatur

arsEdition: Gehdanken. Auf dem Jakobsweg. Ein Notizbuch. München 2010.
Berghammer, Alfred: Reise-Tagebuch eines Pilgers: 80 Tage auf dem Jakobsweg von Salzburg nach Santiago de Compostela. Salzburg 2011.

Bloch, Maurice: Language, Anthropology and Cognitive Science. In: Man, New Series 26 (1991), Heft 2, S. 183–198.
Brückner, Wolfgang: Gemeinschaft – Utopie – Communio. Vom Sinn und Unsinn „sozialer" Interpretation gegenwärtiger Frömmigkeitsformen und ihrer empirischen Erfaßbarkeit. In: Bayerische Blätter für Volkskunde 10 (1983), S. 181–201.
Ders.: Fußwallfahrt heute. Frömmigkeit im sozialen Wandel der letzten hundert Jahre. In: Kriss-Rettenbeck, Lenz / Möhler, Gerda (Hg.): Wallfahrt kennt keine Grenzen. Themen zu einer Ausstellung des Bayerischen Nationalmuseums und des Adalbert-Stifter-Vereins, München. München 1984, S. 101–113.
Coleman, Simon / Eade, John: Introduction. Reframing Pilgrimage. In: Coleman, Simon / Eade, John (Hg.): Reframing Pilgrimage. Cultures in Motion. London 2004, S. 1–25.
Eberhart, Helmut: Magna Mater Austriae. Zur Wallfahrtsgeschichte von Mariazell von der Gründung bis in das 19. Jahrhundert. In: Eberhart, Helmut / Fell, Heideline (Hg.): Schatz und Schicksal. Steirische Landesausstellung 1996. Mariazell & Neuberg an der Mütz, 4. Mai bis 27. Oktober 1996. Graz 1996, S. 23–34.
Ders.: Überall ist Wallfahrt. Ein kulturwissenschaftlicher Blick auf ein wiederentdecktes Phänomen. In: Heiliger Dienst 61 (2007), S. 7–25.
Frey, Nancy: Pilgrims Stories. On and off the Road to Santiago. Journeys along an Ancient Way in Modern Spain. Berkeley 1998.
Gamper, Markus / Reuter, Julia: Pilgern als spirituelle Selbstfindung oder religiöse Pflicht? Empirische Befunde zur Pilgerpraxis auf dem Jakobsweg. In: Daniel, Anna u.a. (Hg.): Doing Modernity – Doing Religion. Wiesbaden 2012, S. 207–231.
Gasperi, Klaus: Mein Pilgertagebuch. Innsbruck 2008.
Giersch, Ulrich: Der gemessene Schritt als Sinn des Körpers: Gehkünste und Kunstgänge. In: Kamper, Dietmar / Wulf, Christoph (Hg.): Das Schwinden der Sinne. Frankfurt a.M. 1984, S. 298–316.
Haab, Barbara: Weg und Wandlung. Zur Spiritualität heutiger Jakobspilger und -pilgerinnen. Freiburg/Schweig 1998.
Hänel, Dagmar: Der Kopf kann laufen. Bedeutungen und Funktionen von Wallfahrt in der Gegenwart. In: Rheinisch-westfälische Zeitschrift für Volkskunde 49 (2004), S. 111–129.
Hillebrandt, Frank: Die Soziologie der Praxis und die Religion – Ein Theorievorschlag. In: Daniel, Anna u.a. (Hg.): Doing Modernity – Doing Religion. Wiesbaden 2012, S. 25–57.
Hörning, Karl / Reuter, Julia: Doing Culture: Kultur als Praxis. In: Hörning, Karl / Reuter, Julia (Hg.): Doing Culture. Neue Positionen zum Verhältnis von Kultur und sozialer Praxis. Bielefeld 2004, S. 9–16.
Käfer, Erika / Käfer, Fritz: Pilgerwege nach Mariazell. Wien 2009.
Knoblauch, Hubert: Populäre Spiritualität. In: Mohrmann, Ruth-E. (Hg.): Alternative Spiritualität heute. Münster 2010, S. 19–34.
Margry, Peter Jan: The Pilgrimage to Jim Morrison's Grave at Père Lachaise Cemetery: The Social Construction of Sacred Space. In: Margry, Peter Jan (Hg.): Shrines and Pilgrimage in the Modern World. New Itineraries into the Sacred. Amsterdam 2008, S. 143–172.

McGuire, Meredith: Lived Religion. Faith and Practice in Everyday Life. Oxford 2008.

Michael, Mike: These boots are made for walking…: Mundane Technology, the Body and Human-Environment Relations. In: Body & Society 6 (2000), S. 107–126.

Paul, Gudrun: Der vorgespurte Weg. In: Scharfe, Martin / Schmolze, Martin / Schubert, Gertrud (Hg.): Wallfahrt – Tradition und Mode. Empirische Untersuchungen zur Aktualität von Volksfrömmigkeit. Tübingen 1985, S. 57–67.

Rosenheimer Verlagshaus: Wallfahrten in Österreich. Rosenheim 2014.

Rückl, Susanne: Warum Wallfahrt? Interpretierte Interviewsplitter. In: Scharfe, Martin / Schmolze, Martin / Schubert, Gertrud (Hg.): Wallfahrt – Tradition und Mode. Empirische Untersuchungen zur Aktualität von Volksfrömmigkeit. Tübingen 1985, S. 169–174.

Scharfe, Martin: Wozu eine Dokumentation „Wallfahrt heute"? In: Scharfe, Martin / Schmolze, Martin / Schubert, Gertrud (Hg.): Wallfahrt – Tradition und Mode. Empirische Untersuchungen zur Aktualität von Volksfrömmigkeit. Tübingen 1985, S. 9–13.

Ders. / Schmolze, Martin / Schubert, Gertrud (Hg.): Wallfahrt – Tradition und Mode. Empirische Untersuchungen zur Aktualität von Volksfrömmigkeit. Tübingen 1985.

Ders.: Über die Religion. Glaube und Zweifel in der Volkskultur. Köln 2004.

Schöne, Anja / Groschwitz, Helmut: Einleitung. In: Schöne, Anja / Groschwitz, Helmut (Hg.): Religiosität und Spiritualität: Fragen, Kompetenzen, Ergebnisse. Münster 2014, S. 7–14.

Schubert, Gertrud / Schmolze, Martin / Scharfe, Martin: Aufschwung: 5 % sind mehr als 5 %. In: Scharfe, Martin / Schmolze, Martin / Schubert, Gertrud (Hg.): Wallfahrt – Tradition und Mode. Empirische Untersuchungen zur Aktualität von Volksfrömmigkeit. Tübingen 1985, S. 229–236.

Tourismusverband Mariazell: Mein Weg nach Mariazell. Mariazeller Pilgertagebuch. Mariazell 2013.

Turner, Victor / Turner, Edith: Image and Pilgrimage in Christian Culture. New York 2011 [1978].

Schuld, Scham, Vergebung
Vergeben in einer læstadianischen Gruppe in Finnland
im 20. Jahrhundert

Ulrika Wolf-Knuts

Einführung

In diesem Beitrag[1] werde ich mich mit Gedanken über Vergebung eines einzigen Mannes beschäftigen. Diese Beschränkung liegt in methodologischen Überlegungen beim Sammeln des Materials begründet. Da der Glaube eine äußerst intime und private Angelegenheit sein kann, finde ich es einträglicher mit einem einzigen Gewährsmann in die Tiefe zu gehen, als mehreren Leuten oberflächliche Fragen zu stellen. Nur dadurch kann ich seine persönliche Einstellung und Auffassung ausleuchten, die sich zwar auf Lehre und Dogmatik gründen, aber darüber hinaus durch seine eigenen Erfahrungen und Reflektionen geformt wurden. Meine Analyse ist qualitativ und deshalb werde ich sie mit der Methode des close reading[2] durchführen und versuchen zu verstehen, wie ein Mann seinen Glauben formuliert. Ist sein Glaube logisch und konsistent? Kann er ihn seinen Bedürfnissen als Mitglied der postmodernen und gewissermaßen säkularisierten Welt anpassen?

Untersuchungen zur Gedankenwelt einer Person sind nicht selten. Solch eine Person ist meistens ein bedeutendes Mitglied der Gesellschaft, sei es als Politiker, Wissenschaftler oder Künstler. Die Religion eines Reformators ist als etwas „Neues" selbstverständlich auch für die Forschung interessant.[3] Das Weltbild des Müllers Domenico Scandella, alias Menocchio, aus dem Friaul wurde interessant, weil das Material aus dem 16. Jahrhundert stammte und wir daraus geschichtliche Erkenntnis schöpfen konnten.[4] Was aber ist interessant wenn man den Glauben eines „durchschnittlichen" Mannes von heute im Alter von etwa 50 Jahren auf eine Art und Weise untersucht, dass eine Verallgemeinerung – vermutlich eines der wichtigsten Ziele wissenschaftlicher Arbeit – kaum möglich ist? Als Folkloristin arbeite ich so zu sagen „von unten" und „von innen" her. Dadurch werden meine Studien sehr empirisch und bodennah,

---

1 Mein Vortrag gehört dem Projekt der Finnischen Akademie der Wissenschaft Namens „Die Grenzen der Toleranz".
2 What is close reading? Guidance notes. A brief guide to advanced reading skills. Online unter: http://www.mantex.co.uk/2009/14/what-is-close-reading-guidance-notes/ [30. Dezember 2014]
3 Siehe Obermann 1982.
4 Ginzburg 1992.

wodurch ich etwas darüber erfahre, wie Menschen gegebenenfalls handeln und denken, auch wenn diese Denk- und Handlungsweisen nicht offiziell akzeptiert werden.

Mein empirisches Material besteht hier aus einem Tiefeninterview über Pädophilie. Wenn man sehr persönliche Angelegenheiten, wie etwa Glauben, untersuchen will, ist es grundsätzlich wichtig, dass der Gewährsmann sich frei ausdrücken kann. Der Interviewer muss dem Gewährsmann unbedingt Zeit und Raum geben, selbst aber so viel wie möglich schweigen. Zwar sollte das folkloristische Interview ein Gespräch sein, doch der Gewährsmann ist stets die Hauptperson. Der Interviewer sollte nur ein paar einleitende Fragen stellen und dann den Gewährsmann alleine erzählen lassen. Anderweitig besteht das Risiko, dass die Ansichten der Untersuchenden die Formulierungen des Gewährsmannes beeinflussen.

Ich wollte wissen, wie Karl – so nenne ich ihn – auf die Nachricht reagierte, als er hörte, dass einer der geschätztesten Prediger in der Gemeinde seine Enkelsöhne sexuell missbraucht hatte. Deshalb begann ich das Interview mit: „Erzähl, bitte!" Danach habe ich sehr wenig gesagt, denn Karl war ein sehr guter Erzähler.

Ich stoße dennoch auch auf die üblichen Probleme beim Auswerten, wie z.B. meine Macht über den Erzähler und das Risiko des Überinterpretierens. Diese Problematik muss ich aber hier nicht weiter erörtern. Die Pädophiliefälle geschahen bis in die 1980er Jahre, wurden aber erst im Jahr 2009 allgemein bekannt. Ich führte mein Interview mit Karl im Jahre 2012 durch. Meine Analyse fand erst jetzt (2014) statt. Da ich selbst kein Mitglied der Bewegung bin musste ich mich vor einer exotisierenden und anachronistischen Lesart hüten. Was Karl erzählte, war seine Ansicht, so wie sie im Augenblick der Formulierung während des Interviews bestand. Seine Erinnerungen, seine Erfahrungen, seine eigene situationsgebundene Analyse bildeten den Hintergrund seiner Verbalisierung. Meine Aufgabe war es, nur zuzuhören, nicht aber zu korrigieren, zu kommentieren und schon gar nicht zu be- oder verurteilen.

Karls Gemeinde gehört zur læstadianisch-lutherischen, innerkirchlichen Erweckungsbewegung. Lars Levi Læstadius (1800–1861) war ihr Gründer, die Bewegung wurde vor allem in Lappland angenommen. Das Alkoholverbot, das öffentliche Sündenbekenntnis mit vorhergehender tiefer Reue und nachfolgender öffentlicher Sündenvergebung waren – und sind noch – Charakterzüge der Bewegung.[5]

Reue ist keine einfache Emotion, sondern besteht aus vielen anderen Gefühlen. Hier werde ich mich besonders der Schuld und dem Scham widmen. Während die Scham das ganze Ich betrifft, wird Schuld den Taten eines Menschen zugeschrieben. Scham bzw. Schuld zu füh-

---

5 Brännström 1962.

len heißt auch, dass der Mensch sich mit dem Bösen identifizieren kann; er sieht ein, dass auch er zu allem fähig sein kann. Die Reue ist dabei in Karls Gemeinde, in der er aktiv ist, von ganz zentraler Bedeutung.

Theoretisch fällt meine Untersuchung in das Umfeld der Studien über vernacular religion. Vernacular religion, so Leonard Norman Primiano, „highlights the power of the individual and communities of individuals to create and re-create their own religion."[6] Untersucht man diese, konzentriert man sich auf die Gedanken über Religion der lebenden, glaubenden Menschen. Kirchliche, dogmatische Werte und Ideale werden nicht immer konsequent von den Gläubigen beachtet, vielmehr schaffen sie sich gelegentlich eine individuelle Religion. Das Studium der vernacular religion bringt nach Primiano „a complete process of contextualisation, [...] the elevation of people's own voices and esthetic and classificatory systems, especially over the edifice of the theoretical creations of powerful scholars" mit sich.[7] Die individuelle Religion passt ausgezeichnet in die heutige Zeit der Postmodernität, da jeder sein eigener Experte ist; jeder hat seine persönliche und individuelle Lebensorientierung.[8] Studien zur religiösen Wahlfreiheit sind Legion. Wir wissen, dass der Mensch heute religiöse Komponenten aus mal dieser, mal jener Religion oder Weltanschauung zusammenfügt. Wie aber sieht so ein persönlicher, lebendiger lutherischer Glaube – in diesem Falle von Vergeben – aus?

Schuld

Karls Verhältnis zur Schuld kam in drei unterschiedlichen Formen vor. Erstens beschuldigte er sich selbst. Als Karl zum ersten Mal vom Pädophiliefall in seiner Gemeinde hörte, befand er sich unter Kollegen. Er schämte sich so sehr, dass er eigentlich seine religiöse Zugehörigkeit verleugnen wollte. Während des Interviews litt er immer noch unter dieser „Falschheit", die er etwa drei Jahre vorher in seinem Inneren erlebt hatte.

Karl beschuldigte zweitens auch andere und Schuld wie auch Reue waren bei ihm als gutem gläubigen Læstadianer zentrale Begriffe. In seiner Gemeinde gab es Mitglieder, die besonders mächtig waren. Sie waren Verwandte des Predigers. Laut Karl herrschten sie über die anderen Mitglieder, und übten vor allem eine stete Kontrolle aus. Das alltägliche Leben wurde eng, fast alles war verboten, es wurde beinahe unmöglich, diese Leute zufrieden zu stellen. Ein guter Læstadianer zu sein, wurde schwer.

---

6 Primiano 2012, S. 382–394.
7 Ebd., S. 384.
8 Pargament 1997, S. 99–100, 114; siehe auch Bowman / Valk 2012.

Drittens fühlte Karl sich auch von den anderen beschuldigt. Im Læstadianismus stehen einige Gläubige dem Modernen negativ gegenüber. Dadurch werden gewisse elektrische und elektronische Geräte zweifelhaft, besonders, wenn sie die profane Welt ins Haus bringen. Karl hatte solch ein Gerät. Als man sein Zuhause kontrollierte und den Apparat fand, wurde er getadelt. Aus dem Interview geht hervor, dass er sich über diese von außen feststellbare Sünde weniger schuldig fühlte, als über seine verleugnete Gemeindezugehörigkeit. So klassifizierte er also Schuld und verwies damit, worauf er seinen Schwerpunkt legte, nämlich auf seine Verbindung zu Gott als dem Herrn seines Glaubens und nicht auf seine Verbindung zu anderen Menschen – auch wenn sie sich selber als Herren der Bewegung sahen. In jedem Fall wurde deutlich, dass Karl sich stets als Sünder sah.

Durch seine kulturelle Umgebung kannte Karl die Bibel und den Sündenbegriff. Seine Lebensorientierung, die er auch bei seiner Arbeit unter Nichtgläubigen entwickelt hatte, gab ihm die Möglichkeit die Herrschaft der dominierenden Individuen anzuzweifeln. Wohl auch deshalb fühlte er sich ungerecht behandelt, als er wegen der Bagatelle um ein elektrisches Gerät getadelt wurde. So befand er sich teils innerhalb der Bewegung, teils aber auch außerhalb.

Scham

Karl erlebte auch dreierlei Scham. Zum Ersten erwähnte er das Verleugnen seiner Gemeindezugehörigkeit so oft, dass mir klar wurde, wie sehr er sich vor sich selbst schämte. Zwar sagte er es nicht expressis verbis, aber ich assoziierte in dem Moment Petrus, der Jesus dreimal verleugnete.[9] Er nannte sich einen Idioten, weil er zu solch einer Herde gehörte. Damit bezichtigte er sich als dumm wie ein Schaf oder ein anderes Herdentier. Damit wollte er ausdrücken, dass er nicht selbständig nachgedacht und Stellung bezogen hatte. Noch dazu kam, dass er sich betrogen fühlte. Auch dies bedeutet, dass er sein eigenes individuelles, kritisches Nachdenken versäumt hatte. Für ihn war das eine große Schande und rief Scham hervor. Zugleich wurde ihm dies aber auch zu einem Ausweg. Nachdem der Skandal bekannt geworden und seine erste verleugnende Reaktion vorüber war, fing er an nachzudenken. Er fragte sich, was sein würde, wenn er kein Læstadianer wäre? Zwei Alternativen boten sich ihm: Jehovas Zeugen und die Muslime. Die Interpretation der Bibel bei den Zeugen Jehovas konnte er allerdings weder verstehen noch akzeptieren. Die Muslime seien, laut Karl, schon in Ordnung, „aber, aber, aber, es fühlt sich nicht gut an". Zum Schluss

---

9   Matth. 26, 34.

entschied er sich dafür, bei den Læstadianern zu bleiben, sich aber zukünftig doch nicht ganz mit ihnen zu identifizieren. Er wollte sich statt Læstadianer nämlich lieber Christ nennen. Durch sein Gefühl der Unzufriedenheit, das ihn zu kritischem Nachdenken, Vergleichen und den Beschluss führte, zeigte Karl, dass er sich gründlich mit seinem Problem der Scham beschäftigt und einen Weg heraus gefunden hatte.

Zweitens schämte sich Karl für andere Leute. Er nannte Gesetzesbrecher, Leugner und sexuelle Abweichler, die Inzest oder Homophilie ausübten. Mit solchen Menschen wollte er gar nichts zu tun haben. Die Konsequenz war, dass er sich auf seine Mitmenschen überhaupt nicht länger verließ. Laut Karl waren alle Menschen unzuverlässig, mehrmals wiederholte er: „Ich kann mich auf niemanden verlassen!" Nur Gott sei zuverlässig, das war für ihn ganz klar. Auch in diesem Fall nutzte Karl die Möglichkeit, nachzudenken und einen neuen Weg zu finden.

Drittens sah Karl die Scham anderer. Er erzählte, wie er sich den vergewaltigten Kindern, die heute schon erwachsene Männer sind, gegenüber verhielt. Er fühlte Mitleid und Sympathie. Scham erweckte in ihm also nicht nur negative Gefühle.

Karls Lebensorientierung half ihm, sich in Relation sowohl zu den Verbrechern als auch zu den Opfern zu setzen, denn er war eine Person die gesetzestreu und moralisch leben wollte. Sein kultureller Kontext als Christ half ihm, seine Scham als Mitglied der Læstadianer zu überwinden, denn er änderte seine Perspektive und akzeptierte eine freizügigere und vielleicht auch ergiebigere Glaubensform. Der Læstadianismus war zwar die Norm nach der er leben wollte, aber er nahm sich auch sein Recht und seine Macht in Anspruch, zu definieren wie er ihn verstehen wollte. Wenn Karl über Scham sprach, konstruierte er seine Position lieber außerhalb als innerhalb der Gemeinde, seine Verbindung mit ihr brach er jedoch nicht.

Vergebung

Laut Karl sind alle Menschen Sünder, deshalb sei die Vergebung notwendig, und zwar nicht, damit der Mensch in den Himmel komme, sondern um zu leben und um glauben zu können. Auf Schwedisch sagte er: „för att orka leva". Das Wort „orka" bedeutet „können", „schaffen", „bewältigen", d.h. für ihn ist Vergeben wichtig, um Kraft zum Leben zu haben. So bezog sich Karl sogar auf den Körper, als er von seinem Verständnis von Vergebung sprach. Das Vergeben fange mit Unbehagen an, der Sünder habe weder Frieden noch Ruhe. Das Gewissen wird unter den Theologen als Gottes Stimme im Menschen angesehen.[10] Karl erlebte Gott nicht nur mit sich, sondern auch in sich, in seinem eigenen Körper, als denjenigen, der seine Emotionen mit Unbehagen füllte. Von dort kommt für ihn die Reue. In diesem lutherischen Verständnis sind alle – Pfarrer, Prediger und auch Laien – als „Vergeber" geschätzt. Da unter den Læstadianern die öffentliche Buße Sitte ist, muss der Prozess des Vergebens aber verbalisiert werden. Der Sünder muss das, was ihn belastet, laut bekennen. Erst dann spricht der „Vergeber" den Sünder frei. Drei symbolisch aufgeladene Komponenten wirken dabei zusammen, wenn er im Namen Jesu,[11] unter Verweis auf dessen Blut und mit der himmlischen Schlüsselgewalt Petri[12] den Sünder befreit. Dadurch wird die Vergebung performativ.[13] Der unreine, gefesselte Sünder bekommt einen neuen Status als reiner, freier Mensch. Dies sei, laut Karl, der Weg zur Ruhe. Eine zweite Erklärung ist ebenso möglich: sich verbal zu formulieren, gibt einem das Gefühl von Kontrolle. Dadurch wirkt selbstverständlich auch eine Bitte um Vergeben therapeutisch. Karl erzählte aber auch, dass er bei der öffentlichen Buße mit Vergebung Unbehagen erlebt hatte, weil er nun von einem anderen Menschen etwas wusste, das er eigentlich nicht gerne mit sich herumtragen wollte.

Was vergeben wurde, ist auch vergessen, meinte Karl. Niemand dürfe es wieder nennen oder danach fragen. Auf meine Frage, ob jemand diese Lage schamlos ausnutzte, antwortete Karl: „Das weiß der Kuckuck!" Erneut unterstrich er daraufhin, dass er persönlich keinem Menschen traute. Dies allerdings ist nicht logisch, wenn er zugleich damit rechnet, dass Gottes Stimme im Gewissen aller Menschen zu hören ist. Das endgültige Vergeben ermöglichte es dem Pädophilen, weitere Kinder zu belästigen. Ihm war vergeben, und die Sache durfte nicht mehr berührt werden.

Karl konstruierte eine Verbindung zwischen der mythischen und der realen Welt, denn in einer mythischen Welt und zu einer mythischen Zeit hatte Jesus die Sünde der Menschen ein für alle Mal auf sich genommen. Dadurch sei, laut Karl, die irdische Vergebung immer gegenwärtig. Die Unlogik der Diskrepanz zwischen der dauerhaften Ungeborgenheit trotz stets vorhandener himmlischer Vergebung, wurde jedoch kein Thema im Interview.

---

10 Kahl 1990, S. 597–599.
11 Heiler 1961, S. 277.
12 A[ulé]n 1912, Sp. 783–786.
13 Joh. 14, 13–14: „Und was ihr bitten werdet in meinem Namen, das will ich tun, damit der Vater verherrlicht werde im Sohn. Was ihr mich bitten werdet in meinem Namen, das will ich tun."

Schlussfolgerungen

Aus meiner empirisch-qualitativen Untersuchung geht klar hervor, dass mein Gewährsmann Karl, trotz seiner kulturellen Prägung als Mitglied einer bibeltreuen Erweckungsbewegung und zugleich dank seiner kulturellen Prägung als Mitglied der finnischen Gesellschaft, eine gewisse Freiheit besaß, seine eigene Religion zu konstruieren. Er erschuf sich eine individuelle Variante des Læstadianismus mit Bestandteilen beider Kulturformen. In seiner Erzählung schilderte er seine persönliche Klassifikation von Sünden und Sündern, in die er sich selbst einbezog und er bestimmte auch seine individuelle Position gegenüber dem Læstadianismus und den Læstadianern. Er schuf sogar eine ganz eigene Theologie mit einer individuellen negativen Auffassung vom Menschen und der Ansicht von Vergebung als einer Voraussetzung für sein alltägliches Leben auf Erden.

Das kulturelle Muster, das zu erkennen für Folkloristen oft ein Ziel ist, kam erst ein paar Jahre später zum Vorschein. Im Jahr 2014 nennen sich viele junge Læstadianer lieber Christen als Læstadianer. Vielleicht, das kann man kaum wissen, griff Karl auf einen bereits vorhandenen Gedanken zurück, als er sich entschied, einen weiteren Rahmen für seine religiöse Zugehörigkeit zu wählen – oder, er war so einflussreich, dass seine Entscheidung auch andere inspirierte.

Karl hat also seinen Glauben in einem komparativen, kreativen aber nicht immer gegensatzfreien Prozess seinen Bedürfnissen angepasst. Er fand seinen Weg, weil er agency hat. Er handelte individuell nach seiner Situation und nahm sich so wie ein postmoderner Mensch das Recht, eine subjektive sinnvolle Weltanschauung ohne Furcht und Angst zu kreieren, die ihm eine solide Identität mit genügend körperlicher Kraft zum Leben schenkte.[14] Trotz seines bibeltreuen kulturellen Kontextes und seiner Prägung, gab ihm sein Glaube den Mut zur individuellen Religion. Dies war ein Ergebnis kritischen, selbstständigen Denkens und Fühlens über Klassifikation und Position.

---

14   Kaufmann 2011, S. 3.

Quellen- und Literaturverzeichnis

Internetquellen

What is close reading? Guidance notes. A brief guide to advanced reading skills. Online unter: http://www.mantex.co.uk/2009/09/14/what-is-close-reading-guidance-notes/ [30. Dezember 2014].

Literatur

A[ulé]n, G. E. H.: Löse- och bindenyckel. In: Nordisk familjebok. Konversations- och realencyklopedi. [Bd. 17.] Stockholm 1912, Sp. 783–786.
Bowman, Marion / Valk, Ülo: Introduction. Vernacular religion, generic expressions and the dynamics of belief. In: Bowman, Marion / Valk, Ülo (Hg.): Vernacular religion in everyday life. Expressions and belief. Sheffield / Bristol 2012, S. 1–19.
Brännström, Olaus: Den laestadianska själavårdstraditionen i Sverige under 1800-talet. The tradition of pastoral care in Swedish Laestadianism during the nineteenth century (Bibliotheca theologiae practicae 13). Uppsala 1962.
Ginzburg, Carlo: The cheese and the worms. The cosmos of a sixteenth century miller. London 1992.
Heiler, Friedrich: Erscheinungsformen und Wesen der Religion. Stuttgart 1961.
Kahl, Joachim: Toleranz. In: Sandkühler, Hans Jörg u.a. (Hg.): Enzyklopädie zu Philosophie und Wissenschaften, Bd. 4. Hamburg 1990, S. 597–599.
Kaufmann, Franz-Xaver: Die Kirchenkrise. Wie überlebt das Christentum? Freiburg i.Br. 3. Aufl. 2011.
Pargament, Kenneth I.: The psychology of religion and coping. Theory, research, practice. New York / London 1997.
Primiano, Leonard Norman: Manifestations of the religious vernacular. Ambiguity, power, and creativity. In: Bowman, Marion / Valk, Ülo (Hg.): Vernacular religion in everyday life. Expressions and belief. Sheffield / Bristol 2012, S. 382–394.
Oberman, Heiko: Luther. Mensch zwischen Gott und Teufel. Berlin 1982.

Autorinnen und Autoren

Prof. em. Dr. Christine Burckhardt-Seebass, Universität Basel, Seminar für Kulturwissenschaft und Europäische Ethnologie

Dr. des. Christine Bischoff, Universität Hamburg, Institut für Volkskunde / Kulturanthropologie

Dr. Stephanie Böß, Universität Bamberg, Lehrstuhl für Europäische Ethnologie

Susanne Dinkl M. A., Universität Würzburg, Lehrstuhl für Europäische Ethnologie / Volkskunde

Dr. Wolfgang Fritzsche, Ginsheim-Gustavburg

Dr. Constance Hartung, Universität Jena, Lehrstuhl für Religionswissenschaft

Prof. em. Dr. Christel Köhle-Hezinger, Universität Jena, Lehrstuhl für Volkskunde / Kulturgeschichte

Andrea Kreuzer M.A., Universität Bayreuth, Lehrstuhl für Psychologie

Dr. Eike Lossin, Universität Würzburg, Lehrstuhl für Europäische Ethnologie / Volkskunde

Dr. des. Karoline Oehme-Jüngling, Universität Basel, Seminar für Kulturwissenschaft und Europäische Ethnologie

Dr. Jochen Ramming, Kulturbüro FranKonzept GbR, Würzburg

Annika Risse M.A., Universität Würzburg, Lehrstuhl für Europäische Ethnologie / Volkskunde

Barbara Sieferle M.A., Universität Innsbruck, Institut für Geschichtswissenschaften und Europäische Ethnologie

Prof. em. Dr. UlrikaWolf-Knuts, Åbo Akademi, Nordic Folkloristics, Finnland

Bisher bei Königshausen&Neumann erschienen

Burkhart Lauterbach
Beatles – Sportclubs – Landschaftsparks
Britisch-deutscher Kulturtransfer

Kulturtransfer Band 1, 2004, 230 Seiten.
€ 19,- ISBN 978-3-8260-2712-3

Karin Schrott
Das normative Korsett
Reglementierungen für Frauen in Gesellschaft und Öffentlichkeit in der deutschsprachigen Anstands- und Benimmliteratur zwischen 1871 und 1914

Kulturtransfer Band 2, 2005, 308 Seiten.
€ 39,- ISBN 978-3-8260-2955-4

Burkhart Lauterbach
Tourismus
Eine Einführung aus Sicht der volkskundlichen Kulturwissenschaft

Kulturtransfer Band 3, 2006, 200 Seiten. 3. Auflage 2015.
€ 19,80 ISBN 978-3-8260-3461-9

Christine Walther
Siegertypen
Zur fotografischen Vermittlung eines gesellschaftlichen Selbstbildes um 1900

Kulturtransfer Band 4, 2007, 324 Seiten.
€ 39,80 ISBN 978-3-8260-3510-4

Burkhart Lauterbach / Stephanie Lottermoser
Fremdkörper Moschee?
Zum Umgang mit islamischen Kulturimporten
in westeuropäischen Großstädten

Kulturtransfer Band 5, 2009, 184 Seiten.
€ 22,- ISBN 978-3-8260-3984-3

Burkhart Lauterbach (Hrsg.)
Auf den Spuren der Touristen
Perspektiven auf ein bedeutsames Handlungsfeld

Kulturtransfer Band 6, 2010, 204 Seiten.
€ 29,80 ISBN 978-3-8260-4318-5

Burkhart Lauterbach
Städtetourismus
Kulturwissenschaftliche Studien. Eine Einführung.

Kulturtransfer Band 7, 2013, 308 Seiten. 2. Auflage 2014
€ 39,80 ISBN 978-3-8260-5195-1